솔리드

solid 구문

KB210883

실력

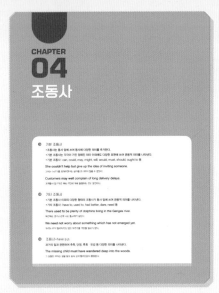

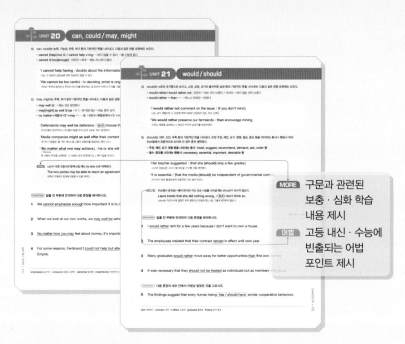

MORE 구문과 관련된 보충 · 심화 학습 내용 제시

어법 고등 내신 · 수능에 빈출되는 어법 포인트 제시

❶ 구문 이해를 위한 기초 문법

구문 이해를 위해 알아두어야 할 기본적인 문법 개념 및 용어를 학습할 수 있습니다.

❷ 구문 학습 및 확인문제

간결하고 쉬운 설명과 대표 예문으로 문장의 구조 및 의미를 정확히 파악하는 방법을 배울 수 있습니다. 간단한 확인 문제를 통해 해당 UNIT에서 배운 구문 포인트를 적용해 보고 이해도를 확인할 수 있습니다.

독해 지문별 문항은 수능 및 내신 유형으로 구성

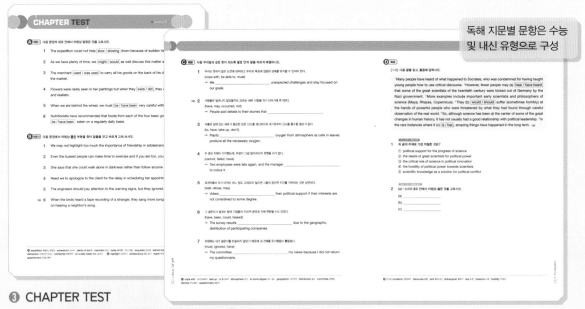

❸ CHAPTER TEST

문장 해석에서 지문 독해로 이어지는 단계적 연습 문제를 통해 해당 CHAPTER에서 배운 구문 포인트를 종합적으로 복습하고 점검할 수 있습니다.

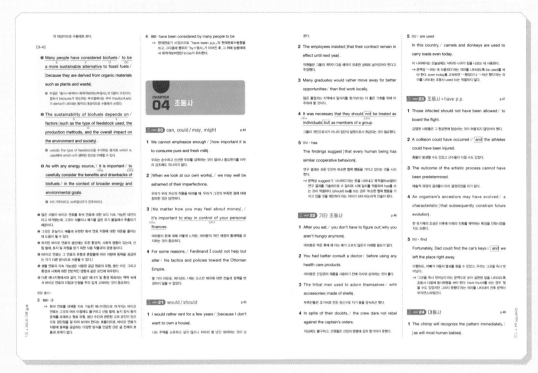

④ **자세한 해설집**

본 책의 전 문장에 대한 끊어 읽기, 문장 성분 분석, 구문 해설, 문제 풀이, 보충 설명을 상세히 제공하여 문장을 정확히 이해하도록 돕습니다.

▶ 구문 해설   ● 보충 설명   → 문제 풀이

이 책에 사용된 기호

S	주어	M	수식어(구)	/	끊어 읽기
V	동사	N	명사	//	주절과 종속절 간의 구별 / 등위절 간의 구별
O	목적어	S´, V´, O´ 등	종속절 또는 준동사구 내에서의 주어, 동사, 목적어 등	( )	수식어구 / 생략 (가능) 어구
IO	간접목적어	S_1, V_1, O_1 등	중복 문장 성분	(( ))	삽입어구
DO	직접목적어	Ⓥ	동사원형	< >	긴 수식어구 속 수식어구
C	보어	to-v	to부정사	[ ]	관계절
SC	주격보어	v-ing	현재분사 / 동명사	[{< >}]	종속절 속에서의 구분
OC	목적격보어	p.p.	과거분사	☐	접속사

목차 Contents

CHAPTER
01
주어의 이해

🅐 **주어로 쓰이는 품사**

문장의 주어 역할을 하는 기본 품사는 명사와 대명사이다.

People often add details to their stories that have not occurred. [기출]

사람들은 흔히 일어나지 않은 세부 사항을 자신들의 이야기에 추가한다. 〈명사/대명사 주어〉

🅑 **주어로 쓰이는 명사 상당 어구**

• 명사의 성격을 가져 문장에서 주어 역할을 할 수 있는 어구를 말하며, 명사구과 명사절이 이에 해당한다.
• to부정사(구)나 명사절 주어는 흔히 가주어 it이 이끄는 문장으로 전환된다.

The use of control ultimately centers on the individual. [기출]

통제력의 사용은 궁극적으로 개인에게 집중된다. 〈명사구 주어〉

To know something means having certain knowledge of a fact.

무언가를 안다는 것은 하나의 사실에 대한 어떤 지식을 갖고 있다는 것을 의미한다. 〈명사구 주어〉

Making this switch turned me into a productive writer. [기출]

이러한 전환을 한 것이 나를 생산적인 작가로 변화시켰다. 〈명사구 주어〉

What a sentence 'says' is often not what it means.

한 문장이 '말하는' 것이 흔히 그것이 의미하는 바는 아니다. 〈명사절 주어〉

It was certain **that the U.S. would intervene militarily.**

미국이 군사적으로 개입하리라는 것이 확실했다. 〈가주어-진주어(that절)〉

☑ 「주어+동사」 없이, 핵이 되는 명사를 중심으로 어구를 이룬 것이 명사구의 기본 형태이다. 보통 형용사(구), 전치사구 등을 수반하여 이루어진다.

¹ His truly amazing life / finally came to an end / in his birth city in 1996. 기출
       S   V

그의 참으로 놀라운 삶은 마침내 1996년에 그의 출생 도시에서 막을 내렸다.

² The traditional strengths of libraries / have always been their collections. 기출
       S   V

도서관들의 전통적인 힘은 항상 소장 도서에 있었다.

³ The abolition of slavery / occurred at different times in different countries.
       S   V

노예제의 폐지는 서로 다른 나라에서 서로 다른 시기에 발생했다.

☑ 「the+형용사」는 '~하는 사람들'이라는 의미로, 복수 보통명사로 취급하여 문장의 주어로 쓸 수 있다.

⁴ The young tend to take actions / without thinking carefully.
    S   V   O

젊은이들은 신중하게 생각하지 않고 행동을 취하는 경향이 있다.

어법 동사의 수는 항상 핵이 되는 명사의 수에 일치시킨다.

The extended costume of animals / *is* the result of their genes. 기출
       S   V   SC

동물의 확장된 의상은 그것이 가진 유전자의 결과이다.

○ Answers p.2

(STRUCTURE) 다음 문장에서 주어에 밑줄을 긋고, 문장을 해석하시오.

1 A fast-moving object can cover more considerable distances in shorter periods.

2 A variety of theoretical perspectives provide insight into immigration. 기출

3 More than half of the respondents said people should not be allowed to fly drones near people's homes. 기출

4 Unskilled workers from foreign countries are more vulnerable to exploitation and abuse.

(GRAMMAR) 밑줄 친 부분이 어법상 옳으면 ○, 틀리면 ×로 표시하고 바르게 고쳐 쓰시오.

5 Even in the USA, <u>the elderly</u> have difficulty in achieving an adequate vitamin intake.

cover (거리를) 가다 considerable 상당히 많은 theoretical 이론의 perspective 견해, 관점 insight 통찰 immigration 이민 respondent 응답자 unskilled 숙련되지 않은, 미숙한 vulnerable 취약한 exploitation 착취 abuse 학대 elderly 나이가 지긋한 adequate 충분한, 적당한 intake 섭취

☑ to부정사구나 동명사구는 명사구로서 문장의 주어 역할을 할 수 있다. '~하는 것은, ~하기는'으로 해석한다.

¹**To believe in miracles** / *is* to believe in your personal helplessness.
　　　S　　　　　　　V　　　　　　　SC

기적을 믿는 것은 여러분 개인의 무력함을 믿는 것이다.　*to부정사구/동명사구 주어는 항상 단수 취급하므로, 뒤에 단수 동사가 옴

²**Learning a certain concept** / requires repeated exposure to the idea. 기출
　　　S　　　　　　　　V　　　　　　　O

어떤 개념을 배우는 것은 그 개념에 대한 반복적인 노출을 필요로 한다.

³**Not trusting someone** / will cost business owners / great amounts of time and effort.
　　　S　　　　　　V　　　IO　　　　　　　DO

누군가를 신뢰하지 않는 것은 사업주들에게 상당한 양의 시간과 노력이 들게 할 것이다.

*to부정사구/동명사구의 부정형: not[never] to-v / not[never] v-ing

☑ 「의문사+to-v」도 문장의 주어 역할을 할 수 있다.

⁴**What to wear today** / is a familiar question for many women.
　　　S　　　　V　　　SC

오늘 무엇을 입을 것인가는 많은 여성들에게 익숙한 질문이다.

어법 to부정사구나 동명사구가 주어 역할을 할 때는 반드시 뒤에 동사가 나와야 하며, 이는 명령문과 구별된다.

Speaking fast / *is* a high-risk proposition. 기출　　**Speak** slowly / when talking with young children.
　　S　　　V　　　SC　　　　　　　　　　　　V

빠르게 말하는 것은 위험 부담이 높은 일이다.　　　　어린아이들과 이야기할 때는 천천히 말하라.

◑ Answers p.2

(STRUCTURE) 다음 문장에서 주어에 밑줄을 긋고, 문장을 해석하시오.

1 To imitate someone is to pay the person a genuine compliment.

2 Never to be late for appointments is one easy thing you can do to change your life.

3 Speaking with members of the media has advantages in getting a message out. 기출

4 How to retain existing customers has become the main concern of e-commerce websites.

(GRAMMAR) 다음 문장의 네모 안에서 어법상 알맞은 것을 고르시오.

5 Fight / Fighting against the force of the water was a thrilling challenge for Sophia. 기출

---

genuine 진심 어린　compliment 칭찬　appointment (만날) 약속　retain 유지하다, 보유하다　e-commerce 전자 상거래　thrilling 긴장감 넘치는, 짜릿한

「명사(구)+수식어구」주어

☑ 명사(구) 주어는 수식어구를 수반하여 길어질 수 있다. 이 경우 핵이 되는 명사와 동사의 사이가 멀기 때문에 수 일치에 유의한다.

명사(구)+형용사(구)	명사(구)+전치사구	
명사(구)+to부정사(구)	분사+명사(구)	~한 명사(구)
명사(구)+분사구	명사(구)+관계절[형용사절]	

¹ The quality sleep (essential to good health) / is a non-negotiable part of your routine.
　　　　S　　　　　↑　　　　　　　　　V
좋은 건강에 필수적인 양질의 수면은 일상생활에서 협상할 수 없는 부분이다.

² The way (to win) is / to figure out [who you are] / and do your best. 기출
　　S ↑　　V
이기는 방법은 자신이 누군가를 알아내고 자신의 최선을 다하는 것이다.

³ One of the unique animals (living in the area) / is the Kermode bear. 기출
　　　　S　　　　　　↑　　　　　　　　V
그 지역에 서식하는 독특한 동물 중 하나는 Kermode 곰이다.

⁴ Birds [which migrate thousands of kilometers] / can navigate extremely effectively.
　S ↑　　　　　　　　　　　　　　　　V
수천 킬로미터를 이동하는 새들은 극히 효과적으로 길을 찾아갈 수 있다.

　어법　 명사(구) 주어는 동격의 구나 절을 수반하여 길어질 수 있다. 이 경우 동사의 수는 반드시 명사(구)에 일치시켜야 한다.

The fact [that animals have emotions] / *is* no longer in dispute.
　　S　　　　　　　　　　　　V
동물에게 감정이 있다는 사실은 더는 논쟁거리가 아니다.

◑ Answers p.2

(STRUCTURE) 다음 문장에서 주어에 밑줄을 긋고, 문장을 해석하시오.

1 The total number of photos submitted is limited to four per student. 기출

2 The intuitive ability to classify is a useful feature of life and research.

3 One of the soft skills necessary for success is quality leadership.

4 The sound waves you produce travel in all directions. 기출

(GRAMMAR) 다음 문장의 네모 안에서 어법상 알맞은 것을 고르시오.

5 The assumption that what is being studied can be understood in terms of causal laws is / are called determinism.

---

submit 제출하다　intuitive 직관적인　classify 분류하다　feature 기능, 특징　quality 우수한, 질 좋은　direction 방향　assumption 가정　causal 인과의
determinism 결정론

☑ 접속사가 「주어+동사」를 포함한 절을 이끌면서 명사처럼 쓰일 때 이를 명사절이라 하며, 문장의 주어 역할을 할 수 있다.

that+S′+V′	S′가 V′하다는 것은	whether+S′+V′ ~ (or not)	S′가 V′하는지(아닌지)는
관계대명사 what+(S′+)V′	~하는 것은	의문사+(S′+)V′	누가[무엇이/어느 것이/언제/어디서/어떻게/왜] V′하는지는

¹ <u>That cell structure should be complex</u> / <u>would not be</u> surprising, // but actually, it is simple. 기출
　　　　　　　 S₁　　　　　　　　　　　　　　　　V₁　　　　　　　　　　　　　　　　　　　　 S₂ V₂

세포 구조가 복잡할 것임은 놀라운 것이 아니겠지만, 실제로 그것은 단순하다.

² <u>Whether or not it's worth applying</u> / *depends* on [what you're looking for].
　　　　　　　 S　　　　　　　　　　　　　　　　　V

신청할 가치가 있는지 없는지는 여러분이 무엇을 찾고 있느냐에 달려 있다.　*명사절 주어는 항상 단수 취급하므로, 뒤에 단수 동사가 옴

³ <u>What numbers allow us to do</u> / <u>is</u> to compare the relative size of one set with another. 기출
　　　　　　　 S　　　　　　　　　　　　　 V

숫자가 우리로 하여금 할 수 있게 하는 것은 한 세트의 상대적인 크기를 다른 세트와 비교하는 것이다.

⁴ <u>When and where the playwright was born</u> / <u>is</u> a good place (to start our exploration).
　　　　　　　　　 S　　　　　　　　　　　　　　 V

그 극작가가 언제 어디에서 태어났는지는 우리의 탐구를 시작하기에 좋은 부분이다.

MORE　복합관계대명사 또한 명사절을 이끌어 문장의 주어 역할을 할 수 있다.
<u>Whoever finds lost items</u> / <u>should turn</u> them in to the lost-and-found.
　　　　 S　　　　　　　　　　　　 V

분실물을 발견하는 사람은 누구든지 그것을 분실물 보관소에 갖다 주어야 한다.

❯ Answers p.3

(STRUCTURE) 다음 문장에서 주어에 밑줄을 긋고, 문장을 해석하시오.

1 That honesty is the best policy is a well-known fact to those who work in this field.

2 In economic systems what takes place in one sector has impacts on another. 기출

3 Whether or not he wished to accompany them was not their concern.

4 Why the incident happened is currently under investigation by relevant agencies.

(GRAMMAR) 밑줄 친 부분이 어법상 옳으면 O, 틀리면 ×로 표시하고 바르게 고쳐 쓰시오.

5 <u>Whatever</u> you didn't get done today would have to be done by you tomorrow.

policy 방책, 정책 sector 부문 accomany 동반하다 incident 일, 사건 currently 현재 investigation 조사 relevant 관련된 agency 기관

☑ to부정사(구)나 명사절이 주어인 경우, 가주어 it이 이끄는 문장으로 전환할 수 있으며, 원래의 주어는 진주어가 된다.

¹ It is not always easy / **to differentiate between information and disinformation.** 기출
　S(가주어)　　　　　　　　　　　　　　　　　　　　　　S'(진주어)
정보와 잘못된 정보를 구별하는 것이 항상 쉬운 것은 아니다.

² It should be accepted / **that failure is [what makes us strong / and allows us to grow].**
　S(가주어)　　　　　　　　　　　S'(진주어)
실패는 우리를 강하게 만들고 성장하도록 해 준다는 것이 받아들여져야 한다.

³ It's still not known / **whether people who receive the vaccination will infect others.**
　S(가주어)　　　　　　　　　　　　　　S'(진주어)
예방 접종을 받는 사람들이 다른 사람들을 감염시킬지 여부는 아직 알려지지 않았다.

☑ to부정사의 의미상 주어는 「for+목적격」으로 나타낸다.

⁴ It is important / **for students** to use and interact with materials in science class. 기출
학생들이 과학 수업에서 자료를 사용하고 자료와 상호 작용하는 것이 중요하다.

> **MORE** 「it is+성격 · 성향 형용사+to부정사(구)」의 구조에서 to부정사의 의미상 주어는 「of+목적격」으로 나타낸다. 성격 · 성향 형용사로는 nice, kind, wise, clever, stupid, foolish, thoughtful 등이 있다.
>
> **It** was nice / **of you** to invite my co-workers. 기출
> 당신이 나의 직장 동료들을 초대하다니 친절하군요.

● Answers p.3

(STRUCTURE) 다음 문장에서 진주어에 밑줄을 긋고, 문장을 해석하시오.

1 It is possible to be gifted in one aspect without being gifted in others.

2 For many years it was thought that there would be "one" cure for cancer. 기출

3 Decades ago, it was unusual for Earth scientists to have results that were of interest to the media. 기출

4 It isn't clear how much preventive work has been done to ensure safety.

(GRAMMAR) 다음 문장의 네모 안에서 어법상 알맞은 것을 고르시오.

5 It was stupid for / of you to cross the road without looking left and right.

---

gifted 재능이 있는　aspect 측면　cure 치료법　cancer 암　preventive 예방의　ensure 보장하다

● Answers p.4

A 어법 I 다음 문장의 네모 안에서 어법상 알맞은 것을 고르시오.

기출 **1** The fragmentation of television audiences has / have caused advertisers much concern.

기출 **2** Learn / Learning a new language is the best way to learn about another culture.

3 It / This was discovered that the properties of a material could be altered by heat treatments.

4 The injured was / were immediately taken to nearby hospitals, but some of them are in serious condition.

기출 **5** Sometimes the awareness that one is distrusted provides / providing the necessary incentive for self-reflection.

6 It is difficult for a researcher to build / building a theory without sufficient experimental data.

B 어법 II 다음 문장에서 어법상 틀린 부분을 찾아 밑줄을 긋고 바르게 고쳐 쓰시오.

기출 **1** The present rate of human consumption to be completely unsustainable.

2 It is thoughtful for them to include a free booklet on how to wash cloth diapers.

기출 **3** Regulations cover scientific experiments on human subjects are strict.

기출 **4** Taking this opportunity for your child to think about what they love and draw it.

5 Saving not for retirement can have significant consequences for your financial well-being in your later years.

6 That humans evolved from apes were one of the most controversial aspects of Darwin's theory.

A fragmentation 분화, 분열 property 성질, 특성 alter 변경하다, 바꾸다 heat treatment 열처리 immediately 즉시 awareness 의식, 자각 distrust 불신하다 incentive 유인, 동기 self-reflection 자성, 자아 성찰 sufficent 충분한 **B** unsustainable 지속가능하지 않은 booklet 소책자 diaper 기저귀 regulation 규제 retirement 퇴직, 은퇴 ape 유인원 controversial 논쟁의 여지가 있는

C **배열** 다음 우리말과 같은 뜻이 되도록 괄호 안의 말을 바르게 배열하시오.

1 여러분의 목표를 어떻게 성취하느냐는 목표 그 자체만큼 중요하다.
(to achieve, how, your goal)
→ _____ is as important as the goal itself.

2 그 문제에 친숙한 사람들은 정부가 개입할 필요가 있다고 말한다.
(with, people, the matter, familiar)
→ _____ say that the government needs to intervene.

기출 3 특정한 경제 계층에 속한 각 행위자는 상대방이 무엇을 필수품으로 여기고 무엇을 사치품으로 여기는지 이해한다.
(belonging, a specific economic class, to, each actor)
→ _____ understands what the other sees as a necessity
and a luxury.

4 연구자들이 실험 중간에 자신들의 방법을 바꾸는 것은 매우 드물다.
(researchers, their methods, for, to change)
→ It is quite unusual _____ in the middle of an experiment.

5 백 년 전에는 귀중품을 어디에 보관해야 하는가가 정말 심각한 문제였다.
(should, one's valuables, where, keep, one)
→ A hundred years ago, _____ was a really serious problem.

기출 6 여러분의 손 근육이 한 물체로 뻗도록 돕는 세포는 그 물체의 크기와 위치를 알 필요가 있다.
(help, your hand muscles, cells, reach out, that)
→ _____ to an object need to know the size and location of
the object.

기출 7 이야기를 과장하는 데 한몫하는 것을 피하는 하나의 방법은 아무 말도 하지 않는 것일 것이다.
(contributing, to avoid, to, one way, exaggerating)
→ _____ a story would be to say nothing.

C intervene 개입하다 necessity 필수(품) luxury 사치(품) valuable 귀중품 reach out (손을) 뻗다 location 위치 contribute to ~에 한몫하다 exaggerate 과장하다

독해

[1-2] 다음 글을 읽고, 물음에 답하시오.

> ^{1} Dear Residents,
>
> ^{2} Yesterday, a child was scratched by a squirrel as it jumped out of a garbage can. ^{3} Despite our best efforts to manage "no feeding of squirrels near playgrounds," this practice continues. ^{4} We wants to remind all residents that the squirrels are wild animals. ^{5} Although appearing to be friendly, <u>it is possible (them, bite) or scratch</u> if they are touched or fed by people. ^{6} We ask all residents not to engage the squirrels (or any of the wildlife) in any way. ^{7} Included in this is the recommendation that residents refrain from feeding squirrels or any of the wildlife. ^{8} Cohabitation of residents and wildlife is part of the charm of our community. ^{9} However, the safety of our residents is of utmost importance to us and we ask that you abide by these guidelines.
>
> ^{10} Respectfully,
>
> Rick Hayduk
>
> CEO I General Manager 기출

━━━ 수능 유형: 목적 파악 ━━━

1 위 글의 목적으로 가장 적절한 것은?

① 야생생물 보호구역 출입 통제를 공지하려고
② 야생동물에게 먹이를 주지 않도록 당부하려고
③ 어린이 야생동물 체험 행사 참여를 권유하려고
④ 야생동물로 인한 피해 사례 신고를 접수하려고
⑤ 다람쥐 먹이 주기 행사 자원봉사자를 모집하려고

━━━ 내신 유형: 서술형 ━━━

2 밑줄 친 부분의 ( ) 안에 주어진 표현을 활용하여 빈칸을 완성하시오.

→ it is possible _____ _____ _____ _____ or scratch

ⓓ **[1-2]** resident 주민 scratch 할퀴다 garbage can 쓰레기통 practice 관행 friendly 우호적인, 친절한 recommendation 권고, 추천 refrain from ~을 삼가다 cohabitation 공동생활 utmost 최고의 abide by ~을 준수하다 guideline 지침 respectfully 존경의 마음을 담아(편지글에서 우리말의 '안녕히 계십시오.'에 해당함) general manager 총괄 관리자

[3-4] 다음 글을 읽고, 물음에 답하시오.

¹When organizations first consider experimenting with social media, <u>그들에 의해 범해지는 가장 흔한 실수 중 하나는</u> is that they focus too much on social media tools and not enough on their business goals. ²The reality of success in the social web for businesses is that creating a social media program begins with a thorough understanding of the organization's own goals. ³A social media program is not merely the fulfillment of a vague need to manage a "presence" on popular social networks because "everyone else is doing it." ⁴"Being in social media" serves no purpose in and of itself. ⁵In order to serve any purpose at all, a social media presence must either solve a problem for the organization and its customers or result in an improvement of some sort. 기출

〈 수능 유형: 주제 파악 〉

3 위 글의 주제로 가장 적절한 것은?

① social media as a means of consumer opinion research
② need for self-developing and self-operating social media
③ importance of offering specific information in social media
④ use of social media based on organizations' business goals
⑤ difficulty in pursuing both business goals and social values

〈 내신 유형: 서술형 〉

4 밑줄 친 우리말과 같은 뜻이 되도록 (   ) 안의 말을 바르게 배열하시오.

(the most, them, common, of, one, made, by, mistakes)

→ _____

ⓓ **[3-4]** organization 조직   insight 통찰력   thorough 철저한   fulfillment 충족   vague 막연한   in and of itself 그것 자체로는

CHAPTER
02
목적어·보어의 이해

목적어로 쓰이는 어구
- 동사의 목적어로는 명사, 대명사 및 명사 상당 어구가 쓰인다.
- 5형식 문장에서 to부정사(구) 또는 명사절이 목적어이면 목적어 자리에 가목적어 it을 쓰고 원래 목적어(진목적어)는 문장 뒤로 보낸다.

The engine of the car began **to make a loud knocking sound.**

차의 엔진이 시끄럽게 쿵쿵거리는 소리를 내기 시작했다. 〈to부정사 목적어〉

Reading on, he realized **that the letter had been delivered mistakenly.** 기출

계속 읽다가 그는 그 편지가 잘못 배달되었다는 것을 깨달았다. 〈명사절 목적어〉

You will find **it** wonderful **to come home after a long journey.**

여러분은 긴 여행 후에 집에 돌아오는 것이 멋지다는 것을 발견할 것이다. 〈가목적어–진목적어(to부정사구)〉

보어로 쓰이는 어구
- 주격보어로는 명사, 대명사 및 명사 상당 어구, 형용사(구), 분사(구)가 쓰인다.
- 목적격보어는 동사의 성격, 목적어와의 관계에 따라 다양한 형태를 취한다.

A key component of the strategy is **analyzing market trends thoroughly.**

전략의 핵심 요소는 시장 동향을 철저히 분석하는 것이다. 〈동명사구 주격보어〉

Data *allows* companies **to understand their customers better.**

데이터는 기업들이 고객들을 더 잘 이해하도록 해 준다. 〈5형식 동사 allow의 to부정사구 목적격보어〉

Please *let* me **know if an additional rental would be possible.** 기출

추가 대여가 가능할지를 저에게 알려 주시기 바랍니다. 〈사역동사 let의 원형부정사구 목적격보어〉

On returning home, they *found* their home **flooded.**

집에 돌아와서, 그들은 자신들의 집이 침수된 것을 발견했다. 〈5형식 동사 find의 과거분사 목적격보어〉

UNIT 06 to부정사·동명사 목적어 I

☑ to부정사구나 동명사구는 동사의 목적어로 쓰일 수 있으며, 각각 '~할 것을', '~한 것을'로 해석한다. 목적어로 to부정사만 취하는 동사와 동명사만 취하는 동사를 구별해서 알아두어야 한다.

- to부정사만을 목적어로 취하는 동사: want, expect, decide, plan, promise, agree, refuse, fail, manage 등
- 동명사만을 목적어로 취하는 동사: enjoy, mind, avoid, admit, deny, delay, stop, quit, finish, consider 등

¹ After a long meeting, / they *decided* **to postpone their project**.
장시간의 회의 후에, 그들은 자신들의 계획을 연기하기로 결정했다.

² To her disappointment, / she *had failed* **to beat her personal best time**, again. 기출
실망스럽게도, 그녀는 자신의 개인 최고 기록을 깨는 데 또 실패했다.

³ Employers *should avoid* **violating minimum wage requirements**.
고용주들은 최저 임금 요건을 어기는 것을 피해야 한다.

⁴ The suspect *admitted* **breaking into the bank**, // but he *denied* **stealing anything**. 기출
그 용의자는 은행에 침입했다는 것을 인정했지만, 무언가를 훔쳤다는 것은 부인했다.

⁵ [After the Napoleonic Wars ended], / the government *stopped* **buying his boots** // and he went out of business. 기출
나폴레옹 전쟁이 끝난 후에, 정부는 그의 부츠를 구매하는 것을 그만두었고, 그는 폐업했다.

MORE 동명사의 의미상 주어는 소유격 또는 목적격으로 나타낸다.

I appreciate *your* **considering my request for flexible working hours**.
당신이 유연 근무 시간에 대한 제 요청을 고려해 주셔서 감사합니다.

◉ Answers p.7

STRUCTURE 다음 문장에서 동사의 목적어에 밑줄을 긋고, 문장을 해석하시오.

1 A few species managed to survive the mass extinction due to their larger brains.

2 Dvorak finished composing his masterwork, the Symphony No. 9 in E minor, in late May 1892.

3 I have always enjoyed watching birds in my yard and identifying them by sight and sound. 기출

4 Rosa Park refused to move to her seat and give it to a white passenger.

extinction 멸종 compose 작곡하다 masterwork 명작 symphony 교향곡 minor (음악) 단조 identify 파악하다 sight 외양, 보이는 모습 passenger 승객

☑ 일부 동사는 to부정사나 동명사를 모두 목적어로 취하지만, 어느 것을 취하는지에 따라 의미가 달라진다.

동사	to부정사 목적어	동명사 목적어
remember	(앞으로) ~할 것을 기억하다	(과거에) ~한 것을 기억하다
forget	(앞으로) ~할 것을 잊다	(과거에) ~한 것을 잊다
regret	(앞으로) ~하게 되어 유감이다	(과거에) ~한 것을 후회하다
try	~하려고 노력하다	(시험 삼아) ~해 보다

¹ *Remember* **to take out the garbage** / before leaving the apartment.
아파트를 나서기 전에 쓰레기를 내놓는 것을 기억해라.

² I *remember* **encountering the same problem** / a few months ago.
나는 몇 달 전에 같은 문제에 맞닥뜨린 것을 기억한다.

³ The committee *regret* / **to inform you** [that your application has been denied].
위원회는 귀하의 신청이 거절되었다는 것을 귀하에게 알려드리게 되어 유감입니다.

⁴ Everyone *regrets* / **saying something** [they really wish {they hadn't}].
모든 사람이 자기가 정말 말하지 않았더라면 좋았을 것을 말한 것을 후회한다.

MORE 동사 stop은 동명사만을 목적어로 취하여 '~하는 것을 멈추다'라는 의미를 나타낸다. 뒤에 이어지는 to부정사는 목적어가 아니라 부사적 수식어구이며 '~하기 위해 (멈추다)'라는 의미를 나타낸다.

Most birds *stop* flying at night.   **Migrating birds *stop* to feed and rest.**
대부분의 새들은 밤에 나는 것을 멈춘다.   철새는 먹이를 먹고 쉬기 위해 멈춘다.

STRUCTURE 다음 문장에서 동사의 목적어에 밑줄을 긋고, 문장을 해석하시오.

❯ Answers p.7

1 Don't forget to bring your tennis shoes and rackets tomorrow at practice. 기출

2 I'll never forget meeting you on the hiking trail, where we shared stories and helped each other climb to the summit.

3 Negotiators should try to find ways to slice a large issue into smaller pieces, known as using *salami tactics*.

4 If you want to do some serious thinking, then you'd better try spending twenty-four hours in absolute solitude.

racket 라켓 hiking trail 등산로 summit 정상 negotiator 협상가 tactic 전술 absolute 절대적인 solitude 고독

☑ 명사절은 동사의 목적어로 쓰일 수 있고, 다음과 같이 해석한다.

that+S'+V'	S'가 V'하다는 것을, S'가 V' 라고	whether[if]+S'+V' ~ (or not)	S'가 V'하는지(아닌지)는
관계대명사 what+(S'+)V'	~하는 것을	의문사+(S'+)V'	누가[무엇이/어느 것이/언제/어디서/어떻게/왜] V'하는지를
복합관계대명사+V'	~하는 누구든지/어느 것이든지/무엇이든지		

¹ British anthropology assumes / **that social institutions determine culture.** 기출
영국의 인류학은 사회 제도가 문화를 결정한다고 가정한다.

² The survey asked / **whether[if] people should be allowed to fly drones on beaches.** 기출
그 설문 조사는 사람들이 해변에서 드론을 날리도록 허용되어야 하는지를 물었다.

³ Donate **what you do not use anymore** / instead of selling them for almost nothing.
여러분이 더는 사용하지 않는 것을 거의 공짜로 파는 대신에 기부하세요.

⁴ Earliest dog fossils reveal / **where they were first domesticated.**
초기의 개 화석은 그것이 어디에서 처음 길들여졌는지를 드러낸다.

⁵ I will choose **whatever makes me feel the happiest**, / [even if others don't understand my decision].
다른 사람들이 내 결정을 이해하지 못하더라도, 나는 내가 가장 행복하다고 느끼는 것은 무엇이든지 선택할 것이다.

> Answers p.7

(STRUCTURE) 다음 문장에서 동사의 목적어에 밑줄을 긋고, 문장을 해석하시오.

1 Do you ever wonder when the first newspaper was released?

2 We will hire whoever meets the qualifications for the position, regardless of their background.

3 Before making a conclusion, consider whether other plausible options are being ignored or overlooked. 기출

4 Healthcare providers should hear what was said by patients about their health concerns.

release 발간하다   qualification 자격 요건   regardless of ~에 관계없이   conclusion 결론   plausible 타당한 것 같은   overlook 간과하다   healthcare provider 의료인

☑ 5형식 문장에서 to부정사(구) 또는 명사절이 목적어이면 목적어 자리에 가목적어 it을 쓰고 원래 목적어(진목적어)는 문장 뒤로 보낸다.

• 가목적어를 사용하는 대표적인 동사: make, find, keep, think, believe, consider 등

¹ Most citizens consider **it** necessary / **to continue resisting the aggression.**
대부분의 시민들은 그 공격에 계속해서 대항하는 것이 필요하다고 생각한다.

² What makes **it** possible / **for a very tall tree to transport water to its top?**
무엇이 키가 아주 큰 나무가 물을 그것의 꼭대기로 운반하는 것을 가능하게 하는가?

³ We think **it** desirable / **that the matter be concluded as soon as possible.**
우리는 그 문제가 가능한 한 빨리 결론지어지는 것이 바람직하다고 생각한다.

⁴ History makes **it** clear / **how crucial accountability is for social justice.**
역사는 책임이 사회 정의에 얼마나 중요한지를 명확히 한다.

MORE 가목적어 it을 사용한 관용 표현을 알아 둔다.

> • make it a rule to-v: ～하는 것을 규칙[원칙]으로 하다　• take it for granted+that절: ～라는 것을 당연하게 여기다

I took it for granted that I would be invited to her wedding.
나는 그녀의 결혼식에 초대받으리라는 것을 당연하게 여겼다.

> ○ Answers p.8

(STRUCTURE) 다음 문장에서 진목적어에 밑줄을 긋고, 문장을 해석하시오.

1 I believe it unlikely that technology will fully replace human doctors.

2 Safety issue makes it important where young children are placed in a vehicle.

3 Recent studies make it questionable whether future climate targets can be achieved.

4 Centuries ago, people found it difficult to imagine how someone could see an object without seeing what color it is. 기출

(GRAMMAR) 다음 문장의 네모 안에서 어법상 알맞은 것을 고르시오.

5 We take it / this for granted that our parents will always be there to help us.

---

unlikely ～일 것 같지 않은　replace 대체하다　vehicle 차량　questionable 의심스러운

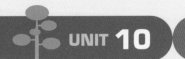

☑ 명사, 대명사, 명사 상당 어구(to부정사(구), 동명사(구), 명사절)는 동사의 주격보어로 쓰일 수 있다.

> ^{1}A main goal of science is / **to discover lawful relationships.** 기출
> 과학의 주요 목적은 법칙 관계를 발견하는 것이다.
>
> ^{2}One of my tasks is / **analyzing information and producing a summary report.**
> 나의 업무 중 하나는 정보를 분석하고 요약 보고서를 만들어 내는 것이다.
>
> ^{3}The problem is / **that many organizations are poor in information and knowledge.** 기출
> 문제는 많은 조직이 정보와 지식이 부족하다는 것이다.
>
> ^{4}A large part of what we see is / **what we expect to see.** 기출
> 우리가 보는 것의 많은 부분은 우리가 볼 것이라 기대하는 것이다.

☑ 형용사(구)와 분사(구), 「전치사+추상명사」도 동사의 주격보어로 쓰일 수 있다.

> ^{5}Some animal and plant fossils remain **preserved** / **in the ground for millions of years.**
> 일부 동식물 화석은 수백만 년 동안 땅에 보존되어 남아 있다.

> **MORE** 주어를 수식하는 관계대명사절 안에 동사 do가 쓰인 경우, be동사의 주격보어로 원형부정사(구)가 흔히 쓰인다.
>
> All that you have to *do* / is **give us a call for telephone orders.**
> 여러분이 해야 할 일이라고는 전화 주문을 위해 저희에게 전화하시는 것입니다.

➤ Answers p.8

(STRUCTURE) 다음 문장에서 주격보어에 밑줄을 긋고, 문장을 해석하시오.

1 The security of personal data is of extreme importance in today's digital age.

2 A well-designed smartphone looks pleasing and feels comfortable to hold and use.

3 The purpose of this activity is to develop the interest of students in wild birds.

4 An environmental myth is that living "close to nature" out in the country is the best "green" lifestyle.
기출

(GRAMMAR) 밑줄 친 부분이 어법상 옳으면 ○, 틀리면 ×로 표시하고 바르게 고쳐 쓰시오.

5 The first thing you should do is <u>apply</u> pressure on the wound till it stops bleeding.

---

security 보안 extreme 극도의, 극심한 pleasing 즐거운, 유쾌한 comfortable 편한 purpose 목적 myth 잘못된 통념, 신화 apply pressure 압박하다 wound 상처
bleeding 출혈

UNIT 11 부정사 목적격보어

☑ to부정사는 특정 5형식 동사 뒤에서 목적격보어로 쓰인다. 이때 목적어(O)와 목적격보어는 'O가 ~하기를[하도록]'로 해석한다.

- to부정사를 목적격보어로 취하는 5형식 동사: want, expect, require, ask, advise, encourage, persuade, motivate, get, order, force, compel, urge, allow, enable, cause 등
- to부정사 또는 원형부정사를 목적격보어로 취하는 5형식 동사: help

¹Safe passages *enable* migratory species **to survive and thrive.** 기출

안전한 통행은 이동하는 생물 종들을 생존하고 번성하게 한다.

²New, inspiring interpretations *help* us **(to) expand our understanding.** 기출

새롭고 영감을 주는 해석은 우리가 우리의 이해를 확장하도록 돕는다.

☑ 원형부정사는 사역동사, 지각동사, help의 목적격보어로 쓰인다. 이때 목적어와 목적격보어는 능동 관계이다.

- 사역동사 let/have/make+O+ⓥ: O가 ~하게 허용하다/시키다/만들다
- 지각동사 see, watch/hear/feel/notice+O+ⓥ: O가 ~하는 것을 보다/듣다/느끼다/알아채다

³The general *had* his troops **take positions (to make a surprise attack).**

그 장군은 자신의 군대가 기습 공격을 할 위치를 점하도록 했다.

⁴We *hear* different artists **perform the same piece of music.** 기출

우리는 서로 다른 예술가들이 같은 곡을 연주하는 것을 듣는다.

MORE 5형식 동사 get은 목적어와 목적격보어가 능동 관계일 때만 to부정사를 목적격보어로 취하며, 둘의 관계가 수동이면 목적격보어로 과거분사를 취한다.

The father *got* his son **to pull up the weeds in their garden.** 아버지는 아들에게 정원에 있는 잡초를 뽑게 시켰다.
I regularly *get* my car **checked at Jimmy's Garage.** 나는 차를 Jimmy 정비소에서 정기적으로 점검받는다.

● Answers p.8

(STRUCTURE) 다음 문장에서 목적격보어에 밑줄을 긋고, 문장을 해석하시오.

1 Some cities have required households to dispose of all waste in special trash bags. 기출

2 A leader should make every member of his team feel important and valuable.

3 The witness saw the suspect enter the warehouse through one of its windows.

(GRAMMAR) 밑줄 친 부분이 어법상 옳으면 ○, 틀리면 ×로 표시하고 바르게 고쳐 쓰시오.

4 If you consider all your options and possibility, then you'd never get anything <u>done</u>. 기출

dispose of ~를 처리하다 trash bag 쓰레기봉투 witness 목격자 suspect 용의자 warehouse 창고

☑ 현재분사(v-ing)가 목적격보어로 쓰이면 목적어의 동작이 진행 중임을 강조한다. 이때 목적어(O)와 목적격보어는 'O가 ~하고 있는 것을/ 계속 ~하게/~하고 있는 채로'로 해석한다.

- 현재분사를 목적격보어로 취할 수 있는 5형식 동사: 지각동사, have, keep, find, leave, get, catch 등

> [1] Beneath them in the water, / they *saw* salmon **slowly moving their bodies.** 기출
> 자신들 발밑 물속에서, 그들은 연어들이 천천히 몸을 움직이고 있는 것을 보았다.

☑ 과거분사(p.p.)가 목적격보어로 쓰이면 목적어가 동작의 대상임을 나타낸다. 이때 목적어와 목적격보어는 'O가 ~되도록/~된 것을/~된 채로'로 해석한다.

- 과거분사를 목적격보어로 취할 수 있는 5형식 동사: 사역동사, 지각동사, keep, find, leave, get, want 등

> [2] The researcher *made* the participants **divided into five different groups.**
> 연구자는 참가자들이 서로 다른 다섯 개의 집단으로 나뉘도록 했다.

> 어법 감정을 나타내는 분사가 목적격보어로 쓰일 때, 현재분사와 과거분사의 쓰임을 구별하도록 한다. 목적어의 특성을 나타낼 때는 현재분사,
> 목적어의 일시적 감정을 나타낼 때는 과거분사가 쓰인다.
>
> I find the song's lyrics **fascinating.** Your smile makes us **satisfied.**
> 나는 그 노래의 가사가 매혹적이라는 것을 발견했다. 고객님의 미소는 우리를 흡족하게 만듭니다.

● Answers p.9

(STRUCTURE) 다음 문장에서 목적격보어에 밑줄을 긋고, 문장을 해석하시오.

1 You can have your smartphone repaired in our shop without making an appointment.

2 Sally watched Katie cooking something that looked delicious and smelled even better. 기출

3 Stepping into the yard, Tom noticed a horse tied to a post by the gate.

4 Upon returning home, Mrs. Anderson found her jewelry box lying open on the floor.

(GRAMMAR) 다음 문장의 네모 안에서 어법상 알맞은 것을 고르시오.

5 The quest to be the "perfect" parent can leave us frustrating / frustrated because there is no such thing.

---

appointment 예약, 약속 post 기둥 jewelry 보석(류) quest 추구

CHAPTER TEST

Answers p.9

A 어법Ⅰ 다음 문장의 네모 안에서 어법상 알맞은 것을 고르시오.

기출 **1** Getting tired of urban lives, some city dwellers decide settling / to settle in the countryside.

기출 **2** When they finished practicing, Joe noticed his father standing / to stand in the corner.

3 After first bites, everyone asked if / that they could hire me to make their Thanksgiving pies!

4 A customer who ordered much later than me had her order deliver / delivered the same day.

5 Do not forget saving / to save your file every now and then to avoid losing progress.

기출 **6** The evolution of a horse's hoof from a five-toed foot has enabled the horse gallop / to gallop rapidly over open plains.

B 어법Ⅱ 다음 문장에서 어법상 틀린 부분을 찾아 밑줄을 긋고 바르게 고쳐 쓰시오.

기출 **1** I really enjoy to be directed toward new music that I might not have found by myself.

2 Elizabeth was very grateful for they taking care of her sick father during her absence.

3 Colorful shadows will make your presentation fascinated and will add extra emotion.

기출 **4** A serious wrist injury caused the basketball player missed the rest of the season.

5 My grandfather still remembers to take my mother to this aquarium when she was were young!

6 Localized brain damage can make it possible for the patient see certain aspects of an object and not others.

A dweller 거주자 settle 정착하다 every now and then 이따금 progress 진척 (사항) hoof 발굽 gallop 달리다, 질주하다 rapidly 신속하게 plain 평원
B direct 인도하다, 지도하다 grateful 고마워하는 absence 부재 shadow 음영 presentation 발표 (자료) extra 별도의, 추가의 wrist 손목 aquarium 수족관
localized 국부적인

CHAPTER 02 • 27

C 배열 다음 우리말과 같은 뜻이 되도록 괄호 안의 말을 바르게 배열하시오.

기출 **1** 이 강의는 우리의 선생님들이 성공적인 온라인 강좌를 관리하는 것을 도울 것입니다.

(manage, successful online classes, our teachers)

→ The lecture will help _____.

2 과학 교사들은 일부 실험이 학생에 의해 수행되도록 하지 말아야 한다.

(by students, performed, be, some experiments)

→ Science teachers should not let _____.

3 요즘 많은 사람이 슈퍼마켓에 있는 동안 쇼핑 카트에서 그들의 물건을 도난당한다.

(their shopping carts, from, stolen, their items)

→ These days many people have _____ while
at a supermarket.

기출 **4** 각 사건은 학생이 그 개념을 다른 관점에서 살펴보도록 해준다.

(a different perspective, from, to examine, the student, the concept)

→ Each event allows _____.

5 여러분이 먼저 해야 할 것은 많은 사용자가 여러분의 웹사이트를 방문하게 하는 것이다.

(to visit, many users, your website, get)

→ What you first have to do is _____.

6 방목은 야생 동물들이 먹이를 위해 경쟁하는 것을 불가능하게 만든다.

(to compete, for food, impossible, for wild animals, it)

→ Grazing makes _____.

7 경찰로부터의 압력은 그들이 필요한 정보를 제공하는 것에 동의하는 결과를 낳았다.

(necessary information, to provide, agreeing, them)

→ The pressure from the police resulted in _____.

C manage 관리하다 lecture 강의 perspective 관점, 시각 examine 살펴보다, 조사하다 grazing 방목 pressure 압력

D 독해

[1-2] 다음 글을 읽고, 물음에 답하시오.

¹ Because plants tend to recover from disasters more quickly than animals, they are (a) <u>essential</u> to the revitalization of damaged environments. ² Why do plants have this preferential ability (b) <u>to recover</u> from disaster? ³ It is largely because, unlike animals, they can _____ throughout their life cycle. ⁴ This ability (c) <u>is resulted</u> from the activity of plant meristems — regions of undifferentiated tissue in roots and shoots. ⁵ They can, in response to specific cues, differentiate into new tissues and organs. ⁶ If meristems are not damaged during disasters, plants can recover and ultimately (d) <u>transform</u> the destroyed or barren environment. ⁷ As an example of this phenomenon on a smaller scale, we see a tree struck by lightning (e) <u>to form</u> new branches that grow from the old scar. 기출

*revitalization: 소생 **meristem: 분열조직

수능 유형: 빈칸 추론

1 위 글의 빈칸에 들어갈 말로 가장 적절한 것은?

① defend themselves from enemies
② remain stationary in one location
③ generate new organs and tissues
④ reproduce virtually countless times
⑤ give and take nutrients each other

내신 유형: 어법성 판단

2 밑줄 친 (a)~(e) 중에서, 어법상 틀린 것 2개를 찾아 기호를 쓰고 바르게 고쳐 쓰시오.

_____ ➡ _____

_____ ➡ _____

D [1-2] recover from ~로부터 회복하다 disaster 재해, 재난 preferential 특혜의 undifferentiated 미분화된 shoot 싹, 순 differentiate into ~으로 분화하다 tissue 세포 조직 organ 기관, 장기 ultimately 궁극적으로 barren 황량한, 불모의 phenomenon 현상 scale 규모 lightning 벼락, 번개 scar 흉터, 상 generate 생성하다 stationary 움직이지 않는, 정지한 location 장소 reproduce 번식하다 nutrient 영양물, 영양소

[3-4] 다음 글을 읽고, 물음에 답하시오.

> ^{1}If neurons are the stars of the nervous system team, glia are the trainers, coaches, and scorekeepers. ^{2}They (for, it, to, make, possible, do, neurons) their job effectively. (①) ^{3}Some glia (from the Greek word for "glue") provide a structural matrix for neurons, ensuring that the neurons stay in place. (②) ^{4}Other glia are mobile, which allows them to move to a location where neurons have been damaged to clean up debris. (③) ^{5}Glia make tight connections with the blood vessels serving the nervous system. (④) ^{6}Psychoactive drugs, by definition, are substances capable of penetrating this obstacle with ease. (⑤) ^{7}Then these drugs can help manage a wide range of mental health issues, including depression and anxiety. 기출
>
> *glia: 신경교질 **matrix: 세포간질 ***psychoactive: 향정신성의

수능 유형: 간접 쓰기

3 글의 흐름으로 보아, 주어진 문장이 들어가기에 가장 적절한 곳은?

> This forms a blood–brain barrier that prevents many toxins circulating in the blood from exiting into brain tissue where neurons could be harmed.

①   ②   ③   ④   ⑤

내신 유형: 서술형

4 ( ) 안의 말을 바르게 배열하시오.

➡ _____

[3-4] nervous system 신경계   scorekeeper 점수 기록원   stay in place 제자리에 머물다   debris 부스러기   blood vessel 혈관   by definition 정의상 substance 물질   penetrate 침투하다   depression 우울증   obstacle 장애물   barrier 장벽   toxin 독성 물질   circulate 순환하다   exit 빠져나가다

CHAPTER
03
시제 / 태

🏅 **시제의 활용**

- 기술하는 내용의 시점에 따라 적절한 형태의 동사를 사용한다.
- 의미에 따라 과거, 현재, 미래의 기본 시제와 각 시제의 진행형과 완료형을 사용한다.

The President will be attending the Leaders' Summit next week.

대통령은 다음 주에 지도자 정상 회의에 참석할 예정이다. 〈미래진행형〉

Ellen knew that her father had joined the morning soccer club recently. 기출

Ellen은 자기 아버지가 최근에 조기 축구회에 가입한 것을 알고 있었다. 〈과거완료형〉

🏅 **태의 활용**

- 주어가 동사가 나타내는 동작의 주체이면 능동태, 대상이면 수동태를 사용한다.
- 수동태의 시제는 be동사나 조동사 have의 시제를 바꾸어 나타낸다.

	진행형	완료형	완료진행형
능동태	be v-ing	have p.p.	have been v-ing
수동태	be being p.p.	have been p.p.	

More consideration is being given to new ways to manage pests. 기출

해충을 관리하는 새로운 방법에 대해 더 많은 고려가 이루어지고 있다. 〈현재진행형 수동태〉

Numerous biodiversity experiments have been conducted since Elton's time. 기출

수많은 생물 다양성 실험이 Elton의 시대 이후로 수행되어 왔다. 〈현재완료 수동태〉

☑ 현재완료는 「have[has] p.p.」의 형태로, 과거에 일어나서 현재까지 영향을 미치는 일을 나타낼 때 쓴다.

의미	자주 함께 쓰이는 부사(구)
경험: ~해 본 적이 있다	ever, never, once, twice, ~ times, before 등
계속: ~해 왔다	for, since, how long, all day, so far 등
완료: (벌써/이미/막) ~했다	already, yet, just, just now, recently 등
결과: ~했다, ~해버렸다 (그래서 지금 …하다)	–

¹ I **have tried** hang-gliding before // and now I'd like to try bungee jumping. 〈경험〉
나는 전에 행글라이딩은 해 본 적이 있으니 이제는 번지점프를 해 보고 싶다.

² The desire for written records / **has** always **accompanied** economic activity. 기출 〈계속〉
문자 기록에 대한 욕구는 언제나 경제 활동을 수반해 왔다.

³ Ellen, **have** you **decided** / what to buy for his birthday present? 기출 〈완료〉
Ellen, 그의 생일 선물로 무엇을 살지 결정했니?

⁴ Sam **has lost** his wallet / and asks me to lend him some money. 〈결과〉
Sam은 자기 지갑을 잃어버렸고 내게 돈을 좀 빌려 달라고 부탁한다.

어법 명백한 과거 시점을 나타내는 부사(구)와 현재완료는 함께 쓸 수 없다.
Just three decades ago, the Internet [*was / has been] in its infant stage.
30년 전에만 해도 인터넷은 걸음마 단계였다.

> Answers p.12

STRUCTURE 현재완료의 의미에 유의하여 다음 문장을 해석하시오.

1 The train has left the station and some people are still standing on the platform.

2 In total, 24 astronauts have been to the moon and 12 have walked upon its surface.

3 Over the past few decades, architecture as an idea has increasingly limited its definition of itself. 기출

4 Contemporary news construction has come to rely on an increased use of faster editing tempos. 기출

GRAMMAR 다음 문장의 네모 안에서 어법상 알맞은 것을 고르시오.

5 At the 1952 Olympic Games in Helsinki, Emil Zátopek, a Czech athlete, won / has won three gold medals.

---

platform 승강장 astronaut 우주비행사 architecture 건축 increasingly 점점 definition 정의 contemporary 현대의, 당대의 construction 구성 editing 편집
tempo 속도, 박자 athlete 운동선수

UNIT 14 과거완료/미래완료

☑ 과거완료는 「had p.p.」의 형태로, 어느 특정한 과거 시점 이전에 일어났던 일이 그 시점까지 영향을 미칠 때 쓴다. 과거완료는 경험, 계속, 완료, 결과의 의미를 나타내거나, 과거의 두 가지 일 중 먼저 일어난 일(대과거)을 나타내기도 한다.

¹ I was very nervous / [because I **had** never **been** in Slovakia before]. 기출
나는 전에 슬로바키아에 가 본 적이 없어서 매우 긴장했다.

² The physician found / [that her patient **had suffered** from back pain for years].
의사는 자기 환자가 여러 해 동안 요통으로 고생해 왔다는 것을 발견했다.

³ Half of the respondents **said** / [they **had read** an e-book last year]. 기출
응답자의 절반은 자신이 지난해에 전자책을 읽었다고 말했다.

☑ 미래완료는 「will have p.p.」의 형태로, 미래의 특정 시점까지 완료되거나 계속될 일을 나타낼 때 쓴다.

⁴ These birds **will have migrated** south / [before the hunting season begins].
이 새들은 사냥철이 시작되기 전에 남쪽으로 이동했을 것이다.

⁵ I will post the results on my blog / [when I **have completed** the survey].
저는 설문 조사를 완료했을 때 결과를 제 블로그에 게시하겠습니다. *시간과 조건의 부사절에는 현재완료가 미래완료를 대신함

> **MORE** 「had hardly[scarcely] p.p. ~ when[before] 과거시제 ...」는 자주 쓰이는 과거완료의 관용 표현으로, '~하자마자 …했다'로 해석한다.
> We **had hardly arrived** at our hotel / **when** we **headed** to the seashore.
> 우리는 호텔에 도착하자마자 해변으로 향했다.

◉ Answers p.12

(STRUCTURE) 밑줄 친 부분에 유의하여 다음 문장을 해석하시오.

1 Camila relaxed only when Hailey <u>had placed</u> the cake safely on the party table. 기출

2 If you <u>have finished</u> your essay, check it for spelling and grammar mistakes.

3 By May 10, the expedition <u>will have reached</u> its destination, assuming everything goes as planned.

4 He <u>had expected</u> to see some historical monuments, but now he saw nothing like that awaiting him.
기출

(GRAMMAR) 다음 문장의 네모 안에서 어법상 알맞은 것을 고르시오.

5 Our troops | have / had | scarcely deployed when the enemy opened fire with machine gun.

---

spelling 철자 grammar 문법 expedition 탐험대, 원정대 destination 목적지 monument 유적, 기념물 troop 부대 deploy 전개하다 machine gun 기관총

☑ 완료진행형은 완료형과 진행형이 결합한 형태로, 현재/과거/미래의 특정 시점까지 일이 진행되고 있다는 의미를 나타낸다.
- 현재완료진행형: 「have[has] been v-ing」
- 과거완료진행형: 「had been v-ing」
- 미래완료진행형: 「will have been v-ing」

¹ Since early in the morning, / my son **has been complaining** about stomachache.
이른 아침부터 내 아들은 복통을 호소하고 있다.

² The weather app on my phone / **has** not **been working** for the last few days.
내 전화기의 날씨 앱이 지난 며칠간 작동하지 않고 있다.

³ Annette **had been waiting** for Reiner / at the registration point / for over an hour. 기출
Annette는 한 시간 넘게 등록 지점에서 Reiner를 기다리는 중이었다.

⁴ The baby **will have been napping** for an hour / [when I come back to her].
아기는 내가 그녀에게 다시 올 때까지 한 시간 동안 낮잠을 자고 있을 것이다.

> **어법** 감정, 상태, 생각, 지각, 소유, 존재의 의미를 나타내는 동사는 진행형으로 쓸 수 없다.

진행형 불가 동사	like, hate, seem, resemble, think, know, feel, see, hear, look, have, own, be, exist ···

I [*have loved / have been loving] math ever since I was in primary school.
나는 초등학교 때부터 수학을 좋아했다.

> Answers p.13

(**STRUCTURE**) 밑줄 친 부분에 유의하여 다음 문장을 해석하시오.

1 Jonas <u>had been looking</u> forward to the field trip since the beginning of this semester. 기출

2 These people <u>have been volunteering</u> at local hospitals for over a decade.

3 The marathon runners <u>will have been running</u> for more than two hours when they cross the finish line.

4 I sent the service representative several text messages, but he <u>has not been replying</u> for three days.

(**GRAMMAR**) 밑줄 친 부분이 어법상 옳으면 ○, 틀리면 ×로 표시하고 바르게 고쳐 쓰시오.

5 The royal family <u>has been owning</u> this property for eight generations, more than 200 years.

semester 학기 volunteer 자원봉사 활동을 하다 service representative 고객 서비스 담당 직원 own 소유하다 property 부동산, 재산

☑ 3형식 문장의 수동태는 「S+be p.p.+by+O」의 형태로 '~되다, ~받다, ~당하다'로 해석한다.

> ¹ Our donating booths **are located** / in the lobbies of the libraries. 기출
> 우리의 기부 부스는 도서관 로비에 위치하고 있습니다. *「by+O」는 흔히 생략됨
>
> ² Data **can be stored** / in effectively unlimited quantities / and in manageable form. 기출
> 데이터는 효과적으로 무제한적인 양으로, 그리고 관리 가능한 형태로 저장될 수 있다.

☑ 4형식 문장의 수동태는 「S+be p.p.+O」의 형태로, 목적어가 두 개이므로 두 가지의 수동태 문장을 만들 수 있다. 직접목적어가 수동태의 주어로 갈 경우, 간접목적어 앞에 전치사 to, for, of를 쓴다.

> ³ They **were** often **given the task of making the company more efficient**. 기출
> 그들은 흔히 회사를 보다 능률적으로 만드는 과제를 부여받았다.
>
> ⁴ The survey **was sent to customers** / [who had indicated they would participate].
> 그 설문 조사는 참여하겠다는 의사를 보인 고객들에게 발송되었다.

> **MORE** 동사 make, buy, get, cook, find 등이 쓰인 4형식 문장은 간접목적어를 주어로 하는 수동태로 전환할 수 없다.
> The designer sent us the first sketches. → The first sketches **were sent** to us by the designer. (o)
> 디자이너가 우리에게 첫 번째 스케치를 보냈다.　　→ We were sent the first sketches by the designer. (x)

STRUCTURE 밑줄 친 부분에 유의하여 다음 문장을 해석하시오.

● Answers p.13

1 The two-tier cake <u>was made</u> for the bride and groom and cupcakes for the guests.

2 The visitors <u>will be shown</u> the structure and functions of our institution.

3 Questions of morality <u>are often pushed</u> to the side in legislative debate. 기출

4 The popularization of science <u>would be greatly enhanced</u> by improving the widespread images of the scientist. 기출

GRAMMAR 다음 문장을 수동태로 전환할 때, 빈칸 (A), (B)에 알맞은 말을 쓰시오.

5 She passed me the microphone. → (A) _____ was passed to (B) _____ by her.

---

two-tier 2단의　bride 신부　groom 신랑　institution 기관　morality 도덕성　legislative 입법의　popularization 대중화

☑ 5형식 문장의 수동태는 「S+be p.p.+C」의 형태로, C의 자리에는 명사(구), 형용사, to부정사(구), 분사(구)가 올 수 있다.

¹ Charles Darwin **is considered** / the father of the theory of evolution.
Charles Darwin은 진화론의 아버지로 여겨진다.

² We humans **are made curious** / by both sensory and cognitive stimuli.
우리 인간은 감각적 자극과 인지적 자극 둘 다에 의해 호기심이 생긴다.

³ [As the water got rougher], / Sophia **was forced to paddle harder**. 기출
물살이 더 거칠어짐에 따라, Sophia는 노를 더 열심히 젓지 않을 수 없었다.

⁴ A couple of deer **were found** / **swimming in the harbor** a few days ago.
한 쌍의 사슴이 며칠 전에 항구에서 헤엄치고 있는 것이 발견되었다.

⁵ Tools and equipment **should be kept** / **organized** after use for others.
도구와 장비는 사용 후에 다른 이들을 위해 정돈되어 보관되어야 한다.

어법 지각동사와 사역동사의 목적격보어인 원형부정사는 수동태 문장에서 to부정사로 전환된다.
In the video, robotic bees **can be seen** / **to fly across the surface of Mars**.
영상에서 로봇 벌들이 화성 표면을 가로질러 비행하는 것을 볼 수 있다.

◉ Answers p.14

(STRUCTURE) 괄호 안의 말을 적절한 곳에 넣고, 문장을 해석하시오.

1 The coach was left by the worst performance of his team. (embarrassed)

2 A *joint cognitive system* is often called because it is a mixture of human and robot agents. (a *mixed team*) 기출

3 Names are considered in Indonesia, so pronouncing them correctly is very important. (sacred)

4 The film *La Grande Illusion* was enormously successful, but it was not allowed in Germany. (to show) 기출

(GRAMMAR) 다음 문장의 네모 안에서 어법상 알맞은 것을 고르시오.

5 Since then, many wild animals have been made live / to live free in the wild in the forests.

---

embarrass 당혹하게 하다 joint 결합 cognitive 인지의 mixture 혼합(체) agent 행위자 pronounce 발음하다 correctly 정확하게 sacred 신성한 enormously 대단히, 엄청나게

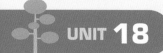

☑ 두 단어 이상으로 이루어진 구동사는 수동태로 전환하면 동사 이외의 부분이 동사 뒤에 이어진다.

¹ Many elderly people **are cut off** from the activities that occupied them. 기출
많은 어르신은 자신들의 마음을 사로잡았던 활동으로부터 단절된다. 〈「동사+부사(+전치사)」로 이루어진 구동사의 수동태〉

² Since the foundation of the clinic, / 13,846 patients **have been taken care of**.
진료소 설립 이후, 13,846명의 환자들이 보살핌을 받아 왔다. 〈「동사+명사+전치사」로 이루어진 구동사의 수동태〉

☑ 목적어가 that절인 경우에는 가주어 it 또는 that절의 주어를 사용하여 수동태로 전환한다.

³ For many years / *it* **was thought that** there would be "one" cure for cancer. 기출
여러 해 동안 암에 대해 '하나'의 치료법만 있다고 생각되었다. *cf.* For many years people thought that ~.

⁴ *A more diverse communities* **are believed to** be more stable. 기출
더 다양한 군집은 더 안정적인 것으로 여겨진다. *cf.* People believe that a more diverse communities are more stable.

> MORE 일부 구동사는 수동태로 전환하면 두 개의 전치사가 연달아 이어지기도 한다.
> The company **has been looked upon as** a pioneer of new technologies.
> 그 회사는 새로운 기술의 선구자로 여겨져 왔다. *look upon A as B: A를 B로 여기다

● Answers p.14

STRUCTURE 밑줄 친 부분에 유의하여 다음 문장을 해석하시오.

1 Abilities such as empathy, communication, and toolmaking <u>are said</u> to "make us human." 기출

2 Social ills can <u>be done away with</u> when the society is an educated one.

3 The model based on this theory <u>has been paid attention to</u> by scholars in this field for the past two decades.

4 It might <u>be thought</u> that as they grow towards adolescence, people give up childhood play, but this is not so. 기출

GRAMMAR 밑줄 친 부분이 어법상 옳으면 ○, 틀리면 ×로 표시하고 바르게 고쳐 쓰시오.

5 Holidays are thought <u>of as</u> a time of sharing, family, and celebration.

empathy 공감 ill 악, 병폐 do away with ~을 제거하다 scholar 학자 adolescence 청소년기 celebration 기념

UNIT 19 준동사의 수동형과 완료형

☑ 의미상 주어가 to부정사나 동명사가 나타내는 동작의 대상일 때, 수동형을 사용한다.

- to부정사의 수동형: 「to be p.p.」 • 동명사의 수동형: 「being p.p.」

¹ Individuals don't want **to be** — or appear **to be** — isolated. 기출

개인들은 고립되는 것 또는 고립된 듯 보이는 것을 원치 않는다.

² Much of the pleasure of fandom / comes from **being connected** to other fans. 기출

팬 층의 즐거움 중 상당 부분은 다른 팬들과 연결되는 것에서 나온다.

☑ to부정사나 동명사가 문장의 동사보다 시간상 앞선 일을 나타낼 때, 완료형을 사용한다.

- to부정사의 완료형: 「to have p.p.」 • 동명사의 완료형: 「having p.p.」

³ Clara now seemed **to have overcome** her past tragedy. 기출

Clara는 이제 그녀의 지난 비극을 극복한 듯 보였다.

⁴ We are proud / of our students **having completed** their degree courses. 기출

우리는 우리 학생들이 그들의 학위 과정을 수료한 것이 자랑스럽습니다.

MORE to부정사나 동명사가 의미상 주어와 수동 관계이면서 문장의 동사보다 시간상 앞선 일을 나타낼 때, 완료수동형을 사용한다.

to부정사의 완료수동형	to have been p.p.	동명사의 완료수동형	having been p.p.

The political idea appears **to have been invented** by the English. 기출

그 정치적 아이디어는 영국인들에 의해 발명된 듯 보인다.

> Answers p.14

(STRUCTURE) 밑줄 친 부분에 유의하여 다음 문장을 해석하시오.

1 Planting trees had the additional advantage of <u>being regarded</u> as a patriotic act.

2 The key component skills in an expert's domain tend <u>to be highly practiced</u>. 기출

3 People post because they have something to say and want to be recognized for <u>having said it</u>. 기출

4 The local merchants are known <u>to have dominated</u> the commerce of the Balkan Peninsula.

(GRAMMAR) 다음 문장의 네모 안에서 어법상 알맞은 것을 고르시오.

5 We are very pleased at having been | selecting / selected | as one of the 50 companies preferred by university students.

---

plant 심다 regard A as B A를 B로 여기다 patriotic 애국의 component 구성 요소 domain 영역 recognize 인정하다 merchant 상인 dominate 지배하다 commerce 상업 peninsula 반도 select 선택하다, 선발하다

● Answers p.15

A 어법 I 다음 문장의 네모 안에서 어법상 알맞은 것을 고르시오.

기출 **1** Emil Zátopek, a former Czech athlete, `considers / is considered` one of the greatest long-distance runners ever.

기출 **2** Each participant had an equal chance of `assigning / being assigned` to either the experimental group or the control group.

3 This species `died / have died` out toward the close of the last glaciation about 11,000 years ago, like mammoths and American mastodons.

4 The police `have / had` hardly shouted a warning when the bank robbers shoot their guns.

기출 **5** When Master Brooks came, the band had been `practicing / practiced` a melody he had never heard before.

6 There are times when people are made `helpless / helplessly` by situations beyond their control.

B 어법 II 다음 문장에서 밑줄 친 부분을 어법상 바르게 고쳐 쓰시오.

기출 **1** These single-celled organisms were found <u>to evolve</u> before multicelled organisms.

2 My grandmother <u>has been possessing</u> this old copper kettle for over thirty years.

3 Our team expected <u>to invite</u> as a matter of course, but got no notification from the competition organizer.

기출 **4** Humans have been <u>replaced</u> diverse natural habitats with artificial monoculture for millennia.

5 Some attendees at the meeting were heard <u>clap</u> and cheer when the special guest appeared.

6 When they <u>will have completed</u> their coursework, they graduate from their program and work in the community.

A former 전의, 이전의 assign 배정하다 control group (실험) 대조군 die out 사멸하다 the last glaciation 마지막 빙하기 robber 강도 helpless 무기력한
B single-celled 단세포의 organism 유기체 multicelled 다세포의 copper 구리 kettle 주전자 as a matter of course 마땅히, 의당 notification 통보, 통지 competition 대회 organizer 주최자 habitat 서식지 artificial 인위적인, 인공의 monoculture 단일 경작 millennium 천 년간(*pl.* millennia) attendee 참석자

C 배열) 다음 우리말과 같은 뜻이 되도록 괄호 안의 말을 바르게 배열하시오.

기출 **1** 이런 의미에서 '자연'은 자기 조절적이지만 꼭 안정된 것은 아닌 역학을 가지고 있는 것으로 보일 수 있다.

(to, be, have, seen)

→ In this sense 'nature' can _____ a self-regulating but not necessarily stable dynamic.

2 주민들에 따르면, 정부 당국이 여러 해 동안 그 다리를 건설하고 있는데, 별 진전은 없다고 한다.

(been, have, the bridge, constructing)

→ According to the residents, the authorities _____ for years, with no significant progress.

기출 **3** 과도한 특정성은 그 영역 밖으로부터의 정보가 과소평가되는 결과를 낳는다.

(from outside the domain, underestimated, information, being)

→ Excessive specificity may result in _____.

4 기본적으로 제조는 원료를 물리적 제품으로 바꾸는 과정으로 여겨진다.

(as, a process, is, of, thought)

→ Fundamentally manufacturing _____ that turns raw materials into physical products.

기출 **5** 더 개인주의적 문화 맥락의 사람들은 자기중심적 행위 또는 통제를 유지하도록 동기 부여되는 경향이 있다.

(motivated, to, maintain, be, to)

→ People from more individualistic cultural contexts tend _____ self-focused agency or control.

6 그때까지 나의 고양이는 안에서 보살핌을 받는 것을 좋아했는데, 갑자기 모든 것이 바뀌었다.

(inside, being, been, enjoying, had, cared for)

→ Until then, my cat _____, but everything suddenly changed.

7 그 신성한 장소는 밀림에 의해 전쟁으로부터 보호되었다고 한다.

(by, protected, have, been, war, to, from, the jungle)

→ The sacred place is said _____.

C self-regulating 자기 조절의 stable 안정된 dynamic 역학, 힘 construct 건설하다, 짓다 authorities 정부 당국 domain 영역 underestimate 과소평가하다 specificity 특정성, 특이성 fundamentally 기본적으로 raw material 원료 individualistic 개인주의적인 agency 행위 sacred 신성한

독해

[1-2] 다음 글을 읽고, 물음에 답하시오.

[1] In the twelfth to thirteenth centuries there (a) appear the first manuals teaching "table manners" to the offspring of aristocrats. [2] It was a genre that subsequently had a great success in the early modern period with *The Courtier* by Baldassare Castiglione, *The Galateo* by Monsignor Della Casa, and many other manuals (b) produce in different European countries as well. [3] In a variety of ways and meanings, these are all instruments intended to define or distinguish who is *in* from who is *out*, separating the participants from the ostracized. [4] It is for this reason that manuals of "good manners" dressed to the aristocracy always have a negative reference to the peasant who behaves badly, who "doesn't know" what the rules are, and for this reason (c) exclude from the lordly table. 기출

*aristocrat: 귀족 **ostracize: 추방하다

◁ 수능 유형: 제목 파악 ▷

1 위 글의 제목으로 가장 적절한 것은?

① Food Etiquette: A Sign of Social Barriers
② Simplification of Traditional Table Manners
③ Different Table Manners in Different Countries
④ Some Peasants Did Have Good Table Manners!
⑤ How Food Etiquette Improved Equality in Europe

◁ 내신 유형: 어법성 판단 ▷

2 밑줄 친 (a)~(c)를 시제와 태를 적용하여 어법에 맞게 고쳐 쓰시오.

(a) → _____

(b) → _____

(c) → _____

Ⓓ [1-2] manual 교범, 매뉴얼 offspring (집합적으로) 자녀들 subsequently 그 후로 instrument 도구 distinguish 구별하다 separate 분리하다 addressed to ~에 초점을 맞춘 aristocracy 귀족 계층 reference 언급 peasant 소작농, 촌뜨기 lordly 귀족의, 귀족에게 맞는

[3-4] 다음 글을 읽고, 물음에 답하시오.

¹<u>Many people have considered biofuels to be</u> a more sustainable alternative to fossil fuels because they are derived from organic materials such as plants and waste. ① ²They can help reduce greenhouse gas emissions and dependence on finite fossil fuel resources. ② ³However, the production of biofuels also has environmental and social implications, such as deforestation and competition with foodcrops for land and resources. ③ ⁴Biofuels can be used in different ways to power vehicles, depending on the type and blend of the fuel. ④ ⁵The sustainability of biofuels depends on factors such as the type of feedstock used, the production methods, and the overall impact on the environment and society. ⑤ ⁶As with any energy source, it is important to carefully consider the benefits and drawbacks of biofuels in the context of broader energy and environmental goals. 기출

《 수능 유형: 간접 쓰기 》

3 위 글에서 전체 흐름과 관계 <u>없는</u> 문장은?

① ② ③ ④ ⑤

《 내신 유형: 서술형 》

4 밑줄 친 부분을 수동태로 바꿔 쓰시오.

→ Biofuels _____ _____ _____ _____ _____

_____ _____ _____

ⓓ [3-4] sustainable 지속 가능한 alternative 대안 fossil fuel 화석 연료 be derived from ~에서 추출되다 organic 유기의 emission 배출 finite 유한한 implication 영향 deforestation 산림 벌채 vehicle 차량 blend 혼합 feedstock 공급 원료 drawback 단점, 불리한 점

CHAPTER
04
조동사

기본 조동사
- 조동사는 동사 앞에 쓰여 동사에 다양한 의미를 추가한다.
- 기본 조동사는 각각이 가진 정해진 의미 이외에도 다양한 표현에 쓰여 관용적 의미를 나타낸다.
- 기본 조동사: can, could, may, might, will, would, must, should, ought to 등

She **couldn't help but** give up the idea of inviting someone.
그녀는 누군가를 초대하겠다는 생각을 포기하지 않을 수 없었다.

Customers **may well** complain of long delivery delays.
고객들이 장기적인 배송 지연에 대해 불평하는 것도 당연하다.

기타 조동사
- 기본 조동사 이외의 다양한 형태의 조동사가 동사 앞에 쓰여 관용적 의미를 나타낸다.
- 기타 조동사: have to, used to, had better, dare, need 등

There **used to** be plenty of dolphins living in the Ganges river.
예전에는 갠지스강에 사는 돌고래가 많았다.

We **need not** worry about something which has not emerged yet.
우리는 아직 벌어지지도 않은 무언가를 걱정할 필요가 없다.

조동사+have p.p.
과거의 일과 관련하여 추측, 단정, 후회 · 유감 등 다양한 의미를 나타낸다.

The missing child **must have wandered** deep into the woods.
그 실종된 아이는 길을 잃고 숲속 깊이 들어갔음이 틀림없다.

☑ can, could는 능력, 가능성, 추측, 허가 등의 기본적인 뜻을 나타내고, 다음과 같은 관용 표현에도 쓰인다.

- cannot (help) but Ⓥ / cannot help v-ing: ～하지 않을 수 없다, ～할 수밖에 없다
- cannot Ⓥ too[enough]: 아무리 ～하게 …해도 지나치지 않다

   ¹I **cannot help having** / doubts about the information's reliability.
   나는 그 정보의 신빙성에 대해 의심하지 않을 수 없다.

   ²We **cannot be too** careful / in deciding [what is original and what is not].
   우리는 무엇이 원작이고 무엇이 아닌지를 판단하는 데 있어서 아무리 주의를 기울여도 지나치지 않다.

☑ may, might는 추측, 허가 등의 기본적인 뜻을 나타내고, 다음과 같은 관용 표현에도 쓰인다.

- may well Ⓥ: ～하는 것도 당연하다
- may[might] as well Ⓥ (as …): (…하기보다는) ～하는 편이 낫다
- no matter+의문사+S′+may ～: …을 ～하든 (= 복합관계사+S′+may ～)

   ³Defendants **may well be** defensive / and choose their words carefully.
   피고인들이 방어적이고 자신들의 말을 주의 깊게 고르는 것도 당연하다.

   ⁴Media companies **might as well offer** their content / to a web-based service.
   미디어 기업들은 웹 기반 서비스에 그들의 콘텐츠를 제공하는 편이 낫다.

   ⁵[**No matter what one may** achieve], / he or she will never feel satisfied.
   = Whatever
   한 사람이 무엇을 성취하든, 그 사람은 결코 만족하다고 느끼지 않을 것이다.

   MORE can이 다른 조동사와 함께 쓰일 때는 be able to로 대체된다.
   The two parties *may* **be able to** reach an agreement at any time.
   양측은 언제라도 합의에 도달할 수 있을 것이다.

● Answers p.18

(STRUCTURE) 밑줄 친 부분에 유의하여 다음 문장을 해석하시오.

1 We <u>cannot emphasize enough</u> how important it is to consume pure and fresh milk.

2 When we look at our own works, we <u>may well be</u> ashamed of their imperfections.

3 <u>No matter how you may</u> feel about money, it's important to stay in control of your personal finances.

4 For some reasons, Ferdinand I <u>could not help but alter</u> his tactics and policies toward the Ottoman Empire.

---

emphasize 강조하다 consume 섭취[소비]하다 ashamed 창피한 imperfection 부족한 점, 불완전 finance 재정, 금융 alter 변경하다 tactic 전술

☑ would는 will의 과거형으로 쓰이고, 소망, 요청, 과거의 불규칙한 습관 등의 기본적인 뜻을 나타내며, 다음과 같은 관용 표현에도 쓰인다.

• would rather / would rather not: 차라리 ~하는 것이 낫겠다 / 차라리 ~하지 않는 것이 낫겠다
• would rather ~ than …: …하느니 차라리 ~하겠다

¹ I **would rather not** comment on the issue / [if you don't mind].
나는 네가 괜찮다면 그 사안에 대해 차라리 언급하지 않는 것이 낫겠다.

² We **would rather** preserve our farmlands / **than** encourage mining.
우리는 채광을 장려하느니 차라리 우리의 농경지를 보존하겠다.

☑ should는 의무, 조언, 추측 등의 기본적인 뜻을 나타낸다. 또한 주장, 제안, 요구, 명령, 필요, 중요 등을 의미하는 동사나 형용사 뒤의 that절에서 관용적으로 쓰이며 이 경우 흔히 생략된다.

• 주장, 제안, 요구, 명령 등을 나타내는 동사: insist, suggest, recommend, demand, ask, order 등
• 필수, 중요를 나타내는 형용사: necessary, essential, important, desirable 등

³ Her teacher suggested / [that she **(should)** skip a few grades].
그녀의 선생님은 그녀가 몇 학년을 건너뛸 것을 제안했다.

⁴ It is essential / [that the media **(should)** be independent of governmental control].
미디어가 정부 통제로부터 독립적인 것이 필수적이다.

어법 that절이 당위성(~해야 한다)이 아닌 단순 사실을 나타낼 때는 should가 쓰이지 않는다.
Laura insists that she **did** nothing wrong, // but I don't think so.
Laura는 자신이 아무 잘못도 하지 않았다고 주장하지만, 나는 그렇게 생각하지 않는다.

● Answers p.18

STRUCTURE 밑줄 친 부분에 유의하여 다음 문장을 해석하시오.

1 I would rather rent for a few years because I don't want to own a house.

2 The employees insisted that their contract remain in effect until next year.

3 Many graduates would rather move away for better opportunities than find work locally.

4 It was necessary that they should not be treated as individuals but as members of a group.

GRAMMAR 다음 문장의 네모 안에서 어법상 알맞은 것을 고르시오.

5 The findings suggest that every human being has / should have similar cooperative behaviors.

---

rent 대여하다 contract 계약 in effect 유효한 graduate 졸업생 finding 연구 결과

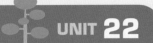

☑ 기본 조동사 이외의 다양한 형태의 조동사가 쓰여 동사에 특정 의미를 추가한다.

- had better: ~하는 것이 좋다
- used to: ~하곤 했다; (상태가) ~이었다
- don't have to: ~할 필요가 없다
- dare (not): 〈의문문, 부정문〉 감히 ~하다 (감히 ~하지 못하다)
- need (not): ~할 필요가 있다 (~할 필요가 없다)

---

¹ We **had better** fasten the seat belt / [when we sit in the car].
우리는 차에 앉아 있을 때 안전벨트를 매는 것이 좋다.

² In the 1990s, / people **used to** talk to their sweetheart / by sending a letter.
1990년대에는 사람들이 편지를 보내 연인에게 이야기하곤 했다.

³ You **don't have to** bother yourself with equipment, / [as we provide everything]. 기출
여러분은 장비에 신경을 쓸 필요가 없는데, 우리가 모든 것을 제공하기 때문입니다.

⁴ How **dare** such a small country challenge our great nation?
어떻게 그렇게 작은 나라가 감히 우리 거대한 나라에 도전하겠는가?

⁵ I think / [Cambodia **need not** import salt / (to meet domestic demand)].
나는 캄보디아가 국내 수요를 충족하기 위해 소금을 수입할 필요가 없다고 생각한다.

MORE 조동사 used to와 유사하지만 의미와 용법이 다른 표현을 구별하도록 한다.

• be used to v-ing: ~하는 데 익숙하다	• be used to-v: ~하는 데 사용되다

The native people **were used to hunting** and **gathering** food.
원주민들은 식량을 사냥하고 채집하는 데 익숙했다.

> Answers p.19

STRUCTURE 밑줄 친 부분에 유의하여 다음 문장을 해석하시오.

1 After you eat, you <u>don't have to</u> figure out why you aren't hungry anymore. 기출

2 You <u>had better</u> consult a doctor before using any health care products.

3 The tribal men <u>used to</u> adorn themselves with accessories made of shells.

4 In spite of their doubts, the crew <u>dare not</u> rebel against the captain's orders.

GRAMMAR 다음 문장의 네모 안에서 어법상 알맞은 것을 고르시오.

5 In this country, camels and donkeys | used / are used | to carry loads even today.

---

figure out ~을 이해하다 consult 상담하다 tribal 부족민의 adorn 장식하다 accessory 장신구 crew (집합적) 선원 rebel against ~에 항거하다 load 짐

☑ 조동사 다음에 have p.p.가 이어지면 과거의 일에 대한 추측, 단정, 후회·유감 등을 나타낸다.

- may/might have p.p.: ~했을지도 모른다 〈막연한 추측〉
- could have p.p.: ~할 수도 있었다 〈미실현 가능성〉
- must/cannot have p.p.: ~했음이 틀림없다 〈강한 긍정적 단정〉 / ~했을 리가 없다 〈강한 부정적 단정〉
- should/ought to have p.p.: ~했어야 했다 〈후회·유감〉
- need not have p.p.: ~할 필요가 없었다(그런데도 했음)

¹ The consequence **might have been** fatal / in a younger population.
결과는 더 젊은 인구에서는 치명적이었을지도 모른다.

² The fisherman **could have caught** more fish, // but he didn't need to.
그 어부는 더 많은 고기를 잡을 수도 있었지만, 그는 그럴 필요가 없었다.

³ The missing evidence **must have been destroyed** intentionally.
그 사라진 증거는 의도적으로 파괴되었음이 틀림없다.

⁴ The factory **should have complied** with the waste treatment law.
그 공장은 폐기물 처리법을 따랐어야 했다.

⁵ You **need not have explained** / [because they knew {that you were not guilty}].
그들은 네가 죄가 없다는 것을 알았기 때문에 너는 설명할 필요가 없었다.

MORE 「could ⓥ」는 '~할 수 있었다(그래서 했다)'라는 의미이고, 「could have p.p.」는 '~할 수도 있었다(그런데 하지 않았다)'라는 의미이다.
Now they **could see** / [why she had suggested going rafting]. 기출
이제 그들은 왜 그녀가 래프팅을 가자고 제안했는지를 알 수 있었다.

● Answers p.19

STRUCTURE 「조동사+have p.p.」 구문에 유의하여 다음 문장을 해석하시오.

1 Those infected should not have been allowed to board the flight.

2 A collision could have occurred and the athletes could have been injured.

3 The outcome of the artistic process cannot have been predetermined.

4 An organism's ancestors may have evolved a characteristic that subsequently constrain future evolution. 기출

GRAMMAR 다음 문장의 네모 안에서 어법상 알맞은 것을 고르시오.

5 Fortunately, Dad could find / have found the car's keys and we left the place right away.

infect 감염시키다 board 탑승하다 collision 충돌 predetermine 미리 결정하다 organism 유기체 characteristic 특징 subsequently 이후에 constrain 제약하다

UNIT 24 | 대동사

☑ 대동사는 조동사의 한 형태로, 한 문장에서 동일한 술어의 일부 또는 전체의 반복을 피하기 위해 사용된다.

- 조동사가 사용된 문장의 대동사 → 조동사
- be동사가 사용된 문장(진행형, 수동태 포함)의 대동사 → be동사
- 일반동사가 사용된 문장의 대동사 → do[does]
- 완료시제가 사용된 문장의 대동사 → have[has]

¹ I'm not sure / [if I *can* make it to the conference this year], // but I **can** next year.
= can make it to the conference

나는 올해 그 회의에 참석할 수 있는지 확신할 수 없으나, 내년에는 할 수 있다.

² Children *are* more capable at picking up languages / than **are** adults.
= are capable at picking up languages

아이들은 어른들이 그런 것보다 언어를 습득하는 데 더 능력이 있다.

³ Parenting *improves* when it is practiced as a skilled craft, as **does** citizenship. 기출
= Citizenship improves when ~.

육아는 숙련된 기술로서 실행될 때 향상하는데, 이는 시민 의식도 마찬가지이다.

⁴ I *have* never been to the aquarium, // but Josh **has** several times.
= has been to the aquarium

나는 그 수족관에 가 본 적이 없는데, Josh는 여러 번 가 보았다.

> **어법** 대동사를 사용할 때는 문맥에 맞는 시제와 수를 적용해야 한다.
>
> AI *does* not truly understand or empathize / [as humans **do** intuitively].
> AI는 인간이 직관적으로 그런 것처럼 진실로 이해하거나 공감하지 못한다.

● Answers p.19

(STRUCTURE) 밑줄 친 대동사의 쓰임에 유의하여 다음 문장을 해석하시오.

1 The chimp will recognize the pattern immediately, as <u>will</u> most human babies.

2 One of the two caves is not accessible but the other <u>is</u> to a limited number of visitors.

3 They have been affected by the virus, as <u>have</u> the elderly in many countries.

4 Males have higher average kilocalorie intake from sugar-sweetened beverages than females <u>do</u>. 기출

(GRAMMAR) 다음 문장의 네모 안에서 어법상 알맞은 것을 고르시오.

5 Reptiles are far less diverse than are / were their ancestors just a hundred years ago.

---

immediately 즉시 intake 섭취 sugar-sweetened 설탕으로 감미된 beverage 음료 reptile 파충류

• Answers p.20

A 어법 I 다음 문장의 네모 안에서 어법상 알맞은 것을 고르시오.

1 The expedition could not help slow / slowing down because of sudden heavy snowstorms.

2 As we have plenty of time, we might / would as well discuss this matter a little further.

3 The merchant used / was used to carry all his goods on the back of his donkey to sell in the market.

4 Flowers were rarely seen in her paintings but when they were / did , they were exquisite and realistic.

5 When we are behind the wheel, we must be / have been very careful with distractions.

6 Nutritionists have recommended that foods from each of the four basic groups be / have been eaten on a regularly daily basis.

B 어법 II 다음 문장에서 어법상 **틀린** 부분을 찾아 밑줄을 긋고 바르게 고쳐 쓰시오.

1 We may not highlight too much the importance of friendship in adolescence.

2 Even the busiest people can make time to exercise and if you are too, you won't regret it.

3 She says that she could walk alone in darkness rather than follow anyone else's shadow.

4 Need we to apologize to the client for the delay in scheduling her appointment?

5 The engineers should pay attention to the warning signs, but they ignored it.

기출 **6** When the birds heard a tape recording of a stranger, they sang more songs than they were on hearing a neighbor's song.

A expedition 탐험대, 원정대 snowstorm 눈보라 plenty of 충분한 merchant 상인 rarely 좀처럼 ~하지 않는 exquisite 정교한 behind the wheel 운전 중인 distraction 주의산만 (요소) nutritionist 영양학자 on a daily basis 매일, 날마다 **B** highlight 강조하다 adolescence 청소년기 regret 후회하다 apologize 사과하다 appointment (진료) 예약

C [배열] 다음 우리말과 같은 뜻이 되도록 괄호 안의 말을 바르게 배열하시오.

1 우리는 뜻하지 않은 도전에 대처하고 우리의 목표에 집중된 상태를 유지할 수 있어야 한다.

(cope with, be able to, must)

→ We _____ unexpected challenges and stay focused on our goals.

기출 **2** 사람들은 일어나지 않았을지도 모르는 세부 사항을 자기 이야기에 추가한다.

(have, may, occurred, not)

→ People add details to their stories that _____.

3 식물은 잎에 있는 세포가 필요한 모든 산소를 생산하므로 대기로부터 산소를 흡수할 필요가 없다.

(to, have, take up, don't)

→ Plants _____ oxygen from atmosphere as cells in leaves produce all the necessary oxygen.

4 두 명의 직원이 지각했는데, 부장이 그걸 알아차리지 못했을 리가 없다.

(cannot, failed, have)

→ Two employees were late again, and the manager _____ to notice it.

5 유권자들이 자기 이익이 어느 정도 고려되지 않으면 그들의 정치적 지지를 거부하는 것은 당연하다.

(well, refuse, may)

→ Voters _____ their political support if their interests are not considered to some degree.

6 그 설문조사 결과는 참여 기업들의 지리적 분포로 인해 편향될 수도 있었다.

(have, been, could, biased)

→ The survey results _____ due to the geographic distribution of participating companies.

7 위원회는 내가 설문지를 반송하지 않았기 때문에 내 견해를 무시했음이 틀림없다.

(must, ignored, have)

→ The committee _____ my views because I did not return my questionnaire.

C cope with ~에 대처하다 take up ~을 흡수하다 atmosphere 대기 to some degree 어느 정도 geographic 지리적인 distribution 분포 committee 위원회 dismiss 무시하다 questionnaire 설문지

독해

[1-2] 다음 글을 읽고, 물음에 답하시오.

¹ Many people have heard of what happened to Socrates, who was condemned for having taught young people how to use critical discourse. ² However, fewer people may (a) hear / have heard that some of the great scientists of the twentieth century were kicked out of Germany by the Nazi government. ³ More examples include important early scientists and philosophers of science (Maya, Rhazes, Copernicus). ⁴ They (b) would / should suffer (sometimes horribly) at the hands of powerful people who were threatened by what they had found through careful observation of the real world. ⁵ So, although science has been at the center of some of the great changes in human history, it has not usually had a good relationship with political leadership. ⁶ In the rare instances where it (c) is / has, amazing things have happened in the long term. 기출

<table>
<tr><td>수능 유형: 주제 파악</td></tr>
</table>

1 위 글의 주제로 가장 적절한 것은?

① political support for the progress of science
② the desire of great scientists for political power
③ the critical role of science in political innovation
④ the hostility of political power towards scientists
⑤ scientific knowledge as a solution for political conflict

<table>
<tr><td>내신 유형: 어법성 판단</td></tr>
</table>

2 (a)~(c)의 네모 안에서 어법상 옳은 것을 고르시오.

(a) _____

(b) _____

(c) _____

ⓓ [1-2] condemn 규탄하다 discourse 담론 kick 쫓아내다 philosopher 철학자 rare 드문 instance 사례 hostility 적대감

[3-4] 다음 글을 읽고, 물음에 답하시오.

> ¹The day of the Five Mile Fun Walk had arrived. ²Annette had been waiting for Reiner at the registration point for over an hour. ³There was still no sign of him. ⁴She started thinking that 그에게 나쁜 일이 일어났을지도 모른다.

(A) ⁵"Thank goodness! What happened?" she asked. ⁶He explained that the traffic had been terrible. ⁷What was worse, he had left his phone at home. ⁸"I'm so sorry," he said.

(B) ⁹She started to relax. ¹⁰"I'm fine now. As long as you're here and safe. Why don't we go and register?" ¹¹They headed into the event together.

(C) ¹²Getting concerned, she tried calling Reiner's phone again, but there was no response. ¹³At that moment, she heard a voice calling her name. ¹⁴She found Reiner coming toward her. 기출

수능 유형: 간접 쓰기

3 주어진 글 다음에 이어질 글의 순서로 가장 적절한 것은?

① (A) − (C) − (B)
② (B) − (A) − (C)
③ (B) − (C) − (A)
④ (C) − (A) − (B)
⑤ (C) − (B) − (A)

내신 유형: 서술형

4 밑줄 친 우리말과 같은 뜻이 되도록 ( ) 안의 어구를 바르게 배열하시오.

> (bad, him, might, to, have, something, happened)

→ _____

Ⓓ [3-4] registration 등록 relax 긴장이 풀리다, 안심하다 register 등록하다 response 응답

가정법

가정법의 정의와 구분

- 있는 그대로의 사실이나 실현 가능성이 상당히 있는 일을 말하는 직설법과는 달리, 가정법은 사실이 아니거나 실현 가능성이 희박한 일을 가정·상상·소망하여 말한다.
- 가정법은 크게 가정법 과거/과거완료/미래로 구분한다.

If the Earth **were** flat, there **would be** no horizon.

만약 지구가 평평하면, 수평선은 없을 것이다. 〈가정법 과거〉

I **would have joined** the team if I **had been invited**.

만약 내가 요청을 받았다면 팀에 합류했을 텐데. 〈가정법 과거완료〉

If you **should encounter** a black bear, follow these safety tips.

만약 혹시라도 흑곰과 마주치면, 이 안전 조언을 따르시오. 〈가정법 미래〉

가정법의 종류

- 접속사 if가 이끄는 부사절의 가정법
- 동사 wish가 취하는 목적절의 가정법
- 접속사 as if[though]가 이끄는 부사절의 가정법

No state could be sovereign **if** its inhabitants **lacked** the ability to change.

어떤 국가도 그 주민이 변화할 능력이 없으면 주권이 없을 것이다.

I **wish** they **owned** a cabin in the woods during holidays.

나는 휴일에는 숲에 작은 별장을 갖고 있으면 하고 소망한다.

She felt **as if** the counselor **were** in the room with her. 기출

그녀는 마치 그 상담사가 자신과 함께 방에 있는 것처럼 느꼈다.

☑ 가정법 과거는 현재 사실과 반대되거나 현재·미래에 실현 가능성이 거의 없는 가정 상황을 기술한다.
- If+S′+동사의 과거형 ~, S+would/could/might ⓥ ···: 만약 ~라면, ···할 텐데[것이다]

¹ If she **knew** her hero's defeat, / she **would be** terribly disappointed. 기출
만약 그녀가 그녀 영웅의 패배를 안다면, 매우 실망할 것이다.

² **If it were not for** my smartphone, / I **couldn't take** photos or videos.
만약 내 스마트폰이 없다면, 나는 사진이나 동영상을 찍을 수 없을 것이다. *cf.* if it were not for ~: ~가 없다면

☑ 가정법 과거완료는 과거 사실과 반대되거나 과거에 실현 가능성이 거의 없는 가정 상황을 기술한다.
- If+S′+had p.p. ~, S+would/could/might+have p.p. ···: 만약 ~했더라면, ···했을 텐데[것이다]

³ The worker **would have stopped** working / if I **had not watched** him.
만약 그 일꾼은 내가 지켜보지 않았다면, 일하는 것을 멈추었을 것이다.

⁴ **If it had not been for** the dog, / we **might never have found** the missing child.
만약 그 개가 없었다면, 우리는 결코 그 실종된 아이를 찾을 수 없었을지도 모른다. *cf.* if it had not been for ~: ~가 없었다면

MORE 접속사 if가 이끄는 부사절이 단순한 조건을 기술할 때는 직설법 문장이 된다.
If everyone else **is** calm and indifferent, / you **will tend** to remain so. 기출
다른 모든 이가 조용하고 무관심하면, 여러분도 계속 그럴 상태일 경향이 있을 것이다.

● Answers p.23

(STRUCTURE) 밑줄 친 부분에 유의하여 다음 문장을 해석하시오.

1 Imagine how little we'd <u>accomplish</u> if we <u>had</u> to focus consciously on every behavior. 기출

2 If he <u>had hired</u> a lawyer to represent him, he <u>wouldn't have been found</u> guilty.

3 If it <u>were</u> not for bees and other pollinators, there <u>would be</u> no flower on our table.

4 If it <u>hadn't been</u> for the compass, I <u>would have lost</u> the direction completely.

(GRAMMAR) 다음 문장의 네모 안에서 어법상 알맞은 것을 고르시오.

5 If you │ have / had │ any further questions, please email us at brushwoodtour@parks.org.

---

accomplish 성취하다 consciously 의식적으로 represent 대리하다, 대표하다 guilty 유죄의 pollinator 꽃가루 매개자 compass 나침반 direction 방향

 **UNIT 26** 가정법 미래 / 혼합가정법

☑ 가정법 미래는 실현 가능성이 매우 적거나 실현 불가능한 미래의 가정 상황을 기술한다.

- If+S'+were to/should ⓥ ~, S+would/could/might ⓥ …: 만약 (혹시라도, 그럴 리는 없겠지만) ~라면, …할 텐데[것이다]

 ¹ If you **should wish** to cancel your order, / please **notify** us immediately.
  만약 혹시라도 고객님의 주문을 취소하고 싶으시면, 저희에게 즉시 알려 주시기 바랍니다. *if절에 should가 쓰일 경우 주절에 명령문이나
  조동사의 현재형이 올 수 있음
 ² What **would happen** / if mosquitoes **were to disappear** from the earth? 기출
  만약 그럴 리는 없겠지만 모기가 지구에서 사라지기라도 한다면, 무슨 일이 생길까?

☑ 혼합가정법의 if절은 과거의 가정 상황을 기술하고, 주절은 그것이 현재에 미칠 결과를 기술한다.

- If+S'+had p.p. ~, S+would/could/might ⓥ …: (과거에) 만약 ~했더라면, (현재에) …할 텐데[것이다]

 ³ If it **had snowed** last night, / the highway **would be** a parking lot today.
  만약 어젯밤에 눈이 왔다면, 고속도로는 오늘 주차장이 될 것이다. *혼합가정법의 주절에는 흔히 today, now 등의 부사가 사용됨
 ⁴ If we **had not arrived** on time, / we **would** now **have to** wait in the long line.
  만약 우리가 시간 맞춰 도착하지 않았다면, 우리는 지금 긴 줄에 서서 기다려야 할 것이다.

> **MORE** if절에 「**are to** ⓥ」를 쓰면 '~하고자 한다면'이라는 의미를 나타낸다.
> If you **are to join** the program, / you need to be at least 15 years old.
> 여러분이 그 프로그램에 들어가고자 한다면, 최소한 15세여야 합니다.

❏ Answers p.23

(**STRUCTURE**) 밑줄 친 부분에 유의하여 다음 문장을 해석하시오.

1 If Reaves had not been injured last week, he could play in the game tomorrow night.

2 If the meeting should be interactive, let attendees plan their questions.

3 If you hadn't learned to speak, the whole world would seem like the unorganized supermarket. 기출

4 If Mars were to crash into Earth, it would have catastrophic consequences for both planets.

(**GRAMMAR**) 밑줄 친 부분이 어법상 옳으면 O, 틀리면 ×로 표시하고 바르게 고쳐 쓰시오.

5 If companies were to improve the work-family balance, they need to adopt flexible work policies.

injure 다치게 하다 interactive 상호작용 방식의 attendee 참석자 unorganized 정돈되지 않은 crash into ~에 충돌하다 catastrophic 파멸의 consequence 결과
flexible 유연한, 융통성 있는 policy 방침, 정책

CHAPTER 05 • 55

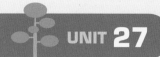
☑ 가정법 문장에서 if절에 were/had/should가 있는 경우 if를 생략할 수 있으며, 이때 주어와 (조)동사가 도치된다.

- 가정법 과거: If+S'+were ~ → Were+S' ~
- 가정법 과거완료: If+S'+had p.p. ~ → Had+S'+p.p. ~
- 가정법 미래: If+S'+should/were to ⓥ ~ → Should+S'+ⓥ ~ / Were+S'+to ⓥ

¹ Would any of you react differently to the crisis / **were you** in his shoes?
여러분 중 누구라도 그의 입장이라면 그 위기에 다르게 반응하겠는가?

² **Were it** not for law, / this world would be in an awful condition.
법이 없으면, 이 세상은 끔찍한 상태일 것이다.

³ **Had my flight been cancelled**, / there were no other flights available for several days.
내 항공편이 취소되었더라면, 여러 날 동안 이용할 수 있는 다른 항공편이 없을 것이다.

⁴ **Had it** not **been** for the treaty, / the two countries would have gone to war.
그 조약이 없었더라면, 그 두 나라는 전쟁을 벌였을 것이다.

⁵ It would be the end of his political career / **should he lose** the election.
혹시라도 그가 그 선거를 패하기라도 한다면, 그것은 그의 정치 경력의 끝일 것이다.

MORE 「what+if절 ~?」 형태의 가정법 문장은 if절의 동사 어형에 따라 what 뒤에 will happen(가정법 미래), would happen(가정법 과거) 또는 would have happened(가정법 과거완료)가 생략된 것으로 이해할 수 있다.

What (would happen) if we **encountered** another life form out there in the universe?
우리가 저 밖의 우주에서 다른 생명체를 만난다면, 어떤 일이 생길까?

What (would have happened) if birds **had evolved** to be about the size of horses?
새가 말 크기 정도로 진화했다면, 어떤 일이 생겼을까?

❯ Answers p.23

(STRUCTURE) 다음 문장의 밑줄 친 부분을 해석하시오.

1 Many patients would not survive <u>weren't it for blood donations</u>.

2 <u>Had he come up with an alternative</u>, no such an additional budget would have been required.

3 Everything could have been arranged in time <u>had it not been for the delivery delay</u>.

4 <u>Were the oceans to rise</u> merely 100 feet, the surf would break against the foothills of the Appalachians.

---

blood donation 헌혈 come up with ~을 생각해내다 budget 예산 arrange 준비하다 delivery 배송, 배달 surf 밀려드는 파도 foothill (산기슭의) 작은 언덕

UNIT 28   wish + 가정법 / as if + 가정법

☑ wish 뒤에 이어지는 절은 사실이 아닌 소망을 기술하므로 가정법으로 표현한다. 가정법 과거이면 주절과 같은 시점의 일을, 가정법 과거완료이면 주절보다 이전 시점의 일을 나타낸다.

- 가정법 과거: 「S+wish+S′+(조)동사의 과거형」 (~하면 좋을 텐데, ~하면 좋겠다고 생각하다)
- 가정법 과거완료: 「S+wish+S′+had p.p. 또는 S+wish+S′+조동사의 과거형+have p.p.」 (~했다면 좋을 텐데, ~했다면 좋겠다고 생각하다)

> ¹Sometimes we **wish** we **were** able to turn back the hands of time.
> 때때로 우리는 우리가 시곗바늘을 되돌릴 수 있으면 좋겠다고 생각한다.
>
> ²Getting the results of the exam, / I **wished** I **had listened** more carefully to the lecture.
> 시험 성적을 받고서, 나는 내가 강의를 좀 더 주의 깊게 들었으면 좋았을 텐데 하고 생각했다.

☑ 접속사 as if[though]가 이끄는 부사절이 사실이 아닌 내용을 기술할 때는 가정법으로 표현한다. 가정법 과거이면 주절과 같은 시점의 일을, 가정법 과거완료이면 주절보다 이전 시점의 일을 나타낸다.

- 가정법 과거: 「as if[though]+S′+동사의 과거형」 (마치 ~인 것처럼, 마치 ~였던 것처럼)
- 가정법 과거완료: 「as if[though]+S′+had p.p.」 (마치 ~였던 것처럼)

> ³Babies always talk to their teddy bears / **as if** they **were** alive.
> 아기들은 자기 테디베어에게 마치 그것들이 살아 있는 것처럼 말을 건다.
>
> ⁴My grandma remembered her wedding / **as if** it **had happened** last week.
> 나의 할머니는 자신의 결혼식이 마치 지난주에 있었던 것처럼 그것을 기억하셨다.

> **MORE**   접속사 as if가 이끄는 부사절이 사실을 기술할 때는 직설법으로 표현한다.
> The tower leans to one side / **as if** it **is** going to fall. 기출 그 탑은 쓰러질 듯 한쪽으로 기울어져 있다.

❯ Answers p.24

STRUCTURE 밑줄 친 부분에 유의하여 다음 문장을 해석하시오.

1 I wish I had installed this earlier; it could have saved me tons of money.

2 Clara blinked again, as if something had suddenly been made plain to her.

3 People often speak of art and science as though they were two entirely different things, but they are not.

GRAMMAR 밑줄 친 부분이 어법상 옳으면 ○, 틀리면 ×로 표시하고 바르게 고쳐 쓰시오.

4 That The birds are flying together as if they have some kind of 'arrangement' or 'rule'

---

install 설치하다 blink 깜빡이다 plain 분명한, 명백한 entirely 완전히 arrangement 합의

UNIT 29 if절을 대신하는 표현

☑ 가정법 문장의 if절을 대신하여 다음과 같은 다양한 표현을 사용할 수 있다.

- 명사구 주어
- to부정사구
- 분사구문
- **without[but for]** (~가 없다면/없었다면) (= if it were not for / if it had not been for)
- **otherwise** (그렇지 않으면/않았다면)

---

¹ **A more experienced surgeon** would avoid this treatment.
= If he/she were a more experienced surgeon, he/she
더 노련한 외과의라면 이 치료법을 피할 것이다.

² **To see her dance yesterday**, / you would have thought / [she is a professional dancer].
= If you had seen her dance yesterday,
그녀가 어제 춤춘 것을 보았으면, 너는 그녀가 직업 무용수라고 생각했을 것이다.

³ My dog Tommy, / **left alone in the house**, / might have chewed furniture.
= If it had been left alone in the house,
나의 개 Tommy는 집에 혼자 남겨졌다면 가구를 씹었을지도 모른다.

⁴ **Without the influence of minorities**, / we would have no innovation. 기출
= If it were not for the influence of minorities,
소수 집단의 영향이 없으면, 우리는 아무런 혁신도 이루지 못할 것이다.

⁵ Hitler was finally stopped; // **otherwise**, where would we be today?
= if he had not been stopped,
히틀러가 마침내 제지되었는데, 그렇지 않다면 오늘날 우리가 어디에 있겠는가?

MORE providing/provided/supposing (that)은 if를 대신하여 조건절을 유도하는 접속사로 사용된다.

I would study abroad in the U.K. / **provided (that)** my parents consented.
나는 우리 부모님께서 동의하기만 하시면 영국에서 유학할 것이다.

◉ Answers p.24

(STRUCTURE) 다음 문장에서 if절을 대신하는 표현에 밑줄을 긋고, 문장을 해석하시오.

1 But for the relief fund, the earthquake victims would not have survived.

2 To watch him play, you could see the passion and dedication he has for tennis.

3 A good coach would need to know a great deal about their discipline.

4 Lionel Messi missed a penalty; otherwise, Argentina could have been in the final.

5 Supposing that there were no war in the world, all the children could be studying in peace in the classrooms.

---

relief fund 구호 기금 passion 열정 dedication 전념 discipline 분야 penalty 페널티킥; 형벌

A 어법 I 다음 문장의 네모 안에서 어법상 알맞은 것을 고르시오.

기출 **1** If it weren't for commercial record, we will / would know far less about ancient cultures.

2 Have / Had humans stayed in their original habitat these diseases might have never evolved.

3 The maids of the castle looked pale as though / even though the sunlight had never touched their skin.

4 Things are getting worse and now many of the refugees wish they stayed / had stayed at their home.

5 Our family would be willing to join you your family should / should your family attend this event.

6 If Edison had not dared to fail, we would not be / have not been able to read at night today.

B 어법 II 다음 문장에서 어법상 틀린 부분을 찾아 밑줄을 긋고 바르게 고쳐 쓰시오.

1 As he is just a team member, he should not act as if he is the team leader.

2 If we booked the tickets last week, we would have saved around £100.

3 The Earth's orbit would be greatly affected if the moon are to vanish.

4 Had their bodies responded positively to the changing environment, these animals would have still been alive today.

5 If I had attended college, I would take classes to earn a degree in elementary education.

6 Broadcast TV, radio, text messages and cell phone calls could not reach us it were not for satellites in space.

A commercial 상업의 habitat 거주지, 서식지 maid 하녀 refugee 난민 attend 참석하다 **B** book 예약하다 orbit 궤도 vanish 사라지다 degree 학위 elementary education 초등 교육 broadcast 방송 satellite 위성

C 배열 다음 우리말과 같은 뜻이 되도록 괄호 안의 말을 바르게 배열하시오.

1 저작권법이 없으면, 사람들은 창작자에게 보상하지 않고 디지털 콘텐츠를 자유롭게 복제하고 유통할 수 있을 것이다.
(copyright, without, law)

→ _____, people could freely copy and distribute digital content without compensating the creators.

2 그들이 건설을 중지했는데, 그렇지 않았다면 생태계가 붕괴되었을 것이다.
(have been disrupted, the ecosystem, otherwise, would)

→ They stopped the construction; _____.

3 한 연구는 세 명의 대학생 중 한 명은 다른 진로를 선택했었으면 좋을 텐데 하고 생각한다는 것을 보여준다.
(chosen, a different course, had)

→ A study shows that one in three university students wish they

_____.

4 정부의 시기적절한 개입이 없었더라면, 많은 사람이 일자리를 잃었을지도 몰랐다.
(have lost, might, their jobs)

→ But for the government's timely intervention, many people

_____.

5 혹시라도 그들이 합의에 이른다면, 그들은 미래 시기로 이어질 동업자 관계를 맺을 수 있을 것이다.
(reach, they, an agreement, should)

→ They could form a partnership that will be carried over to future periods

_____.

6 그들이 요청하지 않았더라면, 그들은 그 의식에 초대받지 않았을 것이다.
(would, have been invited, not)

→ If they had not asked, they _____ to the ceremony.

7 광합성의 '발명'이 없었더라면, 원시 생명체는 어느 시점에 멈췄을 것이다.
(it, been, had, not, for)

→ Primitive life might have come to a halt at some point,

_____ the "invention" of photosynthesis.

© copyright 저작권 distribute 유통하다 compensate 보상하다 disrupt 붕괴시키다 construction 건설 timely 시기적절한 intervention 개입, 중재 primitive 원시의 come to a halt 멈추다, 정지하다 photosynthesis 광합성

독해

[1-2] 다음 글을 읽고, 물음에 답하시오.

¹Psychologist Mihaly Csikszentmihalyi suggests that the common idea of a creative individual coming up with great insights, discoveries, works, or inventions in isolation is wrong. ²Creativity results from a complex interaction between a person and his or her environment or culture, and also depends on timing. ³For instance, if the great Renaissance artists like Ghiberti or Michelangelo (a) was born only 50 years before they were, the culture of artistic patronage would not have been in place to fund or shape their great achievements. ⁴Consider also individual astronomers: Their discoveries (b) could not happen if centuries of technological development of the telescope and evolving knowledge of the universe had not come before them. 기출

*patronage: 보호, 후원, 찬조

수능 유형: 요지 파악

1 위 글의 요지로 가장 적절한 것은?

① 새로운 것의 발견은 기존 지식을 벗어날 때만 가능하다.
② 선천적인 창의력은 교육과 훈련을 통해 향상하기 힘들다.
③ 천재가 가진 통찰력은 일련의 획기적 발견에 핵심 요소이다.
④ 창의적인 업적을 이룬 개인이 그 공로를 인정받기는 힘들다.
⑤ 개인의 창의력은 오직 필요한 조건이 갖추어져야만 발휘된다

내신 유형: 어법성 판단

2 밑줄 친 (a), (b)를 어법에 맞게 고쳐 쓰시오.

(a) → _____

(b) → _____

D [1-2] come up with ~을 생각해내다 insight 통찰(력) in isolation 단독으로, 홀로 fund 자금을 대다 astronomer 천문학자

[3-4] 다음 글을 읽고, 물음에 답하시오.

¹ It is _____ that has always been a key survival tool with tangible effects. ² Viktor Frankl was a psychiatrist who survived imprisonment by the Nazis in concentration camps during World War II. ³ In his book *Man's Search for Meaning*, he wrote of how he sustained himself through years of inhumane torture. ⁴ Hungry and abused, he would vividly visualize the touch of his beloved wife's hand and the look on her face (they, reunited, should, be). ⁵ The hope that they might find each other again gave his suffering meaning, as did his dream of lecturing to audiences after the war was over about his theory of logotherapy. ⁶ On the other hand, the prisoners who gave up hope, not conceiving of any good thing in the future — as understandable as that was in their circumstance — were much faster to waste away.

*concentration camp: 강제 수용소 **logotherapy: 언어 치료

수능 유형: 빈칸 추론

3 위 글의 빈칸에 들어갈 말로 가장 적절한 것은?

① certainty
② competition
③ leadership
④ conformity
⑤ imagination

내신 유형: 서술형

4 ( ) 안의 말을 바르게 배열하시오.

→ _____

ⓓ [3-4] tangible 실질적인, 유형의 psychiatrist 정신과 의사 imprisonment 구금, 감금 sustain 지탱하다 inhumane 비인간적인 torture 고문 vividly 생생하게 visualize 마음속에 그리다 reunite 재회시키다 lecture 강의하다 prisoner 수감자, 죄수 conceive of ~을 상상하다 circumstance 상황 waste away 쇠약해지다

CHAPTER
06
전치사구를 동반하는 동사구문

전치사구를 동반하는 동사구문

「동사 A 전치사 B」 구문	사례	의미
동사 A from B	prevent A from B	A가 B하는 것을 막다
동사 A for B	exchange A for B	A를 B와 교환하다
동사 A of B	rob A of B	A에게서 B를 빼앗다
동사 A with B	provide A with B	A에게 B를 제공하다
동사 A as B	define A as B	A를 B로 정의[규정]하다
동사 A to B	devote A to B	A를 B에 바치다[쏟다]

*A는 동사의 목적어, B는 전치사의 목적어

No regulations **prevent** a teacher / **from** offering medical advice. 기출
어떤 규정도 교사가 의학적 조언을 제공하는 것을 막지 않는다.

I'd like to **exchange** this gloomy day / **for** some sunshine.
나는 이 어두침침한 날을 얼마간의 햇빛과 교환하고 싶다.

The tornado **robbed** her family / **of** both their home and their vehicle.
토네이도가 그녀의 가족에게서 그들의 집과 차 둘 다를 앗아갔다.

Evolution **provides** animals / **with** enough built-in reflexes to survive. 기출
진화는 동물이 생존하는 데 충분한 내재된 반사 능력을 제공한다.

We can **define** design / **as** a problem-solving tool for communication.
우리는 디자인을 의사소통을 위한 문제 해결 도구로 정의할 수 있다.

Many volunteers **devote** their time / **to** taking care of homeless animals.
많은 자원봉사자들이 그들의 시간을 집 없는 동물들을 돌보는 데 바친다.

☑ from이 이끄는 전치사구는 방해, 방지, 금지, 단념, 구분, 분리 등을 나타내는 동사와 동반한다.

방해, 방지를 나타내는 동사	prevent, hinder, stop, keep 등 *from의 목적어는 동명사
금지, 단념을 나타내는 동사	prohibit, ban, discourage, restrain 등 *from의 목적어는 동명사
구분, 분리를 나타내는 동사	distinguish, tell, separate, detach 등

¹ The preservative in wood **prevents** insects / **from** damaging it.
목재에 있는 방부제가 곤충이 그것을 훼손하는 것을 방지한다.

² Many Americans believe / [that materialism **keeps** them / **from** pursuing social values]. 기출
많은 미국인이 물질주의가 그들이 사회적 가치를 추구하는 것을 가로막는다고 믿는다.

³ The firm **prohibits** its employees / **from** accepting gifts from suppliers.
그 회사는 직원들이 공급업체로부터 선물을 받는 것을 금지한다.

⁴ Low prices **discourage** companies / **from** investing in green technology.
낮은 가격은 기업들이 친환경 기술에 투자하는 것을 단념시킨다.

⁵ The word "dog," for example, **distinguishes** them / **from** other animals. 기출
예를 들어 '개'라는 단어는 그것들을 다른 동물들과 구분한다.

⁶ In most cases, / the audience can **tell** good acting / **from** great acting.
대부분의 경우, 관객은 훌륭한 연기와 진정 뛰어난 연기를 구별할 수 있다.

> **MORE** 「keep A from B(동명사)」는 'A가 B하는 것을 막다', 「keep A B(현재분사)」는 'A가 계속 B하도록 유지하다'라는 의미이다.
> We should **keep the ecosystem doing** its job.
> 우리는 생태계가 계속 그것의 일을 하도록 유지해야 한다.

● Answers p.27

STRUCTURE 다음 문장에서 적절한 곳에 from을 넣고, 문장을 해석하시오.

1 The additional weight hindered the ship reaching its maximum speed.

2 Law enforcement agencies must restrain themselves interfering with the media.

3 Even a fractured ankle could not stop Emma Thompson filming dangerous stunts.

GRAMMAR 다음 문장의 네모 안에서 어법상 알맞은 것을 고르시오.

4 Sophia kept herself paddling / from paddling to prevent the waves from tossing her into the water. 기출

---

hinder 방해하다 enforcement 집행 agency 기관 restrain 억제하다 interfere with ~을 간섭하다 fractured 골절된 ankle 발목 stunt 묘기, 곡예 paddle 노를 젓다
toss 던지다

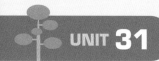 **UNIT 31** 동사 A for B

☑ for가 이끄는 전치사구는 교환, 대체, 칭찬, 감사, 비난, 착각 등을 나타내는 동사와 동반한다.

교환, 대체를 나타내는 동사	exchange, change, trade(A를 B로 교환), substitute(B를 A로 대체) 등
칭찬, 감사를 나타내는 동사	praise, compliment, thank 등
비난, 착각을 나타내는 동사	blame, scold, criticize, punish, mistake, take 등

¹ You can **exchange** your heavy winter coat / **for** a knitted cardigan.
당신은 무거운 겨울 외투를 뜨개질한 카디건으로 교환할 수 있습니다.

² Parents have to **praise** their children / **for** their achievements, big or small.
부모들은 자녀들의 성취에 대해 (그것이) 크건 작건 그들을 칭찬해야 한다.

³ "My dear friends, **thank** you / **for** inviting me to this place for my birthday."
"나의 다정한 벗들이여, 내 생일을 맞아 나를 이 자리에 초대해 주어 고맙네."

⁴ We should not **blame** others / **for** our failures or misfortunes.
우리는 우리의 실패나 불운에 대해 다른 이들을 비난해서는 안 된다.

⁵ Her teammates **took** her silence / **for** indifference or annoyance.
그녀의 팀원들은 그녀의 침묵을 무관심 혹은 귀찮아함으로 오해했다.

MORE   동사 substitute 다음의 A for B는 'B를 A로 바꾸다, 대체하다', A with B는 'A를 B로 바꾸다, 대체하다'라는 의미이다.
I would rather **substitute** my old vacuum / **with** new one / than repairing it.
나는 내 낡은 진공청소기를 수리하느니 새것으로 바꾸겠다.

○ Answers p.28

STRUCTURE 다음 문장에서 적절한 곳에 for를 넣고, 문장을 해석하시오.

1 Animals, driven by instinct and hunger, often mistake plastic pieces food.

2 Florida, with its agricultural base, used to trade agricultural products manufactured goods.

3 Throughout the treatment process, compliment your dogs their patience and provide some tasty treats.

4 We may criticize the UN and its member governments failing to keep their promises. 기출

GRAMMAR 다음 문장의 네모 안에서 어법상 알맞은 것을 고르시오.

5 Substitute your old bulbs for / with LEDs or smart bulbs for low energy and high-quality lighting.

---

instinct 본능 hunger 굶주림, 배고픔 manufactured 제조된 compliment 칭찬하다 tasty 맛있는 treat 음식, 먹거리 criticize 비판하다, 비난하다 substitute 대체하다
bulb 전구

☑ of가 이끄는 전치사구는 박탈, 제거, 통보, 상기, 확신, 의심, 비난 등을 나타내는 동사와 동반한다.

박탈, 제거를 나타내는 동사	rob, deprive, rid, relieve 등
통보, 상기를 나타내는 동사	inform, notify, remind 등
확신, 의심, 비난을 나타내는 동사	assure, convince, suspect, accuse 등

¹ The dictator **robbed** citizens / **of** their security and freedom.
그 독재자는 시민들에게서 그들의 안전과 자유를 빼앗았다.

² Child labor **deprives** children / **of** the opportunity (to receive an education).
아동 노동은 아이들에게서 교육받을 기회를 박탈한다.

³ These road signs **inform** drivers / **of** approaching road conditions.
이 도로 표지판들은 운전자들에게 다가오는 도로 상태를 알려 준다.

⁴ We **assure** our clients / **of** a seamless and high-quality experience.
저희는 고객들에게 아주 매끄럽고 격조 높은 경험을 보장해드립니다.

⁵ Political rivals **have accused** the president / **of** abuse of power.
정적들은 대통령을 권력 남용으로 비난해 왔다.

> MORE 통보, 상기, 확신, 의심을 나타내는 동사 다음에는 of B 자리에 that절도 흔히 쓰인다. 이 경우 that절은 직접목적어가 된다.
> The club leader **assured** the members / **that they were free to speak.**
> = of freedom of speech
> 클럽 회장은 회원들에게 그들이 자유롭게 발언할 수 있다고 확신시켰다.

◆ Answers p.28

(STRUCTURE) 다음 문장에서 적절한 곳에 of를 넣고, 문장을 해석하시오.

1 We'll notify the participants any changes or cancellations through our official website.

2 The police suspected the defendant illegal gambling activity.

3 This exercise relieve cancer patients the painful side effects of chemotherapy.

4 In my letter, I will convince the city council the need to hire security personnel for the library. 기출

(GRAMMAR) 밑줄 친 부분이 어법상 옳으면 ○, 틀리면 ×로 표시하고 바르게 고쳐 쓰시오.

5 The female employee reminded the manager <u>that she was not employed to make coffee.</u>

---

notify 통지하다 cancellation 취소 official 공식적인 suspect 의심하다 defendant 피고 gambling 도박 relieve 덜어주다, 경감하다 side effect 부작용
chemotherapy 화학 요법 convince 확신시키다 city council 시의회 security personnel 보안 직원 employee 직원

☑ with가 이끄는 전치사구는 제공, 공급, 설치, 구비 등을 나타내는 동사와 동반한다.

제공, 공급을 나타내는 동사	provide, supply, fill 등
설치, 구비를 나타내는 동사	furnish, equip, arm 등
기타 동사	confuse(혼동), replace(교체), compare(비교), contrast(대조) 등

¹ A woman **filled** her shopping cart / **with** groceries, / and walked out without paying.
한 여성이 자기 쇼핑 카트를 식료품으로 채우고, 돈도 내지 않고 걸어 나갔다.

² Pamella **furnished** her new apartment / **with** stylish and modern furniture.
Pamella는 자신의 새 아파트에 유행에 맞는 최신 가구를 비치했다.

³ Our staff **are armed** / **with** the very latest skills and knowledge.
저희 직원들은 최신 기술과 지식을 갖추고 있습니다.

⁴ Why do people often **confuse** opinions or beliefs / **with** facts and truth?
왜 사람들은 흔히 의견 또는 믿음을 사실 및 진실과 혼동할까?

⁵ Never **compare** your life's journey / **with** someone else's / [because you are unique].
여러분은 고유하므로 절대 여러분 삶의 여정을 다른 누군가의 것과 비교하지 말라.

> **MORE** 동사 provide, supply 다음의 A with B는 'A에게 B를 제공[공급]하다', A for B는 'B에게 A를 제공[공급]하다'라는 의미이다.
> **Sleep provides** some vital services / **for an organism.** 기출
> 수면은 유기체에 지극히 중요한 몇몇 서비스를 제공한다.

> Answers p.28

(STRUCTURE) 다음 문장에서 적절한 곳에 with를 넣고, 문장을 해석하시오.

1 Lake Mälaren supplies more than 2 million people drinking water.

2 Many natural habitats have already been replaced some form of artificial environment. 기출

3 The biologist equipped her laboratory the best optical and digital microscopes.

4 Why do we need to compare and contrast our culture other countries?

(GRAMMAR) 다음 문장의 네모 안에서 어법상 알맞은 것을 고르시오.

5 Smart home technology provides benefits for / with the elderly in safety, health, and nutrition.

habitat 서식지 artificial 인공의 equip 갖추다 optical 광학의 microscope 현미경 contrast 대조하다 nutrition 영양

☑ as가 이끄는 전치사구는 생각, 인지, 정의, 묘사 등을 나타내는 동사와 동반한다.

생각, 인지를 나타내는 동사	regard, consider, perceive 등
정의, 묘사를 나타내는 동사	define, describe 등

¹ Policymakers must **regard** moments of decision / **as** part of a historical continuum. 기출
정책 입안자들은 매 순간의 결정을 역사적 연속체의 일부로 여겨야 한다.

² Globalization has been **perceived** by some / **as** a trend toward uniformity.
세계화는 일부 사람들에 의해 획일화를 향하는 경향으로 인식되어왔다.

☑ to가 이끄는 전치사구는 헌신, 수여, 분배, 귀인, 제출, 한정, 추가, 적용 등을 나타내는 동사와 동반한다.

헌신을 나타내는 동사	devote, dedicate, commit 등
수여, 분배를 나타내는 동사	award, grant, distribute, allocate, assign 등
기타 동사	owe, attribute(귀인), submit(제출), confine(한정), add, attach(추가) 등

³ Most of us **assign** separate functions / **to** separate rooms. 기출
우리 대부분은 각각의 방에 각각의 기능을 부여한다.

⁴ Food and drink **will be** strictly **confined** / **to** designated areas and facilities.
음식과 음료는 지정된 지역과 시설로 엄격히 한정될 것입니다.

MORE 동사 devote, dedicate, commit는 흔히 재귀대명사를 목적어로 취해 '~에 이바지하다, 헌신[전념]하다'라는 뜻을 나타낸다.
He abandoned politics / and devoted himself to business. 그는 정치를 단념하고 사업에 전념했다.

❯ Answers p.29

STRUCTURE 다음 문장에서 적절한 곳에 as 또는 to를 넣고, 문장을 해석하시오.

1 Science is sometimes described a winner-take-all contest, with no rewards for being second or third. 기출

2 Red Cross volunteers distributed relief materials 1,350 people affected by the flood disaster.

3 Some households attribute their poverty household members suffering from diseases.

GRAMMAR 밑줄 친 부분이 어법상 옳으면 ○, 틀리면 ×로 표시하고 바르게 고쳐 쓰시오.

4 As a human geographer, she dedicated <u>herself</u> to deepening students' understanding of people,
places, cultures.

---

winner-take-all 승자 독식의 distribute 나누어주다, 분배하다 relief 구호 flood 홍수 attribute ~의 탓으로 돌리다 geographer 지리학자

▸ Answers p.29

A 어법 I 다음 문장의 네모 안에서 어법상 또는 문맥상 알맞은 것을 고르시오.

기출 **1** Lack of a standard interpretation will not prevent a paradigm from / with guiding research.

2 Employees should be regularly deprived / reminded that company emails are business records.

3 Be it interns or higher-ups, always compliment your colleagues as / for a job well done.

4 My father discouraged / encouraged me from becoming a musician because it can be a hard life.

5 Mom quit her job and committed herself to raise / raising the family after she got married.

기출 **6** The shirt is a little bit small for me. I'd like to exchange / separate it for a bigger size.

B 어법 II 다음 문장에서 어법상 틀린 부분을 찾아 밑줄을 긋고 바르게 고쳐 쓰시오.

1 You can easily detach the hood to the jacket when you think it is not needed.

2 Criminals must punish for their crimes, and victims must have their rights ensured.

3 Tree bark is a protective layer that keeps insects for damaging the trunk of the tree.

4 The prominent scientist owed his achievement of "a habit of observation and reflection."

5 Many organizations have devoted themselves to preserve the Earth's precious biodiversity.

6 Cleanliness has been perceived with one of the critical criteria to judge a society's development.

A interpretation 해석 paradigm 인식 체계, 패러다임 higher-up 윗사람 compliment 칭찬하다 commit oneself to ~에 전념하다 **B** detach 떼어내다 criminal 범죄자 bark 나무 껍질 prominent 저명한 reflection 숙고 devote oneself to ~에 이바지하다 preserve 보존하다 biodiversity 생물 다양성 perceive 인식하다 critical 중대한 criterion 기준(pl. criteria)

C 배열 다음 우리말과 같은 뜻이 되도록 괄호 안의 말을 바르게 배열하시오.

1 이 물질 중 많은 것이 건강에 부정적인 영향을 초래한다는 의심을 받아왔다.

(of, been suspected, have)

→ Many of these substances _____ causing adverse health effects.

기출 **2** 어떤 이들은 야생생물 피해 관리를 과잉 종의 관리로 정의해왔다.

(as, defined, wildlife damage management)

→ Some people have _____ the management of overabundant species.

3 귀하는 귀하의 신청서를 귀하 지역의 캐나다 비자 사무실에 제출해야 합니다.

(to, your application, submit)

→ You must _____ the Canadian visa office in your area.

4 인간은 수천 년간 다양한 자연 서식지를 인공적인 단일 경작으로 대체해 오고 있다.

(natural habitats, replacing, with, diverse)

→ Humans have been _____ artificial monoculture for millennia.

5 여러분은 여러분의 스마트폰에서 세균, 바이러스, 그리고 기타 박테리아를 제거할 필요가 있습니다.

(your smartphone, of, rid)

→ You need to _____ germs, viruses, and other bacteria.

6 우리는 의미 있는 변화를 가져올 만큼 충분히 대량으로 화석 연료를 바이오 연료로 대체할 수 없다.

(biofuels, for, substitute)

→ We cannot _____ fossil fuels in large enough quantities to make a meaningful difference.

7 음악의 음은 고정된 음조의 사용을 수반한다는 사실에 의해 자연적인 소리와 구별될 수 있다.

(can, from, be distinguished)

→ Musical sounds _____ those of nature by the fact that they involve the use of fixed pitches.

C suspect 의심하다 substance 물질 adverse 해로운, 역의 overabundant 과잉의 submit 제출하다 monoculture 단일 경작 millennium 천년간(pl. millennia) distinguish 구별하다 pitch 음조

독해

[1-2] 다음 글을 읽고, 물음에 답하시오.

¹AI has been used to our benefit in real-world scenarios for years, helping us with a variety of tasks. ① ²In fact, research has found that AI is expected to increase worker productivity dramatically — not replace workers (a) <u>from</u> robots. ② ³AI will be able to enhance people's skills and help them increase their efficiency at their daily tasks and dedicate more time and energy (b) <u>of</u> creativity and innovation. ③ ⁴An understaffed government agency could use AI to automate paperwork, focusing greater time and energy (c) <u>on</u> the needs of citizens. ④ ⁵To create AI that interacts (d) <u>with</u> humans in the real sense, it should be able to communicate with us as we do with each other. ⑤ ⁶And AI trained to detect diseases earlier by scanning existing records for early signs could inform doctors (e) <u>as</u> potential treatment and prevention options.

<u>수능 유형: 간접 쓰기</u>

1 위 글에서 전체 흐름과 관계 <u>없는</u> 문장은?

① ② ③ ④ ⑤

<u>내신 유형: 어법성 판단</u>

2 밑줄 친 (a)~(e) 중에서, 쓰임이 어색한 것 3개를 찾아 기호를 쓰고 바르게 고쳐 쓰시오.

_____ ➡ _____

_____ ➡ _____

_____ ➡ _____

ⓓ [1-2] efficiency 효율성 strength 강점 dedicate 쏟다, 바치다 understaffed 인원이 부족한 agency 기관 automate 자동화하다 paperwork 서류작업 detect 탐지하다 scan 세밀히 살피다 treatment 치료법 prevention 예방

[3-4] 다음 글을 읽고, 물음에 답하시오.

¹Managers of natural resources typically face market incentives that provide financial rewards for exploitation. ²For example, owners of forest lands have a market incentive to cut down trees rather than manage the forest for carbon capture, wildlife habitat, flood protection, and other ecosystem services. ³These services provide the owner __(a)__ no financial benefits, and thus are unlikely to influence management decisions. ⁴But these services, based on their non-market values, provide invaluable economic benefits __(b)__ the society at large, which may exceed the economic value of the timber. ⁵For example, a United Nations report has estimated that the economic benefits of ecosystem services provided by tropical forests, including climate regulation, water purification, and erosion prevention, are over three times greater per hectare than the market benefits. 기출

*exploitation: 이용 **timber: 목재

수능 유형: 간접 쓰기

3 위 글의 내용을 한 문장으로 요약하고자 한다. 빈칸 (A), (B)에 들어갈 말로 가장 적절한 것은?

> Even though cutting down the trees is economically __(A)__, markets are sending the signal to __(B)__ exploitation, not ecosystem services.

	(A)	(B)
①	wasteful	oppose
②	inefficient	favor
③	advantageous	support
④	inefficient	criticize
⑤	advantageous	promote

내신 유형: 어법성 판단

4 빈칸 (a), (b)에 들어가기에 적절한 전치사를 각각 쓰시오.

(a) _____

(b) _____

[3-4] incentive 유인, 인센티브 carbon capture 탄소 포집 habitat 서식지 flood 홍수 invaluable 매우 귀중한 exceed 초과하다 estimate 추정하다 regulation 조절 purification 정화 erosion 침식

형용사적·부사적 수식어구

🔖 형용사적 수식어구

The library had a wide selection of *books* **on computer engineering**.

그 도서관에는 컴퓨터 공학에 관한 책이 다양하게 있었다. 〈명사를 꾸며 주는 전치사구〉

The cake **served with vanilla ice cream** was a delightful treat after dinner.

바닐라 아이스크림과 함께 제공된 그 케이크는 저녁 식사 후 기분 좋은 디저트였다. 〈명사를 꾸며 주는 분사구〉

🔖 부사 역할을 하는 to부정사(구)

He sold handmade crafts **to provide financial support for his family**.

그는 자신의 가족에게 재정적인 지원을 제공하기 위해 수공예품을 팔았다. 〈목적〉

She grew up **to be taller than her father**.

그녀는 자라서 아버지보다 더 큰 키가 되었다. 〈결과〉

Strange to say, the missing keys were found in the refrigerator.

이상한 말이지만, 잃어버린 열쇠는 냉장고에서 발견되었다. 〈문장 전체 수식〉

🔖 to부정사가 만드는 주요 구문

The font size on the document was **too small to read** comfortably.

그 문서의 글꼴 크기가 너무 작아서 편안하게 읽을 수 없었다.

The suitcase was **big enough to fit** all of her clothes.

그 여행 가방은 그녀의 옷을 모두 넣을 수 있을 만큼 충분히 컸다.

He was **so diligent as to complete** all of his assignments in advance.

그는 모든 과제를 미리 완료할 만큼 매우 부지런했다.

☑ 명사(N)를 뒤에서 꾸며 주는 수식어구는 주로 다음과 같은 형태이다.

• N+전치사구   • N+형용사+전치사구   • N+to부정사(구)

¹ Students will give *a presentation* **on climate change** / (to educate their peers and advocate for environmental action).

학생들은 또래 친구들을 교육하고 환경 보호 활동을 옹호하기 위해 기후 변화에 대한 발표를 할 것이다.

² Time management and organization are *skills* **vital for maximizing productivity.**

시간 관리와 조직화는 생산성을 극대화하는 데 필수적인 기술이다.

³ In general, / people post / because they have *something* **to say** / — and because they want to be recognized / for having said it. 기출

일반적으로 사람들은 할 말이 있기 때문에, 그리고 그 말을 한 것에 대해 인정받고 싶어 하기 때문에 게시물을 올린다.

> **MORE** -thing, -one, -body로 끝나는 명사이거나, 형용사가 possible, available 등일 때는 형용사가 단독으로 명사를 뒤에서 수식할 수 있다.
>
> During the exam, / try your best // and do *everything* possible / (to answer each question).
>
> 시험 중에는, 최선을 다하고 각 질문에 답하기 위해 가능한 모든 것을 하라.

○ Answers p.32

(STRUCTURE) 다음 문장에서 밑줄 친 말을 수식하는 어구를 찾아 (   )로 묶고, 문장을 해석하시오.

1 This marketing project with clear objectives helped the company increase sales and brand awareness.

2 The Grand Canyon is a good place to visit for its breathtaking natural beauty and hiking trails.

3 Money — beyond the bare minimum necessary for food and shelter — is nothing more than a means to an end. 기출

4 We aim to provide students with the maximum amount of resources possible to facilitate learning and academic success.

(GRAMMAR) 밑줄 친 부분이 어법상 옳으면 ○, 틀리면 ×로 표시하고 바르게 고쳐 쓰시오.

5 Having helpful teachers to learn can significantly enhance one's educational experience and understanding of various subjects.

---

objective 목표 awareness 인지 breathtaking 숨 막히는 trail 코스, 길 bare minimum 최소한의 것, 가장 기본적인 것 a means to an end 목적을 위한 수단
maximum 최대한의 resource 자원 facilitate 촉진하다 significantly 크게 enhance 높이다

 **UNIT 36** **명사를 꾸며 주는 분사**

☑ 분사는 단독으로 쓰이면 명사 앞에서, 구를 이루어 쓰이면 명사 뒤에서 명사를 수식할 수 있다.

- **현재분사+N**: 〈능동·진행〉~하는/하고 있는 N
- **과거분사+N**: 〈수동·완료〉~된/당한 N
- **N+분사구**

¹ With digital art, / many **emerging** artists are able to learn the craft / without having to spend countless hours in an art studio.

디지털 아트를 통해 많은 떠오르는 예술가들이 화실에서 수많은 시간을 보내지 않고도 기술을 배울 수 있다.

² After the conference, / participants can take the **prepared** handouts with them.

컨퍼런스가 끝나면 참가자들은 준비된 유인물을 가져갈 수 있다.

³ The day trip to Midtown **scheduled for today** / was canceled / [because the road **leading there** was blocked by heavy snow]. 기출

오늘 예정되었던 미드타운 당일치기 여행은 폭설로 인해 그곳으로 가는 길이 막혀서 취소되었다.

어법 감정을 나타내는 동사에서 파생된 현재분사(~하게 하는) vs. 과거분사(~한/하는)

exciting game (흥분하게 하는 경기, 흥미로운 경기) vs. **excited** crowd (흥분하는 관중)

amazing movie (놀라게 하는 영화, 놀라운 영화) vs. **amazed** audience (놀란 관객들)

○ Answers p.33

(STRUCTURE) 다음 문장에서 명사를 꾸며 주는 분사(구)에 밑줄을 긋고, 문장을 해석하시오.

1 Like a rolling stone, she wandered from place to place and never stayed in one location for too long.

2 Misprints in a book or in any written message usually have a negative impact on the content. 기출

3 Knowledge gained earlier certainly will not disappear; instead, it forms the foundation for further learning. 기출

4 With precision and grace, the woman carrying a huge cake made her way to the center of the room.

(GRAMMAR) 다음 문장의 네모 안에서 어법상 알맞은 것을 고르시오.

5 Planning ahead can minimize the amount of time │ using / used │ to complete assignments and study for exams.

---

location 곳, 장소 misprint 오탈자 foundation 토대 precision 정확성 minimize 최소화하다 assignment 과제

CHAPTER 07 • 75

UNIT 37 | 부사 역할을 하는 to부정사의 의미

☑ to부정사구는 부사처럼 동사, 형용사, 다른 부사, 구, 절, 문장 전체 등을 꾸며 주며, 문맥에 따라 다음과 같은 의미로 해석한다.

〈목적〉 ~하기 위해 / 하도록	〈감정의 원인〉 ~해서
〈판단의 근거〉 ~하다니, ~하는 것을 보니	〈조건〉 ~한다면

¹My parents recently moved from Florida to Maryland / **(to live with my elder sister and her family)**.
우리 부모는 누나와 그녀의 가족들과 함께 살기 위해 최근 플로리다에서 메릴랜드로 이사했다.

²He must be very smart / **(to solve complex equations effortlessly)**.
복잡한 방정식을 쉽게 풀다니 그는 매우 똑똑한 것이 틀림없다.

☑ 부사 역할을 하는 to부정사(구)는 결과(그 결과 ~하다)를 나타내기도 하며, 주로 다음과 같은 형태로 쓰인다.

live to-v	살아서 ~하다	only to-v	결국 ~할 뿐이다
grow up to-v	자라서 ~하다	never to-v	결코 ~하지 못하다

³They rushed out of the house / **(only to realize / that their keys and wallet are sitting on the kitchen table)**. 기출
그들은 서둘러 집을 나섰지만 결국 열쇠와 지갑이 식탁 위에 놓여 있다는 것을 깨달았을 뿐이었다.

> Answers p.33

(STRUCTURE) 다음 문장에서 부사 역할을 하는 to부정사구를 찾아 밑줄을 긋고, 문장을 해석하시오.

1 I was surprised to see trainers on their lunch hour sunbathing in a pile with their sea lions. 기출

2 Try to talk when first learning to dance the tango, and it's a disaster — we need our conscious attention to focus on the steps. 기출

3 With a passion for music from a young age, she grew up to become a world-famous conductor.

4 To hear him talk about his family, you will sense the love and warmth in his voice.

5 You must be foolish to believe that you can get away with cheating on the exam without consequences.

---

in a pile 함께, 뭉쳐서 conscious 의식적인 conductor 지휘자 sense 느끼다 consequence (어떤 행위로 인한) 결과

☑ to부정사(구)는 too, enough, so와 함께 쓰여 정도·결과를 나타내기도 한다.

• too+형용사/부사+to-v: ∼하기에 너무 …한/하게, 너무 …해서 ∼할 수 없는
• 형용사/부사+enough to-v: ∼하기에 충분히 …한/하게, 충분히 …해서 ∼할 수 있는
• so+형용사/부사+as to-v: ∼할 만큼 매우 …한/하게, 매우 …해서 ∼하는

¹ In Kant's view, / geometrical shapes are **too perfect** / **to induce** an aesthetic experience. 기출
칸트의 견해로는 기하학적 도형은 너무 완벽해서 미적 경험을 유도할 수 없다.

² Our minds are not **sharp enough** / **to** always **make** good decisions / with the greatest efficiency. 기출
우리의 정신은 항상 최고의 효율로 좋은 결정을 내릴 만큼 충분히 예리하지 않다.

³ Her ability to recall details was **so remarkable** / **as to seem** supernatural to those around her.
세부 사항을 기억하는 그녀의 능력은 주변 사람들에게 초자연적으로 보일 만큼 매우 놀라웠다.

MORE   to부정사(구)는 형용사를 뒤에서 수식할 수 있다. 「**형용사+to-v**」 형태이며 '∼하기에 …한'으로 해석한다.
His handwritten notes were very **difficult to read**, // so I asked him to type them out.
그의 손글씨 메모는 읽기에 매우 어려워서 나는 그에게 타이핑을 부탁했다.

◐ Answers p.34

(STRUCTURE) 밑줄 친 부분에 유의하여 다음 문장을 해석하시오.

1 Do the fences seem to far away to hit a home run? Simply adjust the fences so that it seems easier. 기출

2 The gap under the door was large enough to take a clear photo of the hallway.

3 The author's imagination was so rich as to transport readers to entirely new worlds.

4 Love is like war. It is easy to begin but very hard to stop.

(GRAMMAR) 밑줄 친 부분이 어법상 옳으면 ○, 틀리면 ×로 표시하고 바르게 고쳐 쓰시오.

5 Despite the challenges ahead, she believed no obstacles were too great to overcome.

adjust 조정하다   transport 이동시키다   obstacle 장애물

☑ 다음의 to부정사구는 독립된 의미를 가지고 문장 전체를 수식한다.

to tell the truth: 사실을 말하자면	to be frank with you: 솔직히 말하면
to make matters worse: 설상가상으로	to begin with: 우선, 처음에는
strange to say: 이상한 말이지만	so to speak: 말하자면
not to mention ~: ~는 말할 것도 없이	needless to say: 말할 것도 없이

¹**To tell the truth,** / I'm not sure / [if I'll be able to meet the deadline for the project].
솔직히 말해서, 나는 프로젝트 마감일을 맞출 수 있을지 확신이 서지 않는다.

²Manufacturers all work by machinery / or by vast subdivision of labour / and not, **so to speak**, by hand. 기출
제조업체는 모두 기계로 작업하거나 방대한 노동력을 세분화하여 작업하며, 말하자면 손으로 작업하지 않는다.

³The car comes with advanced safety features, / **not to mention** a stylish design.
이 차에는 세련된 디자인은 말할 것도 없이 고급 안전 기능이 함께 제공된다.

❯ Answers p.34

(STRUCTURE) 다음 문장에서 문장 전체를 수식하는 to부정사구에 밑줄을 긋고, 문장을 해석하시오.

1 Strange to say, the missing document mysteriously reappeared on my desk this morning.

2 When at last they arrived at the restaurant, to make matters worse, they were charged three times more than the usual fare due to the heavy traffic. 기출

3 He arrived late to the meeting, and needless to say, it didn't make a good impression.

4 To begin with, let's review the data and analyze the trends before drawing any conclusions.

5 The situation is like a double-edged sword, so to speak, with both advantages and disadvantages.

mysteriously 이상하게, 신비롭게는 fare 요금 impression 인상 review 검토하다 analyze 분석하다 double-edged sword 양날의 검

CHAPTER TEST

Answers p.34

A 어법 I 다음 문장의 네모 안에서 어법상 알맞은 것을 고르시오.

기출 **1** Our courses with experiencing / experienced instructors will open up a new world of creativity for you.

2 As the semester came to a close, Michael began compiling a list of books to read / reading over the summer break.

3 As a parent, she would do possible anything / anything possible to ensure her children's happiness and safety.

4 Having someone to talk / to talk to will help you manage any potential stress or concerns.

5 Whether the world will ever achieve complete peace is a question hard to answer / to answer it due to the complexities of global politics.

기출 **6** They'll look all the way down to the bottom of the slope and determine that the slope is too / so steep to try.

B 어법 II 다음 문장에서 어법상 틀린 부분을 찾아 밑줄을 긋고 바르게 고쳐 쓰시오.

1 We got lost because the map was not enough clear to navigate the maze effectively.

2 Critical thinking and digital literacy are skills crucially for the future in this rapidly evolving world.

3 She was so passionate as dedicating her entire career to environmental conservation efforts.

4 The reserved sign on the table indicated that it was an occupying seat, so they moved to another table.

기출 **5** A sports team has a playbook with specific plays design to help them perform well and win.

6 The young soprano has an amazed voice and fills the room with warmth and emotion whenever she sings.

A compile 엮다, 편찬하다 ensure ~을 확실히 하다 achieve 이루다 complexity 복잡성 slope 경사면 steep 가파른 **B** navigate 탐색하다 maze 미로 dedicate A to B A를 B에 바치다 conservation 보호 indicate 나타내다

1 희귀종의 발견은, 말할 필요도 없이 과학자들을 흥분시켰고 야생동물 보호에 대한 인식을 높였다.

(to, needless, say)

→ The discovery of the rare species, _____, excited
scientists and raised awareness about wildlife protection.

2 열심히 노력한 끝에 꿈에 그리던 대학에서 합격 통지서를 받게 되어 당신은 틀림 없이 기쁠 것이다.

(receive, to, happy, be)

→ You must _____ the acceptance letter from your dream
university after all your hard work.

3 온라인으로 구매한 티켓은 스마트폰으로 제시되거나 인쇄되어야 공원에 입장할 수 있다.

(online, purchased, tickets)

→ _____ must be shown in your smartphone or printed in
order to enter the park.

4 그녀는 서둘러 기차역으로 달려갔지만 기차가 플랫폼에서 멀어지는 것을 보았을 뿐이었다.

(see, pulling, the train, to, only)

→ She rushed to the train station, _____ away from the
platform.

5 유연성과 근력을 향상하고 부상을 예방하는 데 도움이 되는 운동 루틴에는 어떤 것이 있는가?

(improving, helpful, for, routines)

→ What are some exercise _____ flexibility and strength
while preventing injury?

기출 **6** 인공지능은 인간과 로봇의 상호작용 원리와 함께 사용되어 훌륭한 팀원이 될 수 있을 만큼 충분히 지능적일 수 있는
로봇을 만든다. (enough, be, be, to, intelligent)

→ Artificial intelligence is used along with human-robot interaction principles to create
robots that can _____ good team members.

기출 **7** 오버투어리즘의 개념은 관광학 및 사회과학 전반에서 일반적인 사람과 장소에 대한 특정 가정에 기반을 두고 있다.

(places, and, tourism studies, in, common)

→ The concept of overtourism rests on a particular assumption about people
_____ and the social sciences in general.

C rare species 희귀종 acceptance letter 합격 통지서 rush 서둘러 가다 routine 루틴, 일상의 과정 flexibility 유연성 interaction 상호작용 assumption 가정
in general 전반의

독해

[1-2] 다음 글을 읽고, 물음에 답하시오.

[1] You have probably heard about sending messages across the sea in bottles. [2] The problem is, it is impossible to tell how long it will take the sea to deliver its bottled messages or where it will wash them up. (①) [3] In 1493, Christopher Columbus sent one of the earliest and most famous bottled messages. (②) [4] He was returning to Spain to tell the king and queen about what he had discovered, when his ship got caught in a bad storm. (③) [5] Columbus was still more than a thousand miles from Europe, and he feared he would <u>살아서 왕과 왕비에게 전하지 못할까 봐</u> of his discovery. (④) [6] He put it in a wooden bottle and tossed it overboard. (⑤) [7] More than 300 years later, it was found by the captain of an American ship off the coast of Africa, near Morocco. 기출

⟨ 수능 유형: 간접 쓰기 ⟩

1 글의 흐름으로 보아, 주어진 문장이 들어가기에 가장 적절한 곳을 고르시오.

So he wrote the news on a piece of paper.

①   ②   ③   ④   ⑤

⟨ 내신 유형: 서술형 ⟩

2 위 글의 밑줄 친 우리말을 [조건]에 맞게 영작하시오.

[조건]
1. to부정사 구문을 사용할 것
2. the king and queen, live, never, tell을 활용할 것
3. 총 8단어로 쓸 것

→ _____

[3-4] 다음 글을 읽고, 물음에 답하시오.

¹Despite the best of intentions, life events can interrupt consistent study habits. ²You may find yourself setting aside foreign language study for days or even weeks. ³This can be (A) <u>frustrate</u>, but it doesn't mean that you should abandon your goals. ⁴The development of new habits has often been studied in the context of smoking cessation. ⁵One of the best predictors of whether people are ultimately successful in giving up smoking is the number of times they've managed to quit before, if only for a few days or weeks. ⁶So if you find yourself "falling off the wagon" of foreign language study, don't take it as a sign that you can't do it — hop back on that wagon and try again. ⁷It's the wagon (B) <u>lead</u> you to success. ⁸Remember too that relearning is faster than learning, so whenever you do start again, you'll have a head start.

수능 유형: 제목 파악

3 위 글의 제목으로 가장 적절한 것은?

① Do Setbacks Mean That You've Failed?
② Benefits of Learning a Foreign Language
③ What to Expect When You Quit Smoking
④ How to Help Teens Develop Good Study Habits
⑤ Why Is It Okay to Abandon Some of Your Goals?

내신 유형: 어법성 판단

4 위 글의 밑줄 친 (A), (B)를 어법상 알맞은 형태로 고쳐 쓰시오.

(A) _____

(B) _____

ⓓ [3-4] interrupt 방해하다 set aside 제쳐두다 abandon 포기하다, 버리다 context 맥락 cessation 정지 predictor 예측 지표 ultimately 결국, 궁극적으로
wagon 수레 hop 올라타다, 깡충깡충 뛰다 have a head start 유리하게 출발하다

CHAPTER
08
관계사절

관계대명사절

관계대명사는 「접속사+대명사」 역할을 하며, 앞에 있는 명사(선행사)를 꾸며 주는 형용사절을 이끈다. 주격, 소유격, 목적격이 있다.

The student **who** arrived late missed the beginning of the lecture.

늦게 도착한 그 학생은 강의의 시작을 놓쳤다. 〈주격 관계대명사〉

This is the house **whose** garden is filled with colorful flowers.

이곳은 정원이 화려한 꽃으로 가득한 집이다. 〈소유격 관계대명사〉

The project **that** she presented at the conference impressed everyone.

그녀가 컨퍼런스에서 발표한 프로젝트는 모두에게 깊은 인상을 남겼다. 〈목적격 관계대명사〉

관계부사절

관계부사는 「접속사+부사」 역할을 하며, 앞에 있는 명사(선행사)를 꾸며 주는 형용사절을 이끈다. 시간, 장소, 이유, 방법 등을 나타낸다.

The day **when** we met for the first time remains vivid in my memory.

우리가 처음 만났던 날은 아직도 생생하게 내 기억에 남아 있다. 〈시간〉

Can you show me the spot **where** the accident occurred yesterday?

어제 사고가 발생한 지점을 제게 보여주시겠어요? 〈장소〉

That's the reason **why** I decided to pursue a career in medicine.

그것이 내가 의사의 길을 걷기로 결심하게 된 이유이다. 〈이유〉

Please show me **how** you prepared this delicious meal.

이 맛있는 식사를 어떻게 준비했는지 제게 알려 주세요. 〈방법〉

선행사를 보충 설명하는 관계사절

관계대명사나 관계부사가 이끄는 절이 선행사에 대한 보충 정보를 제공할 수 있다. 이때 콤마(,)를 관계사절 앞에 둔다.

Many hopeful climbers tried to ascend Mount Everest, **which** is known as the "roof of the world."

많은 희망에 찬 등반가들이 에베레스트 산 등반을 시도했는데, 그 산은 '세계의 지붕'으로 알려져 있다.

☑ 선행사(N) 뒤에 관계대명사절이 있는 경우는 '~하는/한 N'으로 해석한다. 관계대명사는 선행사의 종류와 관계대명사절 내의 역할에 따라 다음과 같이 구별하여 사용한다.

선행사	주격 관계대명사	목적격 관계대명사	소유격 관계대명사
사람	who, that	who(m), that	whose
사람 이외 (동식물, 사물, 개념 등)	which, that	which, that	whose, of which

¹ People are unconvinced by a persuasive argument / if it's written by *someone* [**who is not very credible**]. 기출

사람들은 설득력 있는 주장이 그다지 신뢰할 수 없는 사람에 의해 쓰인다면 그것에 확신을 갖지 못한다.

² The guests tasted *the dish* [**which the chef had specially prepared for the occasion**].

손님들은 요리사가 그 행사를 위해 특별히 준비한 요리를 맛보았다.

³ Care must be taken / to select *employees* [**whose personal and working characteristics / are best suited for telecommuting**]. 기출

재택근무에 가장 적합한 개인 및 업무 특성을 가진 직원들을 선택하기 위해 주의를 기울여야 한다.

⁴ *The only thing* [**that can stop you**] / is the lack of faith in yourself.
　　　　　S　　　　↑　　　　　　　　V

여러분을 막을 수 있는 유일한 것은 여러분 자신에 대한 믿음 부족이다. *선행사가 사람+동물, -thing, 최상급, 서수, the only, the same, all, every, no 등을 포함하는 경우는 that을 주로 씀

어법 관계대명사가 전치사의 목적어 역할을 하는 경우는 〈전치사+관계대명사〉로 쓴다. 전치사는 관계사절의 맨 끝으로 보낼 수도 있다.

Most mutations have harmful consequences / for *the organism* [**in which they occur**]. 기출
　　　　　　　　　　　　　　　　　　　　　　　　　　　　↑_____　= which they occur in

대부분의 돌연변이는 그것이 발생하는 유기체에 해로운 결과를 초래한다.

◉ Answers p.37

(STRUCTURE) 다음 문장에서 관계대명사절에 밑줄을 긋고, 문장을 해석하시오.

1 As a young girl she went to Alexandria with the Egyptian family for whom she worked. 기출

2 The biggest lesson that I have learned from sport is how to take defeat graciously.

3 People place growing emphasis on "political consumerism," such as boycotting goods whose production violates ecological or ethical standards. 기출

(GRAMMAR) 밑줄 친 부분이 어법상 옳으면 ○, 틀리면 ×로 표시하고 바르게 고쳐 쓰시오.

4 Diaries were central media <u>which</u> enlightened and free subjects could be constructed. 기출

graciously 우아하게　consumerism 소비주의　boycott 불매하다, 보이콧하다　ecological 생태적인　enlightened 계몽적인　construct 구성하다

UNIT 41 명사절을 이끄는 관계대명사

☑ 관계대명사 what은 선행사 the thing(s)을 포함하여 명사절을 이끌고, '~하는 것'으로 해석한다. what이 이끄는 명사절은 문장에서 주어, 목적어, 보어 역할을 한다.

¹ The digitization of sounds enabled music makers to undo [**what was done**]. 기출
　　　　　S　　　　　　　V　　　　O　　　　　　　　　　OC

소리의 디지털화, 즉 음악을 숫자로 변환하는 것은 음악 제작자들이 (기존에) 했던 것을 되돌릴 수 있게 해 주었다.

☑ 복합관계대명사 who(m)ever, whichever, whatever도 선행사를 포함하여 명사절을 이끌 수 있다. 복합관계대명사가 이끄는 명사절은 문장에서 주어, 목적어, 보어 역할을 한다.
- who(m)ever: ~하는 누구든지 (= anyone who(m))
- whichever: ~하는 어느 것이든지 (= anything that)
- whatever: ~하는 무엇이든지 (= anything that)

² [**Whoever finishes their homework early**] / **can have** extra time to play games.
　　S　　　　　　　　　　　　　　　　　　　　V

숙제를 일찍 끝내는 사람은 누구든지 게임을 할 수 있는 여유 시간을 가질 수 있다.

> **MORE** 관계대명사 that vs. 관계대명사 what
>
> Let's meet regularly to share **what** we did well. (선행사 없음)
>
> 정기적으로 만나서 우리가 잘한 점을 공유합시다.
>
> Let's meet regularly to share **the things that** we did well. (선행사 있음)
>
> 정기적으로 만나서 우리가 잘한 점을 공유합시다.

➡ Answers p.38

(STRUCTURE) 다음 문장에서 관계대명사가 이끄는 명사절에 밑줄을 긋고, 문장을 해석하시오.

1 What is striking about her artwork is the way she captures emotions with just a few brushstrokes.

2 The very trust that this apparent objectivity inspires is what makes maps such powerful carriers of ideology. 기출

3 I will wear whichever you choose because your opinion matters to me.

(GRAMMAR) 다음 문장의 네모 안에서 어법상 알맞은 것을 고르시오.

4 The need for a reliable calendar was the motivation for learning about what / that we now call astronomy. 기출

apparent 명백한 objectivity 객관성 ideology 이데올로기 reliable 신뢰할 수 있는 astronomy 천문학

UNIT 42 선행사를 수식하는 관계부사절

☑ 관계부사는 시간, 장소, 이유, 방법 등을 나타내는 선행사(N) 뒤에 쓰이며 '~하는/한 N'으로 해석한다. 「전치사＋관계대명사」로 바꿀 수 있으며, 선행사가 일반적 명사(time, place, reason 등)일 때는 that으로 바꿔 쓸 수 있다.

관계부사	선행사	전치사＋관계대명사
when	시간 (time, day, year 등)	at/in/on/during ...＋which
where	장소 (place, city, country 등)	at/in/on/to/from ...＋which
why	이유 (reason(s))	for which
how	방법 (way)	in which

¹ Oil demand may rise / in *the summer* [when more fuel is required by motorists].
= in which more fuel ~
운전자들이 더 많은 연료를 필요로 하는 여름철에는 석유 수요가 증가할 수도 있다.

² Diaries provided / *a space* [where one could write daily about her feelings and thoughts]. 기출
= in which one ~
일기는 매일 그녀의 감정과 생각을 적을 수 있는 공간을 제공했다.

³ Inadequate sample size is *the reason* [why the hypothesis was rejected].
= for which the hypothesis ~
표본 크기가 충분하지 않은 것이 그 가설이 기각된 이유이다.

⁴ I love *the way* [you created those unique sounds] / while keeping the spirit of the violin. 기출
나는 네가 바이올린의 정신을 지키면서 그 독특한 소리를 만들어 낸 방식이 매우 마음에 든다. *관계부사 how는 선행사 the way와 같이 쓰지 않는다. 둘 중 하나만 쓰거나, the way that 혹은 the way in which로 쓴다.

❯ Answers p.38

(STRUCTURE) 다음 문장에서 관계부사절에 밑줄을 긋고, 문장을 해석하시오.

1 Many masterpieces of art were created during the period when the Renaissance flourished.

2 The place that the car was parked was so remote that we had trouble finding our way back to it.

3 Understanding cultural diversity fosters a deeper appreciation for the way that people from various backgrounds navigate the world.

4 This is one of the main reasons why even the most accomplished singers have to listen to the opinion of coaches. 기출

(GRAMMAR) 밑줄 친 부분이 어법상 옳으면 ○, 틀리면 ×로 표시하고 바르게 고쳐 쓰시오.

5 Do you remember the time that we got lost in the big city and had to ask for directions from strangers?

masterpiece 걸작 flourish 번성하다 remote 외진, 먼 diversity 다양성 foster 육성하다, 불러일으키다 appreciation 이해 accomplished 뛰어난, 숙달된

☑ 목적격 관계대명사는 생략할 수 있다. 단, 전치사의 바로 뒤에서 전치사의 목적어 역할을 하는 관계대명사는 생략할 수 없고, 전치사와 떨어져 있는 경우만 생략할 수 있다.

(that[which])   (that[which])

¹ *The courage* [**the Lion wants**], *the intelligence* [**the Scarecrow longs for**], and *the emotions*

(that[which])   (that[which])

[**the Tin Man dreams of**] / are *attributes* [**they already possess**]. 기출

사자가 원하는 용기, 허수아비가 갈망하는 총명함, 양철 나무꾼이 꿈꾸는 감정은 그들이 이미 가지고 있는 속성이다.

☑ 관계부사의 선행사가 time, place, reason 등 일반적인 개념을 나타내는 명사인 경우 선행사나 관계부사 중 하나가 생략될 수 있다.

(the reason)

² [If students do a science project], / it is a good idea / for them to demonstrate [why it makes an
                                              S   S'

important contribution]. 기출

학생들이 과학 프로젝트를 수행하는 경우, 그들이 그 프로젝트가 왜 중요한 기여를 하는지를 설명하는 것이 좋다.

MORE 「주격 관계대명사+be동사」도 생략 가능하다.

The lady (**who is**) working at the coffee shop / makes the best cappuccinos in town.

커피숍에서 일하는 그 여성은 이 마을 최고의 카푸치노를 만든다.

❯ Answers p.38

(STRUCTURE) 다음 문장에서 생략이 일어난 곳에 ✓ 표시하고, 문장을 해석하시오.

1 Fear is an emotion we find hard to resist or control, so people in journalism often exploit it. 기출

2 It was the moment he held his newborn daughter in his arms that he knew true happiness.

3 This laboratory is the place breakthrough discoveries in medicine and biotechnology have been made.

4 The window broken during the storm allowed rainwater to flood the room.

(GRAMMAR) 밑줄 친 부분이 어법상 옳으면 ○, 틀리면 ×로 표시하고 바르게 고쳐 쓰시오.

5 Consider Thibodeau and Broditsky's series of experiments in <u>where</u> they asked people for ways to reduce crime in a community. 기출

exploit 악용하다, 착취하다 breakthrough 획기적인

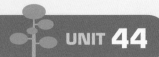

☑ 앞에 콤마(,)가 쓰인 관계사절은 선행사에 대한 부가적인 정보를 덧붙인다. 맥락에 맞게 '그리고/그런데 (선행사는) ~이다'라고 해석할 수 있다.

¹ This year, we've launched *special online courses*, / [which contain a variety of contents about
선행사
webtoon production]. 기출

올해 우리는 특별 온라인 강좌를 개설했는데, 그것은 웹툰 제작에 관한 다양한 콘텐츠를 담고 있다.

² In the new house was *the stable* in the backyard, / [in which my father let me make a small
M   V   S(선행사)   M
space for a pony]. 기출

새 집에는 뒷마당에 마구간이 있었는데, 그 안에 내가 조랑말을 위한 작은 공간을 만들도록 아버지가 허락하셨다.

³ *When he looked at our door, he just passed by*, / [which caused me to break into a flood of
선행사
tears]. 기출

그가 우리 집 문을 보고는 그냥 지나갔는데, 그것은 나로 하여금 눈물을 펑펑 흘리게 했다.

☑ 「of+관계대명사」 앞에 수량이나 부분을 나타내는 표현이 함께 올 수도 있다. 해석은 '그런데 그것 중 ~는 …이다,' '그런데 그것의 ~는 …이다' 등으로 한다.

⁴ You may lose your job for *countless reasons*, / [some of which you may not even be
선행사
responsible for]. 기출

여러분은 수많은 이유로 직장을 잃을 수 있는데, 그 이유 중 일부는 심지어 여러분에게 책임이 없을 수도 있다.

MORE 관계부사 when과 where가 이끄는 절도 콤마 뒤에서 쓰여 부가적인 정보를 나타낼 수 있다. 해석은 '그런데 그때/그곳에서 ~한다'라고 한다.
I was in China in 2020, / [when the COVID-19 pandemic swept across the globe].
나는 2020년에 중국에 있었는데, 그때 코로나19 팬데믹이 전 세계를 휩쓸었다.

➤ Answers p.39

(STRUCTURE) 밑줄 친 부분에 유의하여 다음 문장을 해석하시오.

1 During its first half century, games were not played at night, which meant that baseball games ended when the sun set. 기출

2 Seven years later, he moved to Duke University, where he developed a psychology department and continued various research. 기출

3 The company hired new employees, most of whom were recent graduates eager to start their careers.

psychology 심리학 graduate 졸업생 eager to do ~하고 싶어 하는

UNIT 45 | 다양한 형태의 관계사절 I

☑ 「명사(선행사)+수식어구+관계사절」의 형태로 선행사와 관계사절이 떨어져 있을 때 해석에 유의한다.

¹The tourists gathered around / to see *the magnificent pyramid* (built in Giza) [that served as a tomb for Pharaoh Khufu].
관광객들이 파라오 쿠푸의 무덤으로 쓰였던 기자에 세워진 웅장한 피라미드를 보기 위해 모여들었다.

☑ 「명사(선행사)+관계사절+(접속사)+관계사절」의 형태로 선행사가 두 개 이상의 관계사절의 수식을 받을 수 있다.

²People pay a premium / to eat *exotic cuisines* [that provide an interesting experience] or [that symbolize a distinctive life-style]. 기출
사람들은 흥미로운 경험을 제공하거나 독특한 라이프스타일을 상징하는 이국적인 요리를 먹기 위해 프리미엄을 지불한다.

○ Answers p.39

(STRUCTURE) 다음 문장에서 관계사절에 모두 밑줄을 긋고, 문장을 해석하시오.

1 The wisdom in this phrase is that social play builds ties between people that are lasting and consequential. 기출

2 Energy efficiency requirements for appliances may produce goods that work less well or that have characteristics that consumers do not want. 기출

3 The heart is an organ essential for survival that pumps oxygen-rich blood throughout the body.

4 Every idea that he proposes that is backed by thorough analysis demonstrates his commitment to finding effective solutions.

5 I met a woman from Australia who shared fascinating stories about her travels across the world.

---

consequential 결과적인 efficiency 효율 appliance 전기 제품 organ 기관 analysis 분석 fascinating 흥미로운

다양한 형태의 관계사절 II

☑ 주어(선행사)를 꾸며 주는 관계사절이 술부보다 길거나 중요한 경우 선행사와 떨어질 수 있다.

¹ *The time* has come / [when we must take action and make a positive difference in the world].
　　S　　　　V
우리가 행동에 나서서 세상을 긍정적으로 변화시켜야 하는 시간이 왔다.

☑ 관계사절 내에 다음과 같은 삽입절이 들어갈 수 있다.

I think[suppose]	내가 생각하기에	I believe	내가 믿기에
I feel	내가 느끼기에	I'm afraid	유감이지만
I'm sure	내가 확신하기에	it seems	~ 같은데

² He spent hours collecting *data* [that ((he thought)) would help him improve]. 기출

그는 자신이 생각하기에 자신의 개선에 도움이 될 만한 데이터를 수집하는 데 몇 시간을 보냈다.

● Answers p.39

(STRUCTURE) 다음 문장에서 관계사절에 밑줄을 긋고, 문장을 해석하시오.

1 The place was announced where the ceremony for the new hospital would take place.

2 People may resent the invasion of outsiders who they believe are different. 기출

3 I want to lend a helping hand to the woman who I'm afraid is facing financial difficulties.

4 He received an unexpected job offer, which it seems was a result of his impressive networking skills.

5 A better solution is required that addresses the root cause of the problem rather than just treating symptoms.

---

resent ~에 분개하다　invasion 침입　job offer 일자리 제안　symptom 증상

● Answers p.40

A 어법 I 다음 문장의 네모 안에서 어법상 알맞은 것을 고르시오.

1 Everything which / that I had worked for was finally within reach, which filled me with a sense of accomplishment.

기출 **2** Historical fiction should be seen as a challenging representation of the past which / from which both public historians and popular audiences may acquire knowledge.

기출 **3** A large part of what we see is what / that we expect to see.

기출 **4** Some decisions present great complexity, whose / which many variables must come together a certain way for the leader to succeed.

5 We often seek advice from mentors, who provide guidance in situations which / where we must make decisions.

기출 **6** Critics are often interested in the ways that / how artists exploit different kinds of materials and tools for particular artistic effect.

B 어법 II 다음 문장에서 어법상 틀린 부분을 찾아 밑줄을 긋고 바르게 고쳐 쓰시오.

1 She received a scholarship to study abroad in France which was a dream come true for her.

기출 **2** Building in regular "you time" can provide numerous benefits, all of them help to make life a little bit more manageable.

3 They decided to adopt the same procedures which they had used successfully in the previous year.

기출 **4** Many African-Americans are reminded of their kinship with the continent which their ancestors originated centuries earlier.

기출 **5** The company provided a comprehensive training program where employees could learn new skills and techniques from.

6 Who comes to the party should bring a dish to share with everyone.

A within reach 손이 닿는 accomplishment 성취 acquire 습득하다 complexity 복잡성 come together 결합되다 exploit 활용하다 **B** numerous 다양한 manageable 관리할 수 있는 kinship 혈연관계 continent 대륙 originate 기원하다 comprehensive 종합적인

C 배열 다음 우리말과 같은 뜻이 되도록 괄호 안의 말을 바르게 배열하시오.

기출 1 나는 나뭇가지 사이를 오가는 토종 새와 원숭이, 그리고 도마뱀에 매료되었다.

(the branches, lizards, among, moving)

→ I was charmed by the native birds, monkeys, and _____.

기출 2 반대로, 사람들은 다시 만날 가능성이 없는 사람과 상호작용할 때 긍정적인 특성을 찾을 이유가 거의 없다.

(they, someone, whom, foresee, not, do)

→ Conversely, when people interact with _____ meeting again, they have little reason to search for positive qualities.

기출 3 화석이 들려주는 이야기는 변화의 이야기이다. 더는 우리와 함께 하지 않는 생물들이 과거에 존재했다.

(that, are, the past, in)

→ The story the fossils tell is one of change. Creatures existed _____ no longer with us.

4 르네상스 시대에 만들어진 종교적 장면을 묘사하는 그 그림들은 전 세계 예술가들에게 계속해서 영감을 주고 있다.

(the Renaissance, depict, that, created, in)

→ The paintings _____ religious scenes continue to inspire artists around the world.

5 달리는 사람은 그들이 달리는 표면의 경도나 딱딱함에 적응하도록 신발을 현명하게 선택해야 한다.

(they, which, are, the surface, on)

→ Runners should choose their shoes wisely to adapt to the hardness or stiffness of _____ running.

기출 6 어느 정도 측정할 수 없는 성질을 갖거나 제약이 없어 보이는 형태나 현상은 인간의 상상력을 자극한다.

(that, appear, not, constrained, or, do)

→ Forms or phenomena that possess a degree of immeasurability, _____, stimulate the human imagination.

7 이 팀은 프로젝트에 필요한 자금을 확보할 수 있었는데, 그것은 지역 주민의 통 큰 기부에서 비롯된 것으로 보인다.

(it, came, seems, from, which)

→ The team managed to secure funding for their project, _____ a generous donation by a local resident.

---

native 토종의 foresee 기대하다 conversely 반대로 depict 묘사하다 inspire ~에게 영감을 주다 adapt to ~에 적응하다 stiffness 딱딱함 secure 확보하다

D 독해

[1-2] 다음 글을 읽고, 물음에 답하시오.

¹Over the last decade the attention given to how children learn to read has foregrounded the nature of textuality, and of the different, interrelated ways ① <u>which</u> readers of all ages make texts mean. ²'Reading' now applies to a greater number of representational forms than at any time in the past: pictures, maps, screens, design graphics and photographs are all ② <u>regarded</u> as text. ³In addition to the innovations made ③ <u>possible</u> in picture books by new printing processes, design features also predominate in other kinds, such as books of poetry and information texts. ⁴Thus, reading becomes a more complicated kind of interpretation than it ④ <u>was</u> when children's attention was focused on the printed text, with sketches or pictures as an adjunct. ⁵Children now learn from a picture book that words and illustrations complement and ⑤ <u>enhance</u> each other. ⁶Reading is not simply word recognition. ⁷Even in the easiest texts, <u>문장이 말하는 것이 그것이 의미하는 것이 아니다.</u> 기출

수능 유형: 어법성 판단

1 위 글의 밑줄 친 부분 중, 어법상 **틀린** 것은?

① ② ③ ④ ⑤

내신 유형: 서술형

2 위 글의 밑줄 친 우리말을 [조건]에 맞게 영작하시오.

[조건]
1. 관계사 what을 두 번 사용할 것
2. a sentence, say, mean을 활용할 것
3. 총 9단어로 쓸 것

→ _____

D [1-2] foreground 전면으로 불러오다 interrelated 상호 연관된 representational 표현의 predominate 두드러지다 complicated 복잡한 adjunct 부속물 complement 보완하다 enhance 향상하다 recognition 인식

[3-4] 다음 글을 읽고, 물음에 답하시오.

[1] Factors that increase cognitive load are often built into language-learning tasks on purpose to ensure mastery of the material. [2] For example, teachers may give timed tests because the added pressure of a time limit will show how much of the students' language ability has become automatic. [3] Timed tests can actually enhance the performance of speakers with a high level of proficiency, but they can impair the performance for those (A) <u>who</u> linguistic abilities are still shaky. [4] Therefore, the addition of cognitive load cannot be said to be either good or bad. [5] How a person responds to the additional cognitive demands placed on a task depends on the task itself, the cognitive strategy (B) <u>use</u> to perform the task, and the individual's level of mastery.

수능 유형: 주제 파악

3 위 글의 주제로 가장 적절한 것은?

① ways to overcome stress in timed language tests
② necessity of time in mastering language proficiency
③ impact of cognitive load in language learning tasks
④ relationship between language proficiency and cognitive ability
⑤ features of cognitive load interrupting the mastery of a language

내신 유형: 어법성 판단

4 위 글의 밑줄 친 (A), (B)를 어법상 알맞은 형태로 고쳐 쓰시오.

(A) _____

(B) _____

[3-4] factor 요소 cognitive load 인지 부하 on purpose 의도적으로 proficiency 숙련도 impair 저해하다 shaky 불안정한 mastery 숙련도

CHAPTER
09
부사절

🔅 부사절
부사절은 문장에서 부사 역할을 하는 절로, 부사절을 이끄는 접속사에 따라 다양한 의미를 나타낼 수 있다.

When he starts cooking, he always makes a mess.

그가 요리를 시작하면, 항상 어질러 놓는다. 〈시간〉

No sooner had we finished dinner **than** the lights went out.

우리가 저녁 식사를 마치자마자 불이 다 꺼져버렸다. 〈시간〉

You should apologize **since** you were the one who made the mistake.

네가 실수를 한 사람이므로 사과해야 한다. 〈이유〉

Move the chair **so that** everyone can see the screen.

모두가 화면을 볼 수 있도록 의자를 옮겨라. 〈목적〉

You can't access the system **unless** you have the correct password.

정확한 비밀번호가 없는 한 시스템에 접근할 수 없다. 〈조건〉

While I enjoy reading books, my friend prefers watching movies.

나는 책 읽는 것을 즐기는 반면, 내 친구는 영화 보는 것을 더 좋아한다. 〈대조〉

She acted **as if** he knew everything about the topic.

그녀는 마치 그 주제에 대해 모든 것을 아는 것처럼 행동했다. 〈양태〉

☑ 부사절 접속사는 다양한 의미를 나타낼 수 있으므로 문맥에 따라 해석한다.

when	~할 때, ~라면(– if)	while	~하는 동안, ~이긴 하지만, ~하는 반면(= whereas)
since	~한 이래로, ~ 때문에	as	~할 때, ~함에 따라, ~ 때문에, ~하는 대로, ~처럼

1 [**When** they do succeed], / they show pleasure by a brightening of their eyes; // **when** they fail, /
  S_1 V_1
they show distress. 기출
  S_2 V_2
실제로 성공하면 그들은 눈을 밝게 빛내는 것으로 기쁨을 표시하고, 실패하면 그들은 괴로움을 표시한다.

2 [**While** the mechanic worked on her car], / Jennifer walked back and forth in the waiting room. 기출
                                              S   V
정비사가 차를 수리하는 동안, Jennifer는 대기실을 왔다 갔다 했다.

3 [**Since** we moved to the city], / we have discovered many interesting places.
                                    S   V
우리는 도시로 이사를 한 이래로 많은 흥미로운 장소를 발견했다.

4 [**As** the deadline gets closer], / everyone is working harder / (to finish their tasks on time).
                                      S   V
마감일이 가까워짐에 따라, 모두가 제시간에 작업을 끝내기 위해 더 열심히 일하고 있다.

> **어법** whether와 if는 쓰임에 따라 의미가 달라진다.
>
> 1. 명사절: whether와 if가 '~인지 아닌지'의 의미로 쓰임
>
> [As long as something is funny], / we are not concerned / with [whether[**if**] it is real or fictional, true or false]. 기출 어떤 것이 재미있기만 하다면, 우리는 그것이 실제인지 허구인지, 참인지 거짓인지에 대해 신경 쓰지 않는다.
>
> 2. 부사절: whether는 '~이든 아니든(양보)', if는 '~한다면(조건)'의 의미로 쓰임
>
> [**Whether** you agree or not], / we still need to follow the rules. 네가 동의하든 아니든, 우리는 여전히 규칙을 따라야 한다.
> [**If** you study hard], / you will pass the exam easily. 네가 열심히 공부한다면, 시험을 쉽게 통과할 것이다.

> Answers p.43

(STRUCTURE) 다음 문장에서 부사절을 찾아 [ ]로 묶고, 문장을 해석하시오.

1 When the clock struck midnight, everyone gathered outside to watch the fireworks.

2 Less than 80% of the rural population had access to electricity while over 90% of the urban population had access to electricity. 기출

3 Since it started snowing heavily, we decided to cancel the trip and spend the day inside playing games.

4 In addition, she may threaten to sanction them for not behaving as she wishes. 기출

---

midnight 자정   firework (보통 pl.) 불꽃놀이   have access to ~을 사용할 수 있다   electricity 전기   sanction 제재를 가하다

☑ 접속사처럼 쓰여 시간의 부사절을 이끄는 어구를 알아 둔다.

once	일단 ~하면	the moment	~한 순간, ~하자마자
by the time	~할 때까지는, ~할 무렵에는	every[each] time	~할 때마다

¹ [**Once** parks are in place], / their purposes and meanings are made and remade by park

users. 기출

    일단 공원이 조성되면, 공원 사용자들에 의해 그곳의 목적과 의미가 만들어지고 재창조된다.

² [**The moment** he heard the news], / he rushed out of the house / (to find out more details).

    그 소식을 들은 순간, 그는 더 많은 정보를 알아내기 위해 집에서 급히 나갔다.

³ [**By the time** we arrived at the station], / the train had already left, // so we had to wait.

    우리가 역에 도착했을 무렵에는 기차가 이미 떠나서 우리는 기다려야 했다.

⁴ [**Every time** she visits her grandparents], / they always bake her favorite cookies.

    그녀가 할머니, 할아버지를 방문할 때마다, 그들은 항상 그녀가 가장 좋아하는 쿠키를 구워 주신다.

MORE 접속사처럼 쓰여 이유 · 조건의 부사절을 이끄는 어구도 알아 둔다.

> • now (that): (이제) ~이므로   • seeing (that): ~이므로, ~인 것으로 보아
> • in that: ~이므로, ~라는 점에서   • in case (that): ~라면, ~인 경우에 대비해서

[**Now that** we've finished the project], / we can take a break and relax for a while.
이제 우리가 프로젝트를 끝냈으므로, 우리는 휴식을 가지고 잠시 쉴 수 있다.

[**Seeing that** everyone is here], / we can start the meeting.
모두가 왔으므로, 우리는 회의를 시작할 수 있다.

● Answers p.43

(STRUCTURE) 다음 문장에서 부사절을 찾아 [ ]로 묶고, 문장을 해석하시오.

1 By the time he was through with baseball, he had become a legend. 기출

2 You may fall off a few times, yet each time you get back on you do it better. 기출

3 In that he is always on time, he sets a good example for the rest of the team.

4 Once you understand the rules, the game becomes much easier and more fun to play.

5 In case you forget your homework, make sure to email it to the teacher before the deadline.

---

be through with ~을 끝내다 legend 전설 get back on 다시 일어서다

☑ 관용표현처럼 특정 단어가 짝을 이루는 부사절 구문은 다음과 같다.

so[such] ~ that ...	매우 ~해서 ...하다	so that ~	~하도록, 그래서 ~
as[so] long as ~	~하는 동안, ~하는 한	not ~ until ...	...하고 나서야 ~하다
no sooner ~ than ...	~하자마자 ...하다	(just) as ~, so ...	~인 것처럼 ...하다

¹ She was **so** tired / **that** she fell asleep / as soon as her head hit the pillow.
그녀는 매우 피곤해서 베개에 머리를 대자마자 잠들었다.

² He worked extra hours / **so that** he could save enough money for his upcoming vacation.
그는 다가오는 휴가를 위해 충분한 돈을 모을 수 있도록 추가 근무를 했다.

³ **As long as** you follow the instructions carefully, / the project should be completed without any issues.
지침을 주의 깊게 따르는 한 그 프로젝트는 문제없이 완료될 것이다.

⁴ She didn't realize the mistake / **until** someone pointed it out during the meeting.
그녀는 회의 중에 누군가가 지적하고 나서야 실수를 깨달았다.

⁵ **No sooner** had I finished the test / **than** the teacher collected all the papers.
내가 시험을 마치자마자 선생님이 모든 시험지를 수거했다.

⁶ **Just as** hard work leads to success, / **so** does persistence help you achieve your goals.
열심히 노력하면 성공으로 이어지는 것처럼, 끈기는 여러분이 목표를 성취하는 것을 돕는다.

> Answers p.44

(STRUCTURE) 접속사의 의미에 유의하여 다음 문장을 해석하시오.

1 He did not start studying seriously until he received his first failing grade in the midterm exams.

2 It was such a beautiful day that we decided to go for a long walk in the park.

3 Just as faster music causes people to eat faster, so it causes people to drive at faster speed. 기출

4 As long as he keeps his information to himself, he may feel superior to those who do not know it. 기출

(GRAMMAR) 밑줄 친 부분이 어법상 옳으면 ○, 틀리면 ×로 표시하고 바르게 고쳐 쓰시오.

5 <u>No sooner the bell had rung than</u> the students rushed out of the classroom.

---

superior to ~보다 우월한 rush 달리다, 돌격하다

☑　부사절을 이끄는 복합관계대명사는 다음과 같다.

who(m)ever	누가[누구를] ~하든, ~가 누구더라도 (= no matter who(m))
whatever	무엇이[을] ~하든, ~가 무엇이더라도 (= no matter what)
whichever	어느 것이[을] ~하든, ~가 어느 것이더라도 (= no matter which)

¹ [**Whomever** you choose as the team leader], / you should support their decisions.
　　　　　　　　　　　　　　　　　　　　　　 S　　　　 V

　　팀 리더로 여러분이 누구를 선택하든 여러분은 그들의 결정을 지지해야 한다.

² [**Whatever** Janet decides to do], / I will help her achieve her goals.
　　　　　　　　　　　　　　　　　　　 S　 V

　　Janet이 무엇을 하기로 결정하든 나는 그녀가 목표를 달성하도록 도울 것이다.

³ [**Whichever** you choose for your essay topic], / make sure / it is something you can explain
　　　　　　　　　　　　　　　　　　　　　　　　　　　 V

　　clearly.

　　여러분이 에세이 주제로 어느 것을 선택하든, 그것이 여러분이 명확하게 설명할 수 있는 것인지 확인하라.

⁴ [**Whichever** way we go], / we need to follow the map closely / (not to get lost).
　　　　　　　　　　　　　　　 S　 V

　　어느 길로 가든 우리는 길을 잃지 않도록 지도를 면밀히 따라야 한다.　*명사 앞의 whatever/whichever는 '어떤 ~이든'이라는 뜻으로, 명사를 수식하는
　　　 형용사처럼 쓰임

❯ Answers p.44

(STRUCTURE) 다음 문장에서 복합관계사가 이끄는 부사절을 찾아 [　]로 묶고, 문장을 해석하시오.

1　Whatever else one might conclude about self-government, it's at risk when citizens don't know what they're talking about. 기출

2　Whoever is responsible for the mistake, you should report it to the supervisor immediately.

3　Whichever the famous actor stars in, the film will become an instant financial success.

4　Whatever activity you decide to do after school, it should help you achieve your goals.

(GRAMMAR) 다음 문장의 네모 안에서 어법상 알맞은 것을 고르시오.

5　 What / Whatever is needed for the trip tomorrow, you should make sure to pack it carefully.

---

self-government 자치　at risk 위험에 처한　supervisor 상사, 관리자　immediately 즉시　star in ~에 주연을 맡다　instant 즉각적인　financial 재정적인, 돈의
achieve 성취하다　pack 챙기다

UNIT 51 부사절을 이끄는 복합관계사 II

☑ 부사절을 이끄는 복합관계부사는 다음과 같다.

복합관계부사	장소·시간·방법의 부사절	양보의 부사절
wherever	~하는 곳은 어디든(= at/in/to any place that)	어디에(서) ~하더라도(= no matter where)
whenever	~할 때마다, ~할 때는 언제든(= every/any time that)	언제 ~하더라도(= no matter when)
however	~하는 어떤 방법으로든(= in whatever way that)	아무리 ~하더라도(= no matter how + 형용사/부사)

¹ [If you keep an open mind], / you will find new opportunities / [**wherever** you go].
                              S   V

    열린 마음을 유지한다면, 여러분은 어디를 가든 새로운 기회를 찾을 것이다.

² I can't let you in the university, // but I will see you / [**whenever** you need my advice or help]. 기출
  S₁ V₁   S₂ V₂

    나는 너를 대학에 들여보낼 수는 없지만, 네가 내 조언이나 도움이 필요하면 언제든 너를 만날 것이다.

³ [**However** carefully you plan], / unexpected challenges may still arise / during the project.
                                  S   V

    여러분이 아무리 신중하게 계획하더라도, 프로젝트 도중 예상치 못한 문제가 여전히 발생할 수도 있다.

❯ Answers p.44

(STRUCTURE) 다음 문장에서 복합관계사가 이끄는 부사절을 찾아 [ ]로 묶고, 문장을 해석하시오.

1 However the data is presented in the report, it should be clear and easy to understand.

2 Taking action now can still lead to significant future success however late it may seem to start.

3 Whenever he feels threatened, he turns back toward the safety of his parents' love and authority. 기출

4 You can work remotely, wherever you are, as long as you have a stable internet connection.

(GRAMMAR) 다음 문장의 네모 안에서 어법상 알맞은 것을 고르시오.

5 People work within the forms provided by the cultural patterns that they have internalised,
    whatever / however contradictory these may be. 기출

present 제시하다 take action 행동을 하다 lead to ~로 이끌다 threatened 위협을 당하는 authority 권위 remotely 원격으로 stable 안정적인 provide 제공하다
internalise 내면화하다 contradictory 모순적인

A 어법 I 다음 문장의 네모 안에서 어법상 알맞은 것을 고르시오.

1 We can leave for the trip on time and avoid any traffic delays whether / if you wake up early tomorrow.

기출 **2** As / By the time social media becomes a primary source of information for millions, its unregulated nature allows misinformation to spread rapidly.

3 Since / In case the school trip gets canceled, we should have a backup plan like visiting the local amusement park.

4 Now that / While some students prefer studying alone, others find group discussions more helpful for understanding difficult subjects.

5 He explained the concept once / so that everyone in the room could easily understand it.

6 As long so / as you stay focused during practice, our team has a good chance of winning the soccer championship.

B 어법 II 다음 문장에서 어법상 틀린 부분을 찾아 밑줄을 긋고 바르게 고쳐 쓰시오.

1 However you work hard, without equal opportunities, it's difficult for everyone to achieve the same level of success.

기출 **2** No sooner he had completed his masterpiece than Julie stepped into the cafe.

3 Whom you follow on social media, make sure they promote positive values.

4 Whichever you see false information online, it's important to verify the facts before sharing it with others.

5 The leader's message was such powerful that it inspired a movement for change across the country.

6 See that climate change is affecting our planet more each year, it's crucial for everyone to adopt eco-friendly habits.

A traffic delay 교통 체증 primary 주요한 unregulated 규제되지 않는 misinformation 잘못된 정보 backup 예비의 **B** achieve 거두다, 성취하다 masterpiece 걸작 promote 홍보하다 verify 확인하다 inspire 영감을 주다 crucial 중요한 adopt 취하다

다음 우리말과 같은 뜻이 되도록 괄호 안의 말을 바르게 배열하시오.

1 사람들이 교육에 접근할 수 있는 한, 사회는 계속 발전하며 새로운 도전을 해결할 것이다.

(people, as, have, access, long, so)

→ _____ to education, society will continue to advance and solve new challenges.

기출 **2** 창의력은 아무리 제한적인 상황에서도 그 길을 찾아낸다는 면에서 신기하다.

(it, its, way, finds, that, in)

→ Creativity is strange _____ in any kind of situation, no matter how restricted.

3 CEO가 사임하는 순간, 투자자들이 갑작스러운 소식에 반응하며 회사 주가가 급격히 떨어졌다.

(the CEO, moment, resigned, the)

→ _____, the company's stock prices dropped significantly as investors reacted to the sudden news.

4 여러분이 그룹 프로젝트에 참여할 때마다, 다양한 사람들과 더 잘 협력하는 방법을 배우게 된다.

(you, time, each, participate)

→ _____ in a group project, you learn how to work better with different types of people.

5 그는 그 문제가 자신의 일에 직접 영향을 미치고 나서야 그것을 완전히 인식했다.

(fully aware, the problem, until, of, not)

→ He was _____ it directly affected his own work.

기출 **6** 짐승이 환경에 영향을 받고 영향을 받는 것처럼 과학과 사회도 서로 영향을 주고받는다.

(science and society, too, so, do, mutually influence)

→ Just as a beast influences and is influenced by its environment, _____ one another.

기출 **7** 어떠한 정책 과정이 이용되든, 그 과정이 얼마나 민감하며 차이를 존중하든 간에, 정치는 억압될 수 없다.

(policy process, employed, is, whichever)

→ Politics cannot be suppressed, _____ and however sensitive and respectful of differences it might be.

ⓒ restricted 제한적인, 제한된 resign 사임하다 stock price 주가 mutually 서로, 상호적으로 policy 정책 employ 이용하다 suppress 억압하다

독해

[1-2] 다음 글을 읽고, 물음에 답하시오.

¹The generally close connection between health and what animals want exists because wanting to obtain the right things and wanting to avoid the wrong ones are major ways in which animals keep themselves healthy. ²Animals have evolved many different ways of maintaining their health and then regaining it again once it has been damaged, such as an ability to heal wounds when they are injured and an amazingly complex immune system for warding off infection. ³Animals are equally good, however, at dealing with injury and disease before they even happen. ⁴They have evolved a complex set of mechanisms for anticipating and avoiding danger altogether. ⁵They can take pre-emptive action <u>최악이 발생하지 않도록</u>. ⁶They start to want things that will be necessary for their health and survival not for now but for some time in the future. 기출

*pre-emptive: 선제의 **ward off: 막다

수능 유형: 간접 쓰기

1 위 글의 내용을 한 문장으로 요약하고자 한다. 빈칸 (A), (B)에 들어갈 말로 가장 적절한 것은?

Animals have evolved mechanisms for both __(A)__ and __(B)__ to keep themselves healthy.

	(A)		(B)		(A)		(B)
①	adaptation	⋯⋯	evolution	②	growth	⋯⋯	development
③	resistance	⋯⋯	escape	④	rest	⋯⋯	endurance
⑤	recovery	⋯⋯	prevention				

내신 유형: 서술형

2 위 글의 밑줄 친 우리말을 [조건]에 맞게 영작하시오.

[조건]
1. never, worst, happen, that, the를 활용할 것
2. 필요한 한 단어를 추가하여 총 6단어로 쓸 것

➜ _____

D [1-2] obtain 얻다   maintain 유지하다   regain 되찾다   heal 치유하다   complex 복잡한   immune system 면역 체계   infection 감염   evolve 발달시키다, 진화하다
anticipate 예측하다

[3-4] 다음 글을 읽고, 물음에 답하시오.

[1] More is definitely better when it comes to certain things — job offers, binge-worthy Netflix series, chocolate — but the same cannot be said about passwords. [2] In fact, the more logins you have, the greater the security risk. [3] Alarmingly, the average American now has a whopping 168 passwords, according to a recent survey from a password-management company, and that number is up 70% compared with just three years ago. [4] (A) <u>Whether</u> you can't possibly believe you have that many passwords, just think about your very first Hotmail account and the wedding site you created for the big day. [5] (B) <u>Whatever</u> forgotten these abandoned accounts may seem, cybercriminals have not forgotten about them. [6] "Your forgotten online accounts may seem harmless, but they're actually a big security liability," says Wes Gyure, an executive director with IBM Security.

*binge-worthy: 정주행할 만한, 몰아서 볼 만한

〈 수능 유형: 요지 파악 〉

3 위 글의 요지로 가장 적절한 것은?

① 비밀번호를 자주 변경하면 보안 위험을 줄일 수 있다.
② 계정마다 비밀번호를 다르게 설정해야 보안이 강화된다.
③ 많은 계정과 비밀번호를 보유하면 보안 위험이 증가한다.
④ 비밀번호를 복잡하게 설정하면 해커로부터 정보를 보호할 수 있다.
⑤ 비밀번호 관리 프로그램 사용으로 많은 계정을 안전하게 관리할 수 있다.

〈 내신 유형: 어법성 판단 〉

4 위 글의 밑줄 친 (A), (B)를 어법상 알맞은 형태로 고쳐 쓰시오.

(A) _____

(B) _____

ⓓ [3-4] security 보안　whopping 무려 ~인, 터무니 없는　account 계정　abandoned 버려진　cybercriminal 사이버 범죄자　liability 부담, 책임
executive director 전무

분사구문

분사구문

- 부사절을 분사를 이용하여 간결하게 표현한 구문이다.
- 부사구의 역할을 하며 시간, 동시동작, 연속동작, 이유, 조건, 양보 등의 의미를 나타낸다.

Walking down the street, she enjoyed the fresh autumn air.

거리를 걸으면서, 그녀는 상쾌한 가을 공기를 즐겼다. 〈동시동작〉

Finishing his homework, he quickly left for the basketball game.

그는 숙제를 끝내고, 빠르게 농구 경기에 갔다. 〈연속동작〉

Not knowing the answer, he hesitated to raise his hand during the discussion.

답을 몰랐기 때문에, 그는 토론 중에 손들기를 망설였다. 〈이유〉

Having more time, they would be able to complete the project with better results.

시간이 더 있다면, 그들은 더 좋은 결과로 프로젝트를 완료할 수 있을 것이다. 〈조건〉

Feeling tired, she continued studying late into the night for her exam.

피곤함에도 불구하고, 그녀는 시험을 위해 밤늦게까지 공부를 계속했다. 〈양보〉

분사구문의 형태

분사구문은 시제나 태에 따라 분사의 형태가 달라질 수 있고, 의미상 주어가 더해질 수도 있다.

Having completed his degree, he started working at a software company.

학위 과정을 마친 후, 그는 소프트웨어 회사에서 일하기 시작했다. 〈완료형 분사구문〉

Being given extra time, the students were able to finish the exam without much stress.

추가 시간이 주어졌기 때문에, 학생들은 큰 스트레스 없이 시험을 마칠 수 있었다. 〈수동형 분사구문〉

Her parents being away, she decided to throw a small party at home.

부모님이 없었기 때문에, 그녀는 집에서 작은 파티를 열기로 했다. 〈의미상 주어가 있는 분사구문〉

☑ 분사구문은 주로 시간, 동시동작, 연속동작의 의미를 나타내며, 주절과의 의미 관계에 따라 자연스럽게 해석한다.
- **시간**: ~할 때(when)
- **동시동작**: ~하면서(as), ~하는 동안(while)
- **연속동작**: ~하고 나서(and), ~한 후에(after), ~하자마자(as soon as)

¹ **Arriving at the building,** / Helen could identify Julia / by the large paper bag she was holding. 기출
　　　시간
건물에 도착했을 때, Helen은 Julia가 들고 있는 커다란 종이봉투로 그녀를 알아볼 수 있었다.

² **Letting out a deep sigh,** / she finally felt at ease. 기출
　　　동시동작
깊은 한숨을 내쉬며, 그녀는 마침내 편안함을 느꼈다.

³ **Finishing his presentation,** / he started answering the audience's questions confidently.
　　　연속동작
발표를 끝내고 나서, 그는 청중의 질문에 자신 있게 대답하기 시작했다.

MORE　분사구문의 부정은 분사 앞에 부정어(not, never 등)를 넣는다.
Not looking at her, / he pretended to be focused on his phone.
그녀를 쳐다보지 않으면서, 그는 휴대전화에 집중하는 척했다.

❷ Answers p.48

STRUCTURE 다음 문장에서 분사구문을 찾아 ( )로 묶고, 문장을 해석하시오.

1 Completing their group project on climate change, the students shared their findings with the entire school.

2 Speeding up and enjoying the wide blue sea, Emma couldn't hide her excitement. 기출

3 Scrolling through job listings, he stumbled upon an article about making money online.

4 Unpacking the box that had just arrived, I carefully placed each item on the shelf.

GRAMMAR 밑줄 친 부분이 어법상 옳으면 ○, 틀리면 ×로 표시하고 바르게 고쳐 쓰시오.

5 <u>Not realizing the car was coming</u>, he stepped into the street while he was talking on the phone.

climate change 기후 변화　excitement 흥분　scroll 스크롤하다, 표시 화면 내용을 순차적으로 올리다　stumble upon ~을 우연히 발견하다　article 기사　unpack 포장을 풀다

☑ 분사구문은 이유, 조건, 양보, 결과 등의 의미를 나타낼 수 있으므로, 문맥에 따라 적절히 해석한다.
- **이유**: ~해서, ~하므로(because, since, as)
- **조건**: 만약 ~한다면(if)
- **양보**: 비록 ~이지만(although, though)
- **결과**: 그래서 ~(and), …해서 결국 ~(and as a result)

¹ <u>**Lacking access to quality education**</u>, / people in underdeveloped areas struggle to break the
이유

cycle of poverty.

양질의 교육에 접근할 수 없기 때문에, 개발이 덜 된 지역의 사람들이 빈곤의 굴레를 벗어나기 어려워한다.

² <u>**Surveying office spaces from the past eighty years**</u>, / one can see a cycle that repeats. 기출
조건

지난 80년의 사무실 공간을 조사해 보면, 반복되는 주기를 볼 수 있다.

³ <u>**Having little experience**</u>, / the volunteers contributed their time / to make the event successful.
양보

경험이 많지 않음에도 불구하고, 자원봉사자들은 그 행사를 성공적으로 만들기 위해 자신의 시간을 쏟았다.

⁴ **Every tree now grows on its own**, / <u>**giving rise to great differences in productivity**</u>. 기출
결과

이제 모든 나무가 그것 나름대로 자라, 생산성에 큰 차이가 생긴다.

○ Answers p.48

(STRUCTURE) 다음 문장에서 분사구문을 찾아 ( )로 묶고, 문장을 해석하시오.

1 Wearing the proper safety gear, workers can avoid accidents and injuries.

2 Digitally converted sounds could be manipulated simply by programming digital messages, simplifying the editing process significantly. 기출

3 The cost was far less than she had expected and she felt at ease, knowing she could easily afford it. 기출

4 Facing opposition from others, she continued to advocate for environmental reforms in her community.

5 Feeling tired after a long day, she decided to skip the party and go straight home.

---

safety gear 안전 장비 convert 변환하다 manipulate 조작하다 significantly 크게 feel at ease 안심하다 opposition 반대 advocate for ~을 옹호하다 reform 개혁

☑ 「**Having+p.p.**」로 시작하는 분사구문은 시제가 주절보다 더 앞설 때 쓴다.

> **¹ Having returned to France,** / Fourier began his research on heat conduction. 기출
> = After he had returned ~
> 프랑스로 돌아와서, Fourier는 열전도에 대한 연구를 시작했다.

☑ 「**Being p.p.**」로 시작하는 분사구문은 주어와 분사의 관계가 수동일 때 쓴다. 분사구문의 시제가 주절보다 더 앞설 때는 「**Having been p.p.**」를 쓴다.

> **² Being trusted by her colleagues,** / she was given the responsibility to lead the important
> = Because she was trusted ~
> project.
> 동료들에게 신뢰받았기 때문에, 그녀는 중요한 프로젝트를 이끌 책임을 맡게 되었다.

> **³ Having been trained in first aid,** / he quickly responded to the emergency.
> = Because he had been trained ~
> 응급 처치 훈련을 받았기 때문에, 그는 응급 상황에 빠르게 대처했다.

> MORE 분사구문에서 Being이나 Having been은 주로 생략하며, 이 경우 과거분사로 분사구문이 시작된다.
> **(Being) Worried that she could not get to the boarding gate in time,** / she rushed through the crowds of people. 기출
> 제시간에 탑승구에 도착하지 못할 봐 걱정하면서, 그녀는 많은 인파를 뚫고 서둘렀다.

STRUCTURE 다음 문장에서 분사구문을 찾아 (   )로 묶고, 문장을 해석하시오.

1 Concerned about Sean, he said, "You've been stressed for weeks. Come see me for medical treatment if things don't improve." 기출

2 Having been selected for the scholarship, he was able to attend university without worrying about tuition fees.

3 Having hiked for several hours, Sean was thrilled to reach the top of Vincent Mountain. 기출

4 Being forced to make a quick decision, she relied on her instincts to choose the best option.

GRAMMAR 다음 문장의 네모 안에서 어법상 알맞은 것을 고르시오.

5 Having / Having been stuck in traffic, they arrived late to the meeting but quickly caught up on the discussion.

---

concerned about ~에 대해 걱정하는 tuition fee 학비, 수업료 thrilled 짜릿한 rely on ~에 의존하다 instinct 본능 catch up on ~을 따라잡다

UNIT 55 분사구문의 의미상 주어

☑ 분사구문의 의미상 주어가 주절의 주어와 다를 때는 분사 앞에 의미상 주어를 쓴다.

¹ **The meeting having ended early,** / **the team** decided to go out for coffee.
　　　　　　S'　　　　　　　　　　　 S

회의가 일찍 끝났기 때문에, 그 팀은 커피를 마시러 나가기로 했다.

☑ 분사구문의 의미상 주어가 일반인인 경우 주절의 주어와 다르더라도 생략하며, 자주 쓰이는 관용적 표현은 다음과 같다.

generally[strictly/frankly/roughly] speaking: 일반적으로[엄밀히/솔직히/대략] 말하면	
provided (that): ~라면	judging from[by]: ~으로 판단하건대
considering[given] (that): ~을 고려하면	granting[granted] (that): ~을 인정하더라도

² They belong to no tradition, / **strictly speaking have no style,** / and are not understood within
　 S　 V₁　　　　　　　　　　　　　　　　　　　　　V₂　　　　　　　　　　　　　　　　　V₃
the framework. 기출

그것들은 전통에 속하지 않고, 엄밀히 말하면 스타일이 없으며, 틀 안에서 이해되지 않는다.

³ **Judging from the data,** / it is clear / that the new policy has had a positive impact on the economy.

데이터로 판단하건대, 새로운 정책이 경제에 긍정적인 영향을 미친 것은 분명하다.

⁴ **Granting that he is a talented speaker,** / his argument still lacks sufficient evidence.

그가 재능 있는 연설가라는 점은 인정하더라도, 그의 주장은 여전히 충분한 증거가 부족하다.

MORE 분사구문 앞에 접속사를 남겨 두는 경우도 있는데, 이는 문장의 의미를 명확히 하기 위해서이다.

After being chosen, / record a video showing you are using a tumbler. 기출

지목을 받은 후에 여러분이 텀블러를 사용하고 있는 모습을 보여주는 동영상을 녹화하십시오.

❯ Answers p.49

(STRUCTURE) 다음 문장에서 분사구문을 찾아 ( )로 묶고, 문장을 해석하시오.

1 The sum of the productivity of the parts will typically be lower than the productivity of the whole, other things being equal. 기출

2 Provided that the weather remains clear, the outdoor event will proceed as planned.

3 The sun setting behind the mountains, the hikers quickly set up their tents before it got too dark.

4 Considering that she had no prior experience, her performance during the interview was quite impressive.

5 The restaurant closed earlier than usual, there being fewer customers that night.

---

sum 합계 productivity 생산성 typically 일반적으로 proceed 진행되다 set up 설치하다 prior 이전의 impressive 인상적인

☑ 「with+O'+분사」 형태의 분사구문은 'O'가 ~한 채로/~하면서'의 의미를 가진다.

¹ **With her voice trembling,** / she delivered the speech in front of the large audience.
목소리가 떨리는 채로, 그녀는 많은 청중 앞에서 연설을 했다.

² **With the rain pouring,** / we decided to cancel our outdoor plans and stay indoors.
비가 쏟아지는 가운데, 우리는 야외 계획을 취소하고 실내에 머물기로 결정했다.

☑ O'와 분사의 관계가 능동이면 현재분사(v-ing)를 쓰고, 수동이면 과거분사(p.p.)를 쓴다.

³ **With their eyes moving across the page,** / they absorbed every word of the novel.
└─능동 관계─┘
그들의 눈이 책장을 가로질러 움직이면서, 그들은 소설의 모든 단어를 흡수했다.

⁴ Emma and Clara stood side by side on the beach road, / **with their eyes fixed on the boundless**
└─수동 관계─┘
ocean. 기출
Emma와 Clara는 끝없이 펼쳐진 바다에 시선을 고정한 채로 해변 길에 나란히 섰다.

● Answers p.49

(STRUCTURE) 밑줄 친 부분에 유의하여 다음 문장을 해석하시오.

1 With places such as cities, regions or even whole countries being promoted as travel destinations, things become more complex. 기출

2 With all the necessary documents carefully reviewed, the project could finally move forward.

3 In some cases, this institutionalization has a formal face to it, with rules and protocols written down. 기출

4 With the company expanding into new markets, they were hiring more employees to manage the increasing workload.

(GRAMMAR) 다음 문장의 네모 안에서 어법상 알맞은 것을 고르시오.

5 Mobility flows have become a key dynamic of urbanization, with the associated infrastructure invariably constituted / constituting the backbone of urban form. 기출

---

region 지역 destination 목적지 institutionalization 제도화 protocol 프로토콜, (국가 간의) 협안 mobility 이동성 urbanization 도시화 associated 관련된
infrastructure 사회 기반 시설 invariably 변함 없이

A 어법 I 다음 문장의 네모 안에서 어법상 알맞은 것을 고르시오.

1 From birth, infants will naturally prefer human faces and voices, seem / seeming to know that such stimuli are meaningful for them.

2 The conference was postponed, the organizers were / being unable to secure the venue on the original date.

3 Having rejected / Having been rejected multiple times by various publishers, the author self-published the book and gained unexpected success.

기출 **4** Plants respond to environmental changes so as to be able to use their energy for growth, while limiting / limited nonproductive uses of their valuable energy.

기출 **5** Jamie, now motivating / motivated to keep pushing for her goal, replied with a smile. "Next race, I'll beat my best time for sure!"

6 With the door firmly locking / locked, she focused on her work, blocking out any distractions from outside.

B 어법 II 다음 문장에서 어법상 틀린 부분을 찾아 밑줄을 긋고 바르게 고쳐 쓰시오.

1 Living in three different countries for five years, he found it easier to adapt to different cultures and environments.

기출 **2** With specific plays designing to help them perform well, the team managed to win every match this season.

3 The latest software update offers better performance when comparing to earlier versions.

4 Consider that the weather was unpredictable, it was a good decision to move the event indoors.

5 Having selected to represent the school, the students practiced diligently for the national debate competition.

6 Being a public holiday and most businesses closed, the streets were unusually quiet.

A stimulus 자극(*pl.* stimuli) venue 장소 nonproductive 비생산적인 firmly 단단히 block out 차단하다 distraction 방해 요소 **B** adapt 적응하다 specific 특정한 unpredictable 예측할 수 없는

1 수입이 같다면, 지출이 적은 사람들이 미래 투자를 위해 더 많이 저축할 것이다.

(that, the same, is, provided, income)

→ _____, individuals with lower expenses will save more for future investments.

2 여러 번 수리되었음에도 불구하고, 그 오래된 차는 겨울철 추운 아침에 시동을 거는 데 어려움을 겪었다.

(multiple, repaired, times, been, having)

→ _____, the old car still struggled to start on cold mornings in winter.

기출 **3** 음악이 정신적 기술을 향상하는 것 같다는 점을 고려한다면, 음악이 작업 수행 능력에 피해를 주는 상황이 있는가?

(to, music, that, appears, enhance, given)

→ _____ mental skills, are there circumstances where music is damaging to performance?

4 교통 체증이 심해지면서, 그들은 지름길을 찾지 않으면 회의에 늦을 것임을 깨달았다.

(the traffic, up, building, with)

→ _____, they realized they might be late for the meeting unless they found a shortcut.

기출 **5** 그들은 원하는 물품 리스트를 자신들이 연락하는 이들과 공유하여, 자신들의 소장품 확장 기회를 배가할 수 있다.

(expanding, chances, their, multiplying, of)

→ They can share their contacts with the list of desired items, _____ their collections.

6 붐비는 공공장소에 방치되면, 개인 소지품은 쉽게 도난당하거나 아무도 모르게 잃어버릴 수 있다.

(crowded, unattended, left, spaces, in, public)

→ _____, personal belongings can be easily stolen or lost without anyone noticing.

기출 **7** 대부분의 민물 생명체는 해양에서 육지로, 그 다음 다시 민물로 이동하며, 2차적으로 적응한 것처럼 보인다.

(passed, ocean, land, from, to, having)

→ It appears that most freshwater life is secondarily adapted, _____ and then back again to fresh water.

C income 수입 expense 지출 investment 투자 enhance 향상하다 circumstance 상황 shortcut 지름길 multiply 배가하다 unattended 내버려둔, 방치된 freshwater 민물의 secondarily 2차적으로

독해

[1-2] 다음 글을 읽고, 물음에 답하시오.

¹Interestingly, experts do not suffer as much as beginners when performing complex tasks or combining multiple tasks. ²Because experts have extensive practice within a limited domain, the key component skills in their domain tend to be highly practiced and more automated. ³Each of these highly practiced skills then demands relatively few cognitive resources, effectively (A) <u>lowers</u> the total cognitive load that experts experience. ⁴Thus, experts can perform complex tasks and combine multiple tasks relatively easily. ⁵This is not because they necessarily have more cognitive resources than beginners; rather, because of _____, they can do more with what they have. ⁶Beginners, on the other hand, (B) <u>having not</u> achieved the same degree of fluency and automaticity in each of the component skills, and thus struggling to combine skills that experts combine with relative ease and efficiency. 기출

《수능 유형: 빈칸 추론》

1 위 글의 빈칸에 들어갈 말로 가장 적절한 것은?

① their ability to manage time to complete tasks effectively
② the advanced cognitive abilities they have continuously refined
③ their highly developed skills in effective teamwork and collaboration
④ the high level of fluency they have achieved in performing key skills
⑤ the extensive amount of material resources they have immediate access to

《내신 유형: 어법성 판단》

2 위 글의 밑줄 친 (A), (B)를 어법상 알맞은 형태로 고쳐 쓰시오.

(A) _____

(B) _____

[1-2] suffer 어려움을 겪다 complex 복잡한 combine 결합하다 extensive 광범위한 domain 영역 automated 자동화된 cognitive load 인지 부하 fluency 능숙함, 유창함 efficiency 효율성

[3-4] 다음 글을 읽고, 물음에 답하시오.

¹Many successful basketball teams have a shared understanding of how the offense will operate under various game situations. ²Teammates with a shared mental model know when to "run the fast break" or "slow things down" if one of their players gets a rebound from an opponent's missed shot. ³As another example, emergency medical service (EMS) teams benefit from using shared mental models of the situations they encounter. ⁴Think about a situation where EMS team members must make quick decisions. ⁵모든 노력이 환자의 생존에 집중된 채로, team members must determine how fast the driver should go and whether or not to use the siren. ⁶They also need to determine what the patient needs most urgently and which emergency medical technician is best able to provide it. ⁷In both the basketball and EMS examples, when team members have a shared mental model, they are able to predict what their teammates are going to do in different situations, which leads to more effective team performance.

수능 유형: 제목 파악

3 위 글의 제목으로 가장 적절한 것은?

① Overcome Obstacles with the Magic of Positive Thinking
② When Overthinking Becomes a Problem and What You Can Do
③ Emergency Medical Services: A Guide to Quick Decision-Making
④ Flexible organizational structures facilitate timely decision-making
⑤ The Power of Shared Understanding: How It Drives Team Performance

내신 유형: 서술형

4 위 글의 밑줄 친 우리말을 [조건]에 맞게 영작하시오.

[조건]
1. 「with＋명사구＋분사구」 구문을 활용할 것
2. focus on, all, the survival of the patient, efforts를 활용하되, 필요한 경우 형태를 바꿀 것
3. 총 10단어로 쓸 것

→ _____

[3-4] offense 공격 operate 운영되다, 운영하다 mental 정신의 fast break (농구에서) 속공 opponent 상대 encounter 직면하다 technician 전문가 predict 예측하다 performance 성과

비교구문

비교구문
비교구문은 둘 혹은 셋 이상인 대상의 성질이나 상태를 비교하여 그 차이를 표현하는 구문이다. 형용사나 부사의 원급, 비교급, 최상급을 사용하여 나타낼 수 있다.

My backpack is **as heavy as** yours, so we both need help carrying them.
내 배낭도 네 것만큼 무거우니까, 우리 둘 다 그것들을 들고 다니는 데 도움이 필요하다. 〈원급 비교구문〉

This movie is **more exciting than** the one we watched last week.
이 영화는 우리가 지난주에 보았던 것보다 더 흥미진진하다. 〈비교급 비교구문〉

This park is one of **the most beautiful** places to visit during the spring.
이 공원은 봄에 방문하기에 가장 아름다운 곳들 중 하나이다. 〈최상급 비교구문〉

비교 관련 관용 표현
원급, 비교급, 최상급을 이용한 관용 표현을 알아두면 좀 더 빠르고 정확한 독해가 가능하다.

This book is **twice as long as** the last one, but it's much more interesting.
이 책은 지난번 것보다 두 배 더 길지만 훨씬 더 흥미롭다. 〈배수사+as+원급+as〉

The harder you study, **the better** your grades will be at the end of the year.
여러분이 열심히 공부할수록 연말에 성적이 더 좋을 것이다. 〈the+비교급 ∼, the+비교급 …〉

☑ 비교구문의 기본 형태를 사용한 주요 표현은 다음과 같다.

A+not as[so]+원급+as+B	A는 B만큼 ~하지 않다 (A < B)
A+less+원급+than+B	A는 B보다 덜 ~하다 (A < B)
No+명사[Nothing/Nobody]+as[so]+원급+as No+명사[Nothing/Nobody]+비교급+than 비교급+than any other+단수 명사	가장 ~하다

[1] African American women are **not as bound as** white women / by gender role stereotypes. 기출

아프리카계 미국인 여성은 백인 여성만큼 성 역할 고정관념에 얽매이지 않는다.

[2] One anxiety-provoking detail is **less important** / **than** the bigger picture. 기출

불안감을 유발하는 하나의 세부 사항이 더 큰 전체적인 상황보다 덜 중요하다.

[3] **Nothing** is **as important as** our citizens' safety, // so fixing this issue should be made a top
= Our citizens' safety is the most important
priority. 기출

시민들의 안전만큼 중요한 것은 없으므로[시민들의 안전이 가장 중요하므로], 이 문제를 해결하는 것을 최우선 과제로 삼아야 한다.

○ Answers p.53

(STRUCTURE) 비교구문에 유의하여 다음 문장을 해석하시오.

1 Friday sees more smiles than any other day of the workweek.

2 Though not as old as the bridges of Rome, it was absolutely a work of art. 기출

3 If you're less concerned about how you deliver information than with how you receive it, you'll fail at the task. 기출

4 There is no experience more valuable than learning from failures to achieve greater success in the future.

(GRAMMAR) 밑줄 친 부분이 어법상 옳으면 ○, 틀리면 ×로 표시하고 바르게 고쳐 쓰시오.

5 The new smartphone featuring advanced technology and a stylish design is not so <u>more affordable</u> as the older model.

workweek 일하는 주 absolutely 그야말로, 절대적으로 concerned about ~에 신경을 쓰는 receive 받다 task 과업 valuable 가치 있는 feature 특징으로 하다
affordable (가격이) 저렴한, 살 수 있을 만한

☑ 비교구문에서 비교 대상은 문법적·의미적으로 대등해야 한다. 접속사 as나 than 다음에는 반복되는 표현이 생략되거나 대동사(do) 혹은 대명사(that/those/one(s))로 표현되는 경우가 많다.

> [1] Climate change may cause birds to migrate / **earlier or later than they have** in the past.
> = have migrated
>
> 기후 변화는 새들이 과거에 이동했던 것보다 더 일찍 또는 더 늦게 이동하도록 만들 수도 있다.
>
> [2] 2016 was the only year / when the college enrollment rate of Hispanics was **higher than that** of Blacks. 기출
> = the college enrollment rate
>
> 2016년은 히스패닉의 대학 진학률이 흑인의 대학 진학률보다 더 높았던 유일한 해였다.

☑ 부사 **much, far, even, still, a lot**은 '훨씬'이라는 의미로 비교급을 앞에서 강조한다.

> [3] Information creates power, / and today a *much* larger part of the world's population has access to that power. 기출
>
> 정보는 힘을 만들고, 오늘날 세계 인구 중 훨씬 더 많은 사람이 그 힘에 접근할 수 있다.
>
> [4] Many believe / the debt will be *even* higher / unless constructive action is taken soon. 기출
>
> 많은 사람들은 건설적인 조치가 조만간 취해지지 않으면 부채가 훨씬 더 많아질 것이라고 믿는다.

> **MORE** 부사 **much, by far, easily, the very**는 '단연코'라는 의미로 최상급을 앞에서 강조한다.
>
> Among all the athletes, / she was **easily the fastest**, / completing the race in record-breaking time.
>
> 모든 선수들 중에서 그녀는 단연코 가장 빨랐고, 기록을 돌파한 시간 안에 레이스를 완주했다.

● Answers p.53

(STRUCTURE) 비교구문에 유의하여 다음 문장을 해석하시오.

1 There is no passion to be found in settling for life that is less than the one you are capable of living.

2 Students don't rely on libraries as much as they did before the internet became widely available.

3 A printing press could copy information thousands of times faster, allowing knowledge to spread far more quickly. 기출

4 Their presentation was by far the most detailed and informative one given during the entire conference event.

(GRAMMAR) 밑줄 친 부분이 어법상 옳으면 ○, 틀리면 ×로 표시하고 바르게 고쳐 쓰시오.

5 The pianist captures the essence of the melody as beautifully as her mentor <u>is</u> in each performance.

---

passion 열정 settle for ~에 안주하다 be capable of ~을 할 수 있다 rely on ~에 의존하다 available 이용할 수 있는 printing press 인쇄기 spread 퍼지다
detailed 상세한 informative 유익한 capture 포착하다 mentor 스승, 멘토 performance 공연

☑ 원급을 이용하여 다양한 비교 표현을 할 수 있다.

as+원급+as possible as+원급+as+S'+can/could	가능한 한 ~한/하게
not so much A as B	A라기보다는 오히려 B
배수사+as+원급+as ⋯	⋯보다 −배 ~한/하게

¹ The city should consider installing traffic lights / **as soon as possible.** 기출
시는 가능한 한 빨리 신호등을 설치하는 것을 고려해야 한다.

² The lecture focused / **not so much** on history **as** on how those events shaped modern society.
그 강연은 역사보다는 오히려 그 사건들이 현대 사회를 어떻게 형성했는지에 초점을 맞췄다.

³ This year's fundraising event raised **twice as much** money / **as** the event held the previous year.
올해 모금 행사는 전년도에 열린 행사보다 두 배 많은 기금을 모금했다.

○ Answers p.54

(STRUCTURE) 원급 주요 표현에 유의하여 다음 문장을 해석하시오.

1 Historians must distinguish as sharply as possible the facts from myths when studying ancient civilizations.

2 The elderly did not so much lose their minds as lose their place when deprived of meaningful roles. 기출

3 The data storage capacity of this server is three times as large as that of the older model.

4 In the gym, members of the taekwondo club were trying to kick as high as they could. 기출

(GRAMMAR) 다음 문장의 네모 안에서 어법상 알맞은 것을 고르시오.

5 Making a flower with the cream following the instructions, Richard tried to be as precise / precisely as he could.

distinguish ~ from ... ~을 ...로부터 구분하다 ancient 고대의 deprived of ~을 박탈당한 storage 저장 capacity 용량 instruction 지침

☑ 비교급을 이용하여 다양한 비교 표현을 할 수 있다.

비교급＋and＋비교급	점점 더 ～한/하게
the＋비교급 ～, the＋비교급 …	～하면 할수록 더 …하다
배수사＋비교급＋than …	…보다 －배 더 ～한/하게

[1] The waves got **higher and higher** / as the storm intensified throughout the night.
밤새 폭풍이 거세지면서 파도는 점점 더 높아졌다.

[2] **The more** an event is socially shared, / **the more** it will be fixed in people's minds. 기출
한 사건이 사회적으로 많이 공유되면 될수록 그것은 사람들의 마음속에 더 많이 고정될 것이다.

[3] This city's population has grown / **six times faster than** the national average / over the past decade.
이 도시의 인구는 지난 10년간 전국 평균보다 여섯 배 더 빠르게 증가했다.

☑ than 대신 to를 쓰는 비교급 표현에는 superior/inferior to(～보다 우월한/열등한)가 있다.

[4] As long as he keeps his information to himself, / he may feel **superior** / **to** those who do not know it. 기출
자신의 정보를 혼자만 알고 있는 한, 그는 그것을 모르는 사람들보다 우월하다고 느낄 수도 있다.

> **MORE** 비교를 나타내는 문장에서 than 뒤에는 불완전한 절이 올 수 있다.
>
> Avoid printing more copies **than are necessary** / to help reduce paper waste.
> 종이 낭비 줄이기를 돕기 위해서는 필요한 것보다 더 많은 사본을 인쇄하지 마라.

> Answers p.54

(STRUCTURE) 비교급 주요 표현에 유의하여 다음 문장을 해석하시오.

1 They were charged three times more than the usual fare due to the heavy traffic. 기출

2 The more confidently you give instructions, the higher the chance of a positive class response. 기출

3 The gap between technological advancements and ethical regulations is widening more and more with each new innovation.

4 The restrictive ingredient lists may make green products inferior to mainstream products on core performance dimensions. 기출

fare 요금 chance 확률 response 반응 advancement 발전 ethical 윤리적인 regulation 규제 innovation 혁신 restrictive 제한적인 ingredient 성분
mainstream 주류의 core 핵심의 dimension 측면, 범위

☑ 최상급을 이용하여 다양한 비교 표현을 할 수 있다.

one of the+최상급+복수 명사	가장 ~한 … 중 하나
the+서수+최상급	…번째로 가장 ~한
the+최상급+N(+that)(+S')+have[has] ever p.p.	지금까지 …한 것 중에 가장 ~한 N

¹ **One of the greatest threats** to the accumulation of knowledge / can now be found / on social media platforms. 기출

지식 축적에 대한 가장 큰 위협 중 하나는 이제 소셜 미디어 플랫폼에서 찾을 수 있다.

² Canada had **the second largest** daily oil production / followed by Mexico and Brazil. 기출

캐나다는 일일 석유 생산량이 두 번째로 많았고 멕시코와 브라질이 그 뒤를 이었다.

³ This is **the most fascinating book / that has ever been written** about the history of science.

이 책은 과학사에 대해 지금까지 쓰인 것 중에 가장 흥미로운 책이다.

⁴ "This is **the best food I have ever had**! I will never forget this dinner with you." said Nancy. 기출

"이건 제가 지금까지 먹어 본 것 중에 가장 맛있는 음식이에요! 당신과 함께한 이 저녁을 절대 잊지 못할 거예요."라고 Nancy가 말했다.

> 어법 「one of the+최상급+복수 명사」가 주어로 쓰였을 때 핵심 주어는 one이므로 단수 동사를 쓴다.
>
> **One of the most influential technologies in recent years / _has been_ the smartphone.**
> 최근 몇 년 동안 가장 영향력 있는 기술 중 하나는 스마트폰이다.

◉ Answers p.54

(STRUCTURE) 최상급 주요 표현에 유의하여 다음 문장을 해석하시오.

1 The Republic of Korea and Singapore will rank the first and the second highest, respectively, in life expectancy in the five countries. 기출

2 He created the most innovative design that has ever been developed in the field of sustainable architecture.

3 The team created the most detailed human gene map that scientists have ever developed in the field of genetics.

(GRAMMAR) 다음 문장의 네모 안에서 어법상 알맞은 것을 고르시오.

4 One of the best strategies for learning languages is / are reading books or articles in the target language daily.

---

respectively 각각 life expectancy 기대수명 sustainable 지속 가능한 gene 유전자 genetics 유전학 article 기사 target language 목표(가 되는) 언어

▶ Answers p.55

A 어법 I 다음 문장의 네모 안에서 어법상 알맞은 것을 고르시오.

기출 **1**   In Denmark, the percentage of the respondents who often actively avoided news in 2019 was higher than that / those in 2017.

기출 **2**   The graduation rate was twice as high / highly as that of the previous class due to the improved teaching methods.

3   Any / No one has climbed Mount Everest more times than Kami Rita Sherpa, who set the world record.

기출 **4**   Group performance in problem solving is superior to / than even the individual work of the most expert group members.

기출 **5**   Reading becomes a more / most complicated kind of interpretation than it was when children's attention was focused on the printed text.

6   Food safety standards are currently very / far stricter than before as they now require detailed inspection protocols.

B 어법 II 다음 문장에서 어법상 틀린 부분을 찾아 밑줄을 긋고 바르게 고쳐 쓰시오.

1   No other city is so more vibrant as New York when it comes to cultural diversity and artistic expression.

2   The crowd grew loud and loud with each goal scored by the home team during the match.

기출 **3**   The 15-24 age group showed the highest volunteer rate but the second fewer average annual hours.

4   Nelson Mandela inspired more movements for freedom than any other leaders in the 20th century.

5   This is the fast vaccine development that scientists have ever achieved in response to a global pandemic.

기출 **6**   One of the mistakes we often make when confronting a risk situation are our tendency to focus on the end result.

A respondent 응답자 previous 이전의 performance 성과 complicated 복잡한 interpretation 해석 inspection 검사 protocol 프로토콜 **B** vibrant 활기찬 diversity 다양성 annual 연간의 inspire 영감을 불어넣다 pandemic 팬데믹, 유행병 confront 직면하다 tendency 경향

기출 **1** 추가적인 먼지가 어디에서 그리고 언제 나타날지 예측하는 방법을 학습하는 진공 청소 에이전트는 그렇게 하지 않는 것보다 더 잘할 것이다. (than, that, does, better, one, not)
→ A vacuum-cleaning agent that learns to foresee where and when additional dirt will appear will do _____.

기출 **2** 열대림이 제공하는 생태계 서비스의 경제적 혜택은 시장 혜택보다 헥타르당 3배 이상 크다.
(three, greater, over, per, times, hectare, than)
→ The economic benefits of ecosystem services by tropical forests are _____ the market benefits.

3 인도는 세계에서 두 번째로 인구가 많은 국가로, 인구가 중국 인구에 빠르게 근접하고 있다.
(most, second, the, populous, country)
→ India is _____ in the world, with a population rapidly approaching that of China.

기출 **4** 초기의 목화 농장주들은 자신들의 기계를 가능한 한 오래 가동하기를 원했고, 자신들의 일꾼들에게 매우 긴 시간 동안 일하도록 강요했다. (as, as, possible, running, long)
→ The early cotton masters wanted to keep their machinery _____ and forced their employees to work very long hours.

기출 **5** 부모가 자신의 사랑의 권위를 더 효과적으로 전달할수록 아이는 부모로부터 벗어나 자신만의 삶을 향해 나아갈 수 있다.
(more, the, the, communicate, parents, effectively)
→ _____ their loving authority, the better able he is to move away from them toward a life of his own.

6 한때 공장의 작업 환경은 오늘날 현대 산업에서 용인될 수 있다고 여겨질 것보다 훨씬 더 위험했다.
(be, acceptable, than, considered, would)
→ Working conditions in factories were once far more dangerous _____ today in modern industries.

기출 **7** 향후 수십 년 동안 경제적, 사회적 수요를 충족하기 위해 세계는 현재보다 두 배 이상 많은 곡물이 필요하다.
(twice, grain, as, as, than, much, more)
→ To meet economic and social needs in the next decades, the world needs _____ at present.

C vacuum-cleaning 진공 청소의 foresee 예측하다 hectare 헥타르 machinery 기계 authority 권위 acceptable 용인될 수 있는 grain 곡물

D 독해

[1-2] 다음 글을 읽고, 물음에 답하시오.

> [1] There has been a lot of discussion on why moths are attracted to light. [2] The consensus seems to hold that moths are <u>빛에 끌리는 것이라기보다는 오히려 그들이 갇힌다</u> by them.

(A) [3] Another theory suggests that moths perceive the light coming from a source as a diffuse halo with a dark spot in the center. [4] The moths, attempting to escape the light, fly toward that imagined "portal," bringing them closer to the source.

(B) [5] The light becomes a sensory overload that disorients the insects and sends them into a holding pattern. [6] A hypothesis called the Mach band theory suggests that moths see a dark area around a light source and head for it to escape the light.

(C) [7] As they approach the light, their reference point changes and they circle the light hopelessly trying to reach the portal. [8] Everyone is familiar with moths circling their porch lights. [9] Their flight appears to have no purpose, but they are, it is believed, trying to escape the pull of the light. 기출

*moth: 나방 **consensus: 합의 ***diffuse: 널리 퍼진

수능 유형: 간접 쓰기

1 주어진 글 다음에 이어질 글의 순서로 가장 적절한 것은?

① (A) − (C) − (B)　　　　② (B) − (A) − (C)
③ (B) − (C) − (A)　　　　④ (C) − (A) − (B)
⑤ (C) − (B) − (A)

내신 유형: 서술형

2 위 글의 밑줄 친 우리말을 [조건]에 맞게 영작하시오.

[조건]

1. so, as, not, to, lights, they, are, attract, trap을 활용하되,
   필요한 경우 형태를 바꿀 것
2. 필요한 한 단어를 더해 총 10단어로 쓸 것

→ _____

 [1-2] trap 가두다　sensory 감각의　overload 과부하　disorient 방향을 잃게 하다　holding pattern 제자리 맴돌기, 항공기의 대기 경로　hypothesis 가설
halo 광륜(光輪), 후광　attempt to do ~하려고 애쓰다　portal 입구　reference point 기준점　porch 현관

CHAPTER 11 • 123

[3-4] 다음 글을 읽고, 물음에 답하시오.

¹There are aspects of mobile purchasing you should consider before deciding to check out, especially when it comes to larger purchases. ²Imagine that you want to buy a home and find one you like on a real estate app. ³The reality is, most people are going to search for the home on their mobile phone, then move to the desktop to explore the details as (A) thorough as possible. (①) ⁴On a larger screen, you're more likely to see the little things in photos that would rule this house out for you. (②) ⁵The same concept can be applied to any number of larger purchases. (③) ⁶The phone is a great companion, but (B) large and important the purchase is, the more research you'll want to do. (④) ⁷On such a small screen, the former may strain your thumbs, while the latter may strain your eyes. (⑤) ⁸It's possible that these challenges may discourage you from doing your research.

수능 유형: 간접 쓰기

3 글의 흐름으로 보아, 다음 주어진 문장이 들어가기에 가장 적절한 곳은?

> Doing more research will likely require more typing to search and reading to take in information.

①   ②   ③   ④   ⑤

내신 유형: 어법성 판단

4 위 글의 밑줄 친 (A), (B)를 어법상 알맞은 형태로 고쳐 쓰시오.

(A) _____

(B) _____

ⓓ [3-4] aspect 측면 check out 결제하다 when it comes to ~의 경우 real estate 부동산 explore 살펴보다 rule out ~을 제외하다 companion 동반자 take in ~을 이해하다, 흡수하다 former 전자 strain 무리를 주다 latter 후자 challenge 시험, 도전

CHAPTER

12

특수구문

> **특수구문**
>
> 내용을 보다 효과적으로 전달하기 위해 동격 · 도치 · 강조 구문을 쓰거나 병렬 구조를 사용할 수 있다.
>
> **The fact that many teens struggle with mental health** shows the need for better support systems.
> 많은 십대들이 정신 건강 문제로 고군분투한다는 사실은 더 나은 지원 체계의 필요성을 보여 준다. 〈동격구문〉
>
> **Little did the boys know** that their online comments would spread so quickly.
> 그 소년들은 자신들의 온라인 댓글이 그렇게 빨리 퍼질 줄은 전혀 몰랐다. 〈도치구문〉
>
> **It was** last week **that** the school started a campaign to reduce plastic waste on campus.
> 학교가 캠퍼스에서 플라스틱 쓰레기를 줄이기 위한 캠페인을 시작한 것은 지난주였다. 〈강조구문〉
>
> The CEO **analyzed** the problem, **proposed** a solution, **and executed** the plan.
> 그 CEO는 문제를 분석하고, 해결책을 제안했으며, 계획을 실행했다. 〈병렬구조〉

☑ 동격구문은 앞에 나온 명사에 대해 구체적인 부연 설명을 제공하는 구문으로, 다음과 같은 형태이다.

• N, 명사(구): ~인 N　　• N, or 명사(구): N, 즉 ~　　• N of 명사(구): ~인/~라는 N　　• N+that절: ~라는 N

¹ <u>Stonehenge</u>, <u>the 4,000-year-old ring of stones in southern Britain</u>, / <u>is</u> perhaps the
　　S　　　　=　　　　　　　　　　　　　　　　　　　　　　V
best-known monument in the world. 기출

영국 남부에 있는 4천 년된 고리 모양의 돌인 스톤헨지는 아마도 세계에서 가장 잘 알려진 기념물이다.

² <u>Photosynthesis</u>, <u>or the process</u> [plants use to convert sunlight into energy], / <u>is</u> essential for
　　S　　　　=　　　　　　　　　　　　　　　　　　　　　　　　　　　　　V
life on Earth.

광합성, 즉 햇빛을 에너지로 변환하기 위해 식물이 사용하는 과정은 지구상의 생명체에게 필수적이다.

³ <u>The idea</u> of '<u>control</u>' <u>would be</u> a bothersome one for many peoples. 기출
　　S　　　=　　　　　　V

'통제'라는 개념은 많은 부족에게 성가신 개념일 것이다.

⁴ Sometimes **the awareness** [**that one is distrusted**] / <u>can provide</u> the necessary incentive for
　　　　　　S　　　　=　　　　　　　　　　　　V
self-reflection. 기출

때때로 자신이 불신당한다는 인식은 자기 성찰에 필요한 동기를 제공할 수 있다.

어법　관계절과 동격절을 구별해야 한다.

The fact [**that turned out to be true**] / <u>surprised</u> everyone in the room. 〈관계절: 불완전한 절〉
　　S　↑　　　　　　　　　　　　　V

진실로 밝혀진 사실에 방에 있던 모든 사람들이 놀랐다.

Everyone was surprised by **the fact** [**that she had been lying for months**]. 〈동격절: 완전한 절〉
　　　　　　　　　　　　　　=

그녀가 몇 달 동안 거짓말을 해왔다는 사실에 모두가 놀랐다.

◉ Answers p.58

(STRUCTURE) 다음 문장에서 밑줄 친 말과 동격인 어구를 찾아 밑줄을 긋고, 문장을 해석하시오.

1 The "pro" in protopian stems from <u>the notions</u> of process and progress. 기출

2 The need for a reliable calendar was the motivation for learning about <u>astronomy</u>, the study of stars and planets. 기출

3 <u>Neuroscience</u>, or the scientific study of the nervous system, helps us understand brain functions.

(GRAMMAR) 다음 문장의 네모 안에서 어법상 알맞은 것을 고르시오.

4 A common error in current Darwinian thinking is the assumption | which / that | "selfish genes" are the prime mover in evolution. 기출

---

protopian 프로토피아적인　stem from ~에서 비롯되다　notion 개념　reliable 믿을 수 있는　motivation 동기　astronomy 천문학　neuroscience 신경과학　function 기능
assumption 가정　gene 유전자　prime mover 원동력　evolution 진화

☑ 다음의 표현이 강조를 위해 문두에 오는 경우 주어와 (조)동사의 순서가 바뀌는 도치가 일어날 수 있다.

- 장소나 방향을 나타내는 부사(구)
- 주격보어
- only+부사(구/절)

¹ **On the top of the hill** / stood a beautiful old castle [that overlooked the entire valley].
　　　장소 부사구　　　　　V　　　　　　　　S　　　　　　↑

언덕 꼭대기에는 계곡 전체를 내려다보는 아름다운 오래된 성이 서 있었다.

² **Gone** are the days [when students had to rely solely on textbooks for information].
　　SC　　V　　S　↑

학생들이 교과서에만 의존해 정보를 얻어야 했던 시대는 지났다.

³ **Only when the sun sets and the sky darkens** / do the stars become clearly visible.
　　　　　　　only+부사절　　　　　　　　　조동사　　S　　Ⓥ

해가 지고 하늘이 어두워질 때에만 별이 선명하게 보이게 된다.

● Answers p.58

(STRUCTURE) 다음 문장에서 주어를 <u>모두</u> 찾아 밑줄을 긋고, 문장을 해석하시오.

1 So great was her determination to succeed that no obstacle could stand in her way.

2 Only within the rules of the game of basketball or baseball do the activities of jump shooting and fielding ground balls make sense. 기출

3 Beneath the city streets existed a complex system of tunnels used during the war for secret transportation.

4 Down the street came the parade and down other streets from all directions came the people to watch it.

(GRAMMAR) 밑줄 친 부분이 어법상 옳으면 ○, 틀리면 ×로 표시하고 바르게 고쳐 쓰시오.

5 Only if the weather improves significantly <u>the outdoor event will be</u> held as originally planned.

---

determination 결의　obstacle 장애물　stand in one's way ~을 가로막다　field 수비하다　ground ball 땅볼　tunnel 터널　transportation 수송　originally 원래

☑ 부정어구가 강조를 위해 문두에 오는 경우 주어와 (조)동사의 순서가 바뀌는 도치가 일어날 수 있다.

- no, not, never: ~ 아닌
- little, hardly, rarely, scarcely, seldom: 거의[좀처럼] ~아닌
- neither, nor: (부정문 뒤에서) ~도 아니다

¹**Not a mistake** did the athlete make / during the entire competition, / securing a perfect score.
　　부정어구　　　조동사　　　S　　　Ⓥ
그 운동선수는 경기 내내 단 하나의 실수도 하지 않았고, 그래서 완벽한 점수를 기록했다.

²**Seldom** does the temperature fall below freezing / in this region.
　부정어　　조동사　　　S　　　Ⓥ
이 지역에서는 온도가 영하로 떨어지는 일이 좀처럼 없다.

³He didn't know the answer, / and **neither** did anyone else in the room.
　　　　　　　　　　　　　부정어　　V　　　　S
그는 답을 몰랐고, 방 안의 다른 누구도 답을 알지 못했다.

⁴**Not until the movie ended** / did the audience realize / the hidden message behind the story.
　　　부정어구　　　　　　　조동사　　　S　　Ⓥ
영화가 끝나고 나서야 관객들은 비로소 이야기 속에 숨겨진 메시지를 깨달았다. *not until A+V+S: A하고 나서야 비로소 S가 V하다

⁵**No sooner** did the rain stop / than the children ran outside to play.
　　부정어구　　　조동사　　　S　　Ⓥ
비가 그치자마자 아이들은 놀려고 밖으로 뛰어나갔다. *no sooner A than B: A하자마자 B하다

● Answers p.58

(STRUCTURE) 다음 문장에서 주어에 밑줄을 긋고, 문장을 해석하시오.

1 Not only can regular exercise improve your health, but it can also boost your mood.

2 Rarely had they encountered a problem as complex as the one presented during the meeting.

3 Never before and never since has the quality of monumentality been achieved as fully as it was in Egypt. 기출

4 No sooner had he completed his masterpiece, Julie stepped into the cafe. 기출

(GRAMMAR) 밑줄 친 부분이 어법상 옳으면 ○, 틀리면 ×로 표시하고 바르게 고쳐 쓰시오.

5 Hardly could I keep my eyes open after a long day of work and endless meetings.

improve 개선하다　boost 향상하다　encounter 맞닥뜨리다　complex 복잡한　monumentality 기념비성(장대하고 장엄한 특징)　masterpiece 걸작

UNIT 65 강조구문

☑ 명사나 동사는 다음의 방법으로 강조할 수 있다.
- 〈명사 강조〉 the very+N: 바로 그 N
- 〈동사 강조〉 do[does/did]+ⓥ: 정말로 ~하다

¹**The very features** [that create expertise in a specialized domain] / **lead** to ignorance in many
　S　　　　　　　　　　　　　　　　　　　　　　　　　　　　　　V
others. 기출

전문화된 영역에서 전문 지식을 만들어 내는 바로 그 특징이 많은 다른 영역에서는 무지로 이어진다.

²**I do appreciate** your help with this project, / [even though I may not say it often].
　S　V

내가 자주 말하지는 않을지 모르지만, 이 프로젝트에 대한 당신의 도움이 정말로 감사하다.

☑ 「It is[was] ~ that[who/when/where] …」 구문은 '…하는[했던] 것은 바로 ~이다[였다]'라는 의미를 나타낸다. is[was]와 that 사이에
주어/목적어/부사구/부사절을 넣어 강조할 수 있다.

³**It is** *our choices* / **that** show what we truly are, / far more than our abilities.

우리의 능력보다 우리의 진정한 모습을 보여 주는 것은 바로 우리의 선택이다.

MORE 「가주어(it)-진주어(that절)」 구문과 강조구문을 구별해서 해석해야 한다.

It is necessary **that we follow the safety protocols** / to avoid any accidents in the lab.
S(가주어)　　　　　　　S'(진주어)

실험실 내 사고를 피하기 위해서는 우리가 안전 수칙을 준수하는 것이 필수적이다.

It is *the safety protocols* / **that** we must prioritize in the lab to avoid any accidents.

사고를 피하기 위해서 실험실에서 우리가 우선적으로 지켜야 하는 것은 바로 안전 수칙이다.

❯ Answers p.59

(STRUCTURE) 강조구문에 유의하여 다음 문장을 해석하시오.

1 Safety concerns became too serious, and that was the very reason why they canceled the event.

2 Access to education does foster economic growth as educated people are more likely to create jobs
and innovate.

3 Ideas are worked out as logical implications of other accepted ideas, and it is in this way that cultural
innovations are possible. 기출

4 Like many people, Michael didn't need hours of uninterrupted time, but he did need some! 기출

5 It is this sense of people coming together to achieve a common objective that defines a "team". 기출

---

safety concern 안전 문제　foster 촉진하다　innovate 혁신하다　work out 도출하다　implication 함의　uninterrupted 방해받지 않는　sense 생각　objective 목표
define 정의하다

☑ 등위접속사나 상관접속사는 문법적으로 대등한 말을 연결하여 병렬구조를 만든다.

등위접속사	and (그리고, ~·와) but (그러나, ~이지만) or (또는, ~나)
상관접속사	both A and B (A와 B 둘 다) not only A but (also) B (A뿐만 아니라 B도) (= B as well as A) either A or B (A나 B 둘 중 하나) neither A nor B (A도 B도 아닌) not A but B (A가 아니라 B)

¹ Many cultures invented gods / (to explain these eclipses [that **shocked, frightened,** or **surprised**

them]). 기출
많은 문화권에서는 그들에게 충격을 주거나, 공포를 주거나, 놀라움을 주는 이러한 일식을 설명하기 위해 신을 만들어 냈다.

² In fact, however, / the effects of art are neither **so certain** nor **so direct.** 기출
그러나 사실 예술의 효과는 그렇게 확실하지도, 그렇게 직접적이지도 않다.

> **어법** 상관접속사를 사용한 표현이 주어인 경우, both A and B는 복수 취급하고, 나머지는 모두 B에 동사의 수를 일치시킨다.
> **Both** *hard work* **and** *creativity* **are** essential for success in this project. 노력과 창의력 둘 다 이 프로젝트의 성공에 필수적이다.
> **Not the children but** *the parent* **is supposed** to fill out this form. 자녀가 아닌 부모가 이 양식을 작성해야 한다.

> Answers p.59

STRUCTURE 병렬구조에 유의하여 다음 문장을 해석하시오.

1 Ineffective coaches either believe they have unlimited time or they underestimate how much time they really do have. 기출

2 As far as lovers of art are concerned, they do not look at the movies for imitations of nature but for art. 기출

3 It appears that respecting the rules not only preserves sport but also makes room for the creation of excellence. 기출

GRAMMAR 밑줄 친 부분이 어법상 옳으면 ○, 틀리면 ×로 표시하고 바르게 고쳐 쓰시오.

4 Poor nutrition and lack of exercise can lead to serious health problems, which increase obesity and underline triggering heart disease.

---

underestimate 과소평가하다 imitation 모방 nature 실물 preserve 보존하다 make room for ~할 여지를 만들다 nutrition 영양 obesity 비만 trigger 유발하다

Ⓐ 어법 I 다음 문장의 네모 안에서 어법상 알맞은 것을 고르고, 문장을 해석하시오.

기출 **1** The possibility also exists that / which an unfamiliar object may be useful, so a closer inspection may be worthwhile.

2 Next to the large auditorium that was built in the 19th century a modern gallery stands / stands a modern gallery .

3 Visible from the top of the hill was / were the distant city lights, twinkling brightly against the dark night sky.

4 The president as well as the government officials is / are responsible for ensuring the success of the new policy.

기출 **5** Exercising leadership not only requires you to challenge the organizational status quo but also requiring / requires you to challenge your internal status quo.

6 Marine biology, or / but the study of ocean ecosystems and marine organisms, plays a crucial role in environmental conservation.

Ⓑ 어법 II 다음 문장에서 어법상 <u>틀린</u> 부분을 찾아 밑줄을 긋고 바르게 고쳐 쓰시오.

1 It is only with the heart what one can see rightly; what is essential is invisible to the eye.

기출 **2** Big discoveries are covered in the press, show up on the university's home page, help get grants, and to make the case for promotions.

3 Our family discussed various options, and neither travel by car nor flying seemed suitable for the tight schedule.

4 Physicians use advanced medical technology but makes every effort to maintain the human connection in patient care.

5 The scientists did warned about the dangers of deforestation a few decades ago, yet little action has been taken to prevent it.

기출 **6** The moral questions of taxation are at a very heart of the creation of tax laws.

Ⓐ inspection 살펴봄, 조사 worthwhile 가치 있는 auditorium 강당 visible 보이는 distant 먼 twinkle 반짝이다 ensure 보장하다 status quo 현재 상태 internal 내적인 marine 해양의 organism 생물 crucial 중요한 conservation 보존 Ⓑ invisible 보이지 않는 grant 지원금 promotion 홍보 suitable 적합한 physician 의사 deforestation 삼림 벌채 prevent 막다, 예방하다 moral 도덕적인 taxation 조세

기출 **1** 사람들은 더 이상 영화를 보기 위해 전차를 타고 극장까지 갈 필요가 없었고, 유사한 오락물이 텔레비전을 통해 이용 가능했다. (did, have, one, longer)

→ No _____ to ride the trolly to the theater to watch a movie; similar entertainment was available from television.

기출 **2** 이 과정의 핵심에는 전문직의 자율성 추구와 일반 사회의 (전문직의) 책임에 대한 요구 간의 긴장 상태가 있다. (is, at, of, the heart, this process)

→ _____ the tension between the professions' pursuit of autonomy and the public's demand for accountability.

기출 **3** 서양의 고정관념일 수도 있지만, 정치권력이 강제적인 힘이라는 생각은 보편적인 것이 아니다. (as, of, a coercive force, idea, political power)

→ The _____, while it may be a Western fixation, is not a universal one.

기출 **4** 슈퍼마켓에서 가격은 시시각각 변하지는 않지만, 상품에 대한 수요를 반영하여 시간이 지남에 따라 정말로 변한다. (change, do, over time, they)

→ Although the prices do not change in the supermarket from hour to hour, _____ to reflect the demand for the goods.

5 의료 종사자들은 전 세계 병원을 압도할 유행병의 규모를 거의 예상하지 못했다. (did, anticipate, the, workers, healthcare)

→ Little _____ the scale of the pandemic that would overwhelm hospitals worldwide.

기출 **6** 우리는 다른 사람과 협력할 준비가 되어 태어났지만, 인간 사회에 속해 있을 때에만 우리는 이를 도덕적 행동으로 이해한다. (when, are, in human society, understand, do, we, we)

→ We are born ready to cooperate with others, but only _____ this as moral behaviour.

7 지구 온난화와 환경 파괴를 가속화시킨 것은 바로 화석 연료에 대한 높아진 의존도였다. (that, was, the increased, on fossil fuels, reliance)

→ It _____ accelerated global warming and environmental damage.

ⓒ trolly 전차 available 이용 가능한 tension 긴장 pursuit 추구 autonomy 자율성 accountability 책임 coercive 강제적인 fixation 고정관념 universal 보편적인 reflect 반영하다 demand 수요 anticipate 예상하다 scale 규모 pandemic 유행병 overwhelm 압도하다 cooperate with ~와 협력하다 reliance 의존도 accelerate 가속화하다

CHAPTER TEST

[1-2] 다음 글을 읽고, 물음에 답하시오.

¹There was nothing modern about the idea of men making women's clothes — we saw them doing it for centuries in the past. ²In the old days, however, the client was always primary and her tailor was an obscure craftsman, perhaps talented but perhaps not. ³She had her own ideas like any patron, there were no fashion plates, and the tailor was simply at her service, perhaps with helpful suggestions about what others were wearing. ⁴Beginning in the late nineteenth century, with the hugely successful rise of the artistic male couturier, (A) <u>that</u> was the designer who became celebrated, and the client became elevated by his inspired attention. ⁵In a climate of admiration for male artists and their female creations, the dress-designer first flourished as the same sort of creator. ⁶Instead of the old rule (B) <u>which</u> dressmaking is a craft, a modern connection between dress-design and art was invented that had not been there before. 기출

*obscure: 무명의 **patron: 후원자 ***couturier: 고급 여성복 디자이너

수능 유형: 제목 파악

1 위 글의 제목으로 가장 적절한 것은?

① Top Female Designers Shaping the Future of Global Fashion Trends
② The Rise of Male Designers in Women's Fashion: From Tailors to Artists
③ From Concept to Couture: How Designers Bring Fashion Creations to Life
④ How Designers Merge Innovation and Tradition in Dress Design Masterpieces
⑤ The Growth of Sustainable Fashion: Designers Leading the Eco-Friendly Movement

내신 유형: 어법성 판단

2 위 글의 밑줄 친 (A), (B)를 어법상 알맞은 형태로 고쳐 쓰시오.

(A) _____

(B) _____

D [1-2] modern 현대적인 client 고객 tailor 재단사 craftman 장인 plate 본, 판 celebrated 유명한 elevate 치켜세우다 inspired 영감 어린 climate 분위기 admiration 찬탄, 감탄 flourish 번영하다 craft 공예

[3-4] 다음 글을 읽고, 물음에 답하시오.

¹_____ can be easier if you use a few helpful strategies. ²One effective technique is to associate new information with something familiar, which creates mental connections that are easier to recall. ³Mnemonic devices, such as acronyms or visual images, can also help reinforce these connections. ⁴Writing by hand enhances memory by engaging more cognitive processes compared to typing. ⁵You can either 방해 요소를 줄이는 데 집중하거나 스트레스를 관리하는 방법을 찾는다, both of which improve retention. ⁶Regular physical activity like walking or dancing promotes brain health, which strengthens memory over time. ⁷Learning new skills, like playing an instrument, does the same thing by engaging different parts of the brain. ⁸Repetition is crucial, as it helps move information from short-term memory to long-term storage. ⁹Lastly, getting enough sleep is essential, as it consolidates memories. ¹⁰A combination of these strategies can significantly improve your ability to remember things in daily life.

*mnemonic: 연상 기호의 **acronym: 머리글자

수능 유형: 빈칸 추론

3 위 글의 빈칸에 들어갈 말로 가장 적절한 것은?

① Being creative
② Improving memory
③ Learning languages
④ Acquiring new skills
⑤ Getting good gradess

내신 유형: 서술형

4 위 글의 밑줄 친 우리말을 [조건]에 맞게 영작하시오.

[조건]
1. focus on, reduce, distractions, find, ways to manage stress를 활용하되, 필요한 경우 형태를 바꿀 것
2. 필요한 한 단어를 더해 총 10단어로 쓸 것

→ _____

⒟ [3-4] strategy 전략 associate A with B A와 B를 연관시키다 recall 기억하다, 회상하다 reinforce 강화하다 enhance 향상하다 cognitive 인지적인 distraction 방해 요소 retention 기억력 promote 증진하다 engage 사용하다 repetition 반복 crucial 중요한 storage 저장 consolidate 공고히 하다, 결속하다 significantly 크게

솔리드

구문

실력

필수 구문 학습으로 쉬워지는 수능 독해

정답 및 해설

DARAKWON

솔 리 드

실력

정답 및 해설

DARAKWON

UNIT 01 명사구 주어 I   p.10

1 A fast-moving object can cover more considerable
　　　　　　　S　　　　　　　　V
distances in shorter periods.

빠르게 움직이는 물체는 더 짧은 기간에 상당히 더 많은 거리를 갈 수
있다.
- ▶ 형용사구의 수식을 받아 이루어진 명사구가 문장의 주어 역할을 하
고 있다.

2 A variety of theoretical perspectives provide insight
　　　　　　　　S　　　　　　　　　V
into immigration.

다양한 이론적 관점은 이민에 관한 통찰을 제공한다.
- ▶ 명사 perspectives를 핵으로 하는 명사구가 문장의 주어 역할을 하
고 있다.

3 More than half of the respondents said [people
　　　　　　　　S　　　　　　　　V
should not be allowed to fly drones near people's
homes].

절반이 넘는 응답자가 사람들이 사람들의 집 근처에서 드론을 날리는
것이 허용되지 않아야 한다고 말했다.
- ▶ 명사 respondents를 핵으로 하는 명사구가 문장의 주어 역할을 하
고 있다.

4 Unskilled workers from foreign countries are more
　　　　　　　　S　　　　　　　　V
vulnerable to exploitation and abuse.

외국에서 온 비숙련 근로자들이 착취와 학대에 더 취약하다.
- ▶ 명사 workers를 핵으로 하는 명사구가 문장의 주어 역할을 하고
있다.
- ◑ workers는 형용사 Unskilled의 수식을 받고 전치사 from foreign
countries를 수반하여 명사구를 이루고 있다.

5 정답 • O

Even in the USA, the elderly have difficulty in
　　　　　　　　　　S　　　V
achieving an adequate vitamin intake.

미국에서조차, 고령자들은 충분한 비타민 섭취를 이루는 데 어려움을
겪는다.
- ➡ 「the+형용사」는 '~하는 사람들'이라는 의미를 나타내는 명사구에
해당하므로 문장의 주어로 쓰인 것은 어법상 옳다.
- ▶ 문맥상 '고령자들'이라는 복수 보통명사의 의미를 나타내므로 동사

UNIT 02 명사구 주어 II   p.11

1 To imitate someone is to pay the person a genuine
　　　　　S　　　　　V
compliment.

누군가를 모방하는 것은 그 사람에게 진심 어린 칭찬을 표하는 것이다.
- ▶ to부정사구가 문장의 주어 역할을 하고 있다.

2 Never to be late for appointments is one easy thing
　　　　　　　　　S　　　　　　　V
[you can do to change your life].

약속에 절대 늦지 않는 것은 여러분이 여러분의 삶을 변화시키기 위해
할 수 있는 한 가지 쉬운 일이다.
- ▶ 「부정어+to부정사구」가 문장의 주어 역할을 하고 있다. 부정어는
to부정사의 앞에 놓인다는 것에 유의한다.

3 Speaking with members of the media has
　　　　　　　　S　　　　　　　　V
advantages in getting a message out.

미디어 종사자들과 이야기하는 것은 메시지를 퍼뜨리는 데 이점이
있다.
- ▶ 동명사구가 문장의 주어 역할을 하고 있다.

4 How to retain existing customers has become the
　　　　　　　S　　　　　　　V
main concern of e-commerce websites.

기존 고객들을 유지하는 것은 전자 상거래 웹사이트의 주요 관심사가
되었다.
- ▶ 「의문사+to부정사구」가 문장의 주어 역할을 하고 있다.

5 정답 • Fighting

Fighting against the force of the water was a thrilling
　　　　　　　　S　　　　　　　　V
challenge for Sophia.

물의 힘에 대항해 싸우는 것은 Sophia에게 긴장감 넘치는 도전이었다.
- ➡ was가 문장의 동사이므로 동명사구가 주어 역할을 하도록 동명사
를 써야 한다.

UNIT 03 「명사(구)+수식어구」 주어   p.12

1 The total number of photos submitted is limited to
　　　　　　　　S　　　　　　　　V
four per student.

제출되는 사진의 총 개수는 학생당 4장으로 제한됩니다.
- ▶ 명사구가 과거분사 submitted의 수식을 받으면서 주어를 이루고
있다.

2 The intuitive ability to classify is a useful feature of
　　　　　　　S　　　　　　　V

life and research.

분류하는 직관적인 능력은 생활과 연구의 유용한 기능이다.
- ▶ 명사구가 to부정사 to classify의 수식을 받으면서 주어를 이루고 있다.

3 One of the soft skills necessary for success is
<u>S</u>   <u>V</u>
quality leadership.

성공을 위해 필요한 일부 소프트 스킬 중 하나는 우수한 리더십, 팀 구축, 그리고 갈등 관리 기술을 포함한다.
- ▶ 명사구가 형용사구 necessary for success의 수식을 받으면서 주어를 이루고 있다.

4 The sound waves you produce travel in all
<u>S</u>   <u>V</u>
directions.

여러분이 만들어 내는 음파는 모든 방향으로 이동한다.
- ▶ 명사구가 관계절 you produce(관계사 생략)의 수식을 받으면서 주어를 이루고 있다.

5 정답 • is

The assumption [that what is being studied can
<u>S</u>
be understood in terms of causal laws] is called
<u>V</u>
determinism.

연구되고 있는 것이 인과 법칙의 견지에서 이해될 수 있다는 가정은 결정론이라 불린다.
- ➡ 동격절을 수반한 assumption이 핵이 되는 명사이므로 단수 동사 is를 써야 한다.

UNIT 04 명사절 주어   p.13

1 That honesty is the best policy is a well-known fact
<u>S</u>   <u>V</u>
to those who work in this field.

정직이 최선의 방책이라는 것은 이 분야에서 일하는 사람들에게 잘 알려진 사실이다.
- ▶ 접속사 that이 이끄는 명사절이 문장의 주어 역할을 하고 있다.

2 In economic systems what takes place in one
<u>S</u>
sector has impacts on another.
<u>V</u>

경제 체제에서는 한 부문에서 일어나는 것이 다른 부분에 영향을 미친다.
- ▶ 관계대명사 what이 이끄는 명사절이 문장의 주어 역할을 하고 있다.
- ◐ what은 선행사를 포함하는 관계대명사이므로 다른 관계절과 달리 명사절로 분류한다.

3 Whether or not he wished to accompany them was
<u>S</u>   <u>V</u>

not their concern.

그가 그들을 동반할지 안 할지는 그들의 관심사가 아니었다.
- ▶ 접속사 Whether가 이끄는 명사절이 문장의 주어 역할을 하고 있다.
- ◐ whether가 이끄는 명사절은 문장의 주어로 쓰이지만 같은 의미를 나타낼 수 있는 if가 이끄는 명사절은 주어로 쓰이지 않는다. whether에 흔히 수반되는 or not은 바로 뒤에 또는 절의 끝에 위치한다.

4 Why the incident happened is currently under
<u>S</u>   <u>V</u>
investigation by relevant agencies.

그 일이 발생한 경위는 현재 관련 기관이 조사 중이다.
- ▶ 의문사 Why가 이끄는 명사절(간접의문문)이 문장의 주어 역할을 하고 있다.
- ◐ 간접의문문은 의문문과 달리 「의문사＋주어＋동사」의 어순을 취한다는 점에 유의해야 한다.

5 정답 • O

Whatever you didn't get done today would have to
<u>S</u>   <u>V</u>
be done by you tomorrow.

여러분이 오늘 마무리하지 않은 것은 무엇이든 여러분에 의해 내일 마무리되어야 할 것이다.
- ➡ 복합관계대명사 Whatever가 이끄는 명사절이 문장의 주어 역할을 하고 있으므로 어법상 옳다.
- ◐ 「get＋O＋done」은 '～을 마무리하다, 끝내다'라는 의미를 나타내며, 복합관계대명사 Whatever는 명사절에서 동사 get의 목적어에 해당한다.

UNIT 05 가주어 it   p.14

1 It is possible to be gifted in one aspect without
가주어   진주어
being gifted in others.

한 측면에 재능이 있고 다른 측면에는 재능이 없는 것이 가능하다.
- ▶ to부정사구가 주어로 쓰인 문장을 가주어 It이 이끄는 문장으로 전환한 형태이다.

2 For many years it was thought that there would be
가주어   진주어
"one" cure for cancer.

오랜 세월 동안 암에 '하나의' 치료법이 있을 것이라고 여겨졌다.
- ▶ 접속사 that이 이끄는 명사절이 주어로 쓰인 문장을 가주어 It이 이끄는 문장으로 전환한 형태이다.

3 Decades ago, it was unusual for Earth scientists to
가주어   의미상 주어   진주어
have results that were of interest to the media.

수십 년 전에, 지구 과학자가 미디어에 흥미로운 결과를 내는 것이 드물었다.
- ▶ to부정사구가 주어로 쓰인 문장을 가주어 It이 이끄는 문장으로 전환

한 형태로 for Earth scientists는 to부정사의 의미상 주어를 나타낸다.

○ be동사의 보어로 쓰인 「of+추상명사」는 형용사의 의미를 나타내며, 형용사구에 해당한다. *cf.* of interest = interesting

4 It isn't clear how much preventive work has been
가주어 ——————————— 진주어 ———————————
done to ensure safety.

안전을 보장하기 위해 얼마나 많은 예방 작업이 이루어졌는지는 명확하지 않다.

▶ 의문사 how가 이끄는 명사절(간접의문문)이 주어로 쓰인 문장을 가주어 It이 이끄는 문장으로 전환한 형태이다.

5 정답 • of

It was stupid of you to cross the road without looking
가주어 ———— 의미상 주어 ——— 진주어 ———
left and right.

네가 좌우를 살피지 않고 도로를 건넜다니 어리석었다.

→ stupid는 성격·성향 형용사에 해당하므로 to부정사의 의미상 주어는 「of+목적격」으로 나타내야 한다.

CHAPTER TEST
p.15

A

1 정답 • has

The fragmentation of television audiences has
                          S   V
caused advertisers much concern.

텔레비전 시청자의 분화는 광고주들에게 많은 염려를 초래했다.

→ 명사구 주어에서 핵이 되는 명사는 fragmentation이므로 동사도 단수형을 써야 한다.

2 정답 • Learning

Learning a new language is the best way to learn
         S   V
about another culture.

새로운 언어를 배우는 것은 다른 문화에 관해 배우는 가장 좋은 방법이다.

→ is가 문장의 동사에 해당하므로 동명사구가 주어 역할을 하도록 동명사를 써야 한다.

3 정답 • It

It was discovered that the properties of a material
가주어 ——————— 진주어 ———————
could be altered by heat treatments.

물질의 성질은 열처리에 의해 바뀔 수 있다는 것이 발견되었다.

→ 문맥상 that절의 내용이 진주어에 해당하므로 가주어 It이 문장을 이끄는 것이 적절하다.

4 정답 • were

The injured were immediately taken to nearby
    S   V
hospitals, but some of them are in serious condition.

다친 사람들이 즉각적으로 인근 병원으로 이송되었지만, 그들 중 일부는 심각한 상태이다.

→ 「the+형용사」가 문장의 주어로 쓰였는데, some of them에서 확인할 수 있듯이 문맥상 '~인 사람들'이라는 복수 보통명사의 의미로 쓰였으므로 동사도 복수형이 적절하다.

5 정답 • provides

Sometimes the awareness that one is distrusted
              S
provides the necessary incentive for self-reflection.
   V

때때로 불신되고 있다는 인식이 자성을 위해 필요한 유인을 제공한다.

→ 문장의 주어 the awareness 다음에 접속사 that이 이끄는 동격절이 이어진 후에 문장의 동사를 써야 할 자리이며, awareness의 수에 맞게 단수형이 적절하다.

6 정답 • to build

It is difficult for a researcher to build a theory without
가주어 ——— 의미상 주어 ——— 진주어 ———
sufficient experimental data.

연구자가 충분한 실험 데이터 없이 이론을 구성하는 것은 어렵다.

→ 의미상 주어를 「for+목적격」으로 나타내고 있으므로 진주어로 to부정사를 써야 한다.

B

1 정답 • to be → is

The present rate of human consumption is completely
              S   V
unsustainable.

인간 소비의 현재 속도는 전혀 지속 가능하지 않다.

→ 명사구가 주어로 쓰인 문장에서 동사가 없으므로 to부정사를 동사로 바꿔야 하는데, rate가 핵이 되는 명사이므로 단수형 동사가 적절하다.

2 정답 • for → of

It is thoughtful of them to include a free booklet on
가주어 ——— 의미상 주어 ——— 진주어 ———
how to wash cloth diapers.

그들이 천 기저귀를 세탁하는 방법에 관한 무료 소책자를 포함하다니 사려 깊다.

→ thoughtful은 성격·성향 형용사에 해당하므로 to부정사의 의미상 주어는 「of+목적격」으로 나타내야 한다.

3 정답 • cover → covering

Regulations covering scientific experiments on
    S

human subjects <u>are</u> strict.
　　　　　　　　　V

인간을 대상으로 하는 과학 실험을 다루는 규정은 엄격하다.

→ 문장의 동사는 are이므로 cover를 현재분사로 바꿔서 주어 Regulations를 수식하는 구조를 만들어야 한다.

4 정답 • Taking → Take

<u>Take</u> this opportunity for your child to think about
V
what they love and draw it.

여러분의 자녀가 그들이 무엇을 좋아하는지 생각하고 그것을 그리도록 이 기회를 이용하세요.

→ 동명사구가 주어로 쓰인 형태지만 문장 전체에 동사가 없는 상태이다. 따라서 동명사를 동사원형으로 바꿔 명령문을 만들어야 한다.

5 정답 • Saving not → Not saving

<u>Not saving for retirement</u> <u>can have</u> significant
　　　　　　S　　　　　　　　　V
consequences for your financial well-being in your
later years.

퇴직을 대비해 저축하지 않는 것은 여러분 노년의 재정적 안녕에 커다란 영향을 미칠 수 있다.

→ 동명사구가 부정어를 수반할 때는 「부정어+동명사」의 어순을 취해야 한다.

6 정답 • were → was

<u>That humans evolved from apes</u> <u>was</u> one of the most
　　　　　　　　S　　　　　　　　　　V
controversial aspects of Darwin's theory.

인간이 유인원에서 진화했다는 것은 다윈 이론의 가장 논쟁의 여지가 있는 측면 중 하나였다.

→ 접속사 That이 이끄는 명사절이 주어로 쓰였으므로 동사는 단수형이 되어야 한다.

C

1 <u>How to achieve your goal</u> <u>is</u> as important as the
　　　　　　S　　　　　　V
goal itself.

여러분의 목표를 어떻게 성취하느냐는 목표 그 자체만큼 중요하다.

2 <u>People familiar with the matter</u> <u>say</u> that the
　　　　　　　S　　　　　　　　V
government needs to intervene.

그 문제에 친숙한 사람들은 정부가 개입할 필요가 있다고 말한다.

3 <u>Each actor belonging to a specific economic class</u>
　　　　　　　　　　S
<u>understands</u> what the other sees as a necessity and
V
a luxury.

특정 경제 계층에 속한 각 행위자는 상대방이 무엇을 필수품으로 여기고 무엇을 사치품으로 여기는지 이해한다.

4 It is quite unusual <u>for researchers</u> <u>to change their</u>
　가주어　　　　　　　　　의미상 주어　　　　　　　진주어
<u>methods</u> in the middle of an experiment.

연구자들이 실험 중간에 자신들의 방법을 바꾸는 것은 매우 드물다.

5 A hundred years ago, <u>where one should keep one's</u>
　　　　　　　　　　　　　　　　　　　S
<u>valuables</u> <u>was</u> a really serious problem.
　　　　　　V

백 년 전에는 귀중품을 어디에 보관해야 하는가가 정말 심각한 문제였다.

6 <u>Cells that help your hand muscles reach out</u> to an
　　　　　　　　　　　S
<u>object</u> <u>need</u> to know the size and location of the
　　　　　V
object.

여러분의 손 근육이 한 물체로 뻗도록 돕는 세포는 그 물체의 크기와 위치를 알 필요가 있다.

◑ 불완전자동사로 쓰이는 help의 목적격보어로는 to부정사 또는 원형부정사를 쓰는데, 이 문장은 원형부정사를 썼다.

7 <u>One way to avoid contributing to exaggerating a</u>
　　　　　　　　　　　　　　　　　S
<u>story</u> <u>would be</u> to say nothing.
　　　　V

이야기를 과장하는 데 한몫하는 것을 피하는 하나의 방법은 아무 말도 하지 않는 것일 것이다.

◑ contribute to의 to는 전치사이므로 동명사 exaggerating이 전치사의 목적어로 쓰였다.

D

[1-2]

❺ (Although appearing to be friendly), it is possible
　　└→ 분사구문　　　　　　　　　　　　　가주어
for them to bite or scratch [if they are touched or
의미상 주어　　　　진주어　　　　　└→ 부사절
fed by people].

◑ It은 가주어이고, to부정사구가 진주어이며, for them은 to부정사의 의미상 주어를 나타낸다.

◑ [ ]는 조건을 나타내는 부사절이다.

❼ <u>Included in this</u> <u>is</u> the recommendation [that
　　SC　　　　　V　　　　　　　S
residents refrain from feeding squirrels or any of
the wildlife].

◑ the recommendation that ~ is included in this에서 included in this가 앞으로 도치된 구조의 문장이다.

◑ 문장의 주어 the recommendation이 [ ]로 표시된 동격절을 수반하고 있다.

❾ However, the safety of our residents is of utmost
_____
                                    S₁   V₁   SC₁
importance to us // and we ask that you abide
                         S₂ V₂   O₂
by these guidelines.

- ◐ 두 개의 절이 등위접속사 and로 연결되어 문장을 이루고 있다.
- ◐ 첫 번째 절의 주어에서 핵이 되는 명사는 safety이므로 단수 동사 is가 쓰였다.

❶ 주민 여러분께
❷ 어제 다람쥐가 쓰레기통에서 뛰어오르면서 한 어린이를 할퀴었습니다.
❸ '운동장 근처에서 다람쥐에게 먹이 주기 금지'를 시행하려는 저희의 최선의 노력에도 불구하고, 이 관행이 계속되고 있습니다.
❹ 저희는 모든 주민께 다람쥐는 야생동물임을 상기시켜 드리고자 합니다.
❺ 우호적인 듯 보이지만, 사람들이 만지거나 먹이를 주면 그것이 물거나 할퀼 수 있습니다.
❻ 저희는 모든 주민께 어떤 식으로든 다람쥐(또는 다른 어떤 야생동물)를 상대하지 않도록 요청합니다.
❼ 여기에는 주민들이 다람쥐가 다른 어떤 야생동물에게 먹이를 주는 것을 삼가시라는 권고가 포함됩니다.
❽ 주민과 야생동물의 공동생활이 우리 지역사회의 매력 중 하나입니다.
❾ 하지만, 우리 주민의 안전이 저희에게는 최고로 중요하기에 저희는 여러분께 이 지침을 준수해 주실 겁니다. 요청합니다.
❿ 안녕히 계십시오.
   총괄 관리자 Rick Hayduk 드림

정답 풀이 •

1 정답 • ②
→ 주민들에게 다람쥐로 인해 다친 한 어린이의 이야기를 하면서 안전상의 이유로 다람쥐를 비롯한 야생동물에게 먹이를 주지 않도록 요청하는 내용의 편지글이므로, 글의 목적으로 가장 적절한 것은 ②이다.

2 정답 • for them to bite
→ it은 가주어이므로 진주어 역할을 할 수 있는 어구가 필요한 구조인데, or로 동사원형인 scratch가 연결되고 있으므로 to bite or scratch가 되도록 to부정사를 구성한다. them은 to부정사의 의미상 주어를 나타내도록 for them으로 써야 한다.

[3-4]

❶ [When organizations first consider experimenting
   └→ 부사절
with social media], one of the most common
                                      S
mistakes (made by them) is [that they focus too
                          V   SC
much on social media tools and not enough on
their business goals].

- ◐ 주어의 핵이 되는 명사는 one이므로 단수 동사 is가 쓰였다.
- ◐ 두 번째 [ ]는 동사 is의 주격보어 역할을 하는 명사절이다.

❷ The reality of success in the social web for
_____
                          S
businesses is [that creating a social media
            V   └→ SC
program begins with a thorough understanding
of the organization's own goals].

- ◐ [ ]는 동사 is의 주격보어 역할을 하는 명사절이다. 그 안에서 동명사구 creating a social media program이 명사절의 주어 역할을 하고 있다. 동명사구가 주어이므로 단수 동사 begins가 쓰였다.

❹ "Being in social media" serves no purpose
   _____ _____ _____
             S   V   O
in and of itself.
_____
  부사구
- ◐ 동명사구가 주어로 쓰임에 따라 단수 동사 serves가 쓰였다.

❶ 조직들이 소셜 미디어를 가직 실험하는 것을 처음 고려할 때, 그들에 의해 범해지는 가장 흔한 실수 중 하나는 너무 지나치게 소셜 미디어 도구에 중점을 두고 조직 자체의 사업 목표에는 충분히 중점을 두지 않는 것이다.
❷ 기업들을 위한 소셜 웹에서의 성공의 실체는 소셜 미디어 프로그램을 고안하는 것이 조직 자체의 목표에 대한 철저한 이해와 더불어 시작된다는 것이다.
❸ 소셜 미디어 프로그램은 그저 '다들 하고 있기' 때문에 인기 소셜 네트워크상에서 '존재'를 관리해야 할 막연한 필요의 이행이 아니다.
❹ '소셜 미디어에 있다는 것'은 그 자체로는 아무 쓸모도 없다.
❺ 조금이라도 어떤 쓸모가 있으려면, 소셜 미디어상의 존재는 조직과 조직의 고객을 위해 문제를 해결하거나 어떤 종류의 개선이라는 결과를 가져와야 한다.

정답 풀이 •

3 정답 • ④
→ 조직이 소셜 미디어 프로그램을 고안할 때 소셜 미디어 도구에 중점을 두는 것은 핵심이 아니며, 오직 조직 자체의 목표에 대한 철저한 이해를 기반으로 해야만 문제 해결이나 어떤 종류의 개선을 이룰 수 있다는 내용이므로, 글의 주제로 가장 적절한 것은 ④ '조직의 사업 목표에 토대를 둔 미디어의 활용'이다.
① 소비자 의견 조사 수단으로서의 소셜 미디어
② 소셜 미디어를 자체 개발하고 자체 운영할 필요성
③ 소셜 미디어에서 구체적인 정보를 제공하는 것의 중요성
⑤ 사업 목표와 사회적 가치 둘 다를 추구하는 데 있어서의 어려움

4 정답 • one of the most common mistakes made by them
→ is가 동사이므로 주어 역할을 하는 명사구를 구성해야 한다. '그들에 의해 범해지는'이라는 어구가 '가장 흔한 실수 중 하나'를 수식하는 구조이므로, 전자를 과거분사구 made by them으로 구성하고, 후자를 명사구 one of the most common mistakes로 구성하여 전자가 후자를 수식하도록 한다. 그러면 「명사구＋수식어구(분사구)」 구조의 주어가 된다.

CHAPTER 02 목적어·보어의 이해

UNIT 06 to부정사·동명사 목적어 I   p.20

1 A few species managed **to survive the mass**
    S   V   O
extinction due to their larger brains.

몇몇 종은 그것들의 커다란 뇌로 인해 그 대량 멸종에서 용케도 살아남았다.

- ▶ manage의 목적어로 to부정사구가 쓰였다.
- ➕ manage to-v: 용케도 ~하다, 가까스로 ~하다

2 Dvorak finished **composing his masterwork, the**
    S   V   O
Symphony No. 9 in E minor, in late May 1892.

드보르자크는 자신의 명작, 교향곡 제9번 E 단조의 작곡을 1892년 늦은 5월에 마쳤다.

- ▶ finish의 목적어로 동명사구가 쓰였다.
- ➕ the Symphony No. 9 in E minors는 his masterwork를 부가적으로 설명하는 동격 어구이다.

3 I have always enjoyed **watching birds in my yard**
  S   V   O₁
and **identifying them by sight and sound**.
          O₂

나는 나의 뜰에서 새들을 지켜보고 외양과 소리로 그것들을 식별하는 것을 항상 즐겨왔다.

- ▶ enjoy의 목적어로 두 개의 동명사구가 and로 연결되어 쓰였다.

4 Rosa Park refused **to move to her seat** and **give it**
    S   V   O₁   O₂
to a white passenger.

Rosa Park는 자신이 좌석을 옮겨 그것을 백인 승객에게 주는 것을 거부했다.

- ▶ refuse의 목적어로 두 개의 to부정사구가 and로 연결되어 쓰였는데, 두 번째 to는 생략되었다.

UNIT 07 to부정사·동명사 목적어 II   p.21

1 Don't forget **to bring your tennis shoes and**
        V   O
racquets tomorrow at practice.

내일 연습에 여러분의 테니스화와 라켓을 가져오는 것을 잊지 마세요.

- ▶ forget의 목적어로 to부정사구가 쓰여 '~할 것을 잊다'라는 의미를 나타내고 있다.

2 I'll never forget **meeting you on the hiking trail**,
  S   V   O
[where we shared stories and helped each other
climb to the summit].

나는 등산로에서 당신을 만난 것을 절대 잊지 못할 것인데, 그곳에서 우리는 이야기를 나누고 서로를 도와 정상에 올랐다.

- ▶ forget의 목적어로 동명사구가 쓰여 '~한 것을 잊다'라는 의미를 나타내고 있다.

3 Negotiators should try **to find ways to slice a large**
    S   V   O
issue into smaller pieces, known as using *salami*
tactics.

협상가들은 '살라미 전술'을 사용하는 것으로 알려진, 큰 문제를 더 작은 조각으로 나누는 방법을 찾으려고 노력해야 한다.

- ▶ try의 목적어로 to부정사구가 쓰여 '~하려고 노력하다'라는 의미를 나타내고 있다.

4 [If you want to do some serious thinking], then you'd
                                S V
better try **spending twenty-four hours in absolute**
                                O
solitude.

만약 여러분이 어떤 진지한 생각을 하고자 한다면, 24시간 동안 절대적인 고독 속에서 한 번 지내보는 게 낫다.

- ▶ try의 목적어로 동명사구가 쓰여 '~해 보다'라는 의미를 나타내고 있다.

UNIT 08 명사절 목적어   p.22

1 Do you ever wonder **when the first newspaper was**
      S   V   O
released?

여러분은 최초의 신문이 언제 발간되었는지 궁금해해 본 적이 있는가?

- ▶ wonder의 목적어로 의문사 when이 이끄는 명사절이 쓰였다.

2 We will hire **whoever meets the qualifications for**
    S   V   O
the position, regardless of their background.

저희는 출신 성분에 관계없이 해당 직책의 자격 요건을 충족하는 사람은 누구든지 채용할 것입니다.

- ▶ hire의 목적어로 복합관계대명사 whoever가 이끄는 명사절이 쓰였다.

3 Before making a conclusion, consider **whether other**
                              V   O
plausible options are being ignored or overlooked.

결론을 내리기 전에, 다른 타당해 보이는 선택 사항이 무시되고 있거나 간과되고 있는지 생각해보시오.

- ▶ consider의 목적어로 접속사 whether가 이끄는 명사절이 쓰였다.

4 Healthcare providers should hear **what is said by**
<u>S</u>   <u>V</u>   <u>O</u>
patients about their health concerns.

의료인들은 환자들이 자신들의 건강상 우려에 관해 말하는 것을 들어야
한다.

- ● hear의 목적어로 관계대명사 what이 이끄는 명사절이 쓰였다.

UNIT 09 가목적어 it   p.23

1 I believe it unlikely **that technology will fully replace**
      가목적어   진목적어
human doctors.

나는 기술이 인간 의사를 완전히 대체할 것 같지 않다고 생각한다.

2 Safety issue makes it important **where young**
      가목적어   진목적어
children are seated in a vehicle.

안전 문제는 어린아이들이 차량에서 어디에 앉느냐를 중요하게 만든다.

3 Recent studies make it questionable **whether future**
      가목적어   진목적어
climate targets can be achieved.

최근 연구들은 미래 기후 목표가 성취될 수 있는지를 의심스럽게 만
든다.

4 Centuries ago, people found it difficult **to imagine**
      가목적어   진목적어
how someone could see an object without seeing

what color it is.

수백 년 전에, 사람들은 어떻게 누군가가 한 물체가 어떤 색인지를 보지
않고 그 물체를 볼 수 있는지를 상상하는 것이 어려웠다.

5 정답 • it

We take it for granted **that our parents will always be**
      가목적어   진목적어
there to help us.

우리는 우리의 부모님이 항상 곁에서 우리를 도우리라는 것을 당연하게
여긴다.

- → 문맥상 접속사 that이 이끄는 명사절이 목적어에 해당하므로 목적어
자리에는 가목적어 it을 써야 한다.

UNIT 10 다양한 형태의 주격보어   p.24

1 The security of personal data is **of extreme**
<u>S</u>   <u>V</u>   <u>SC</u>
importance in today's digital age.

오늘날 디지털 시대에는 개인 데이터의 보안이 매우 중요하다.

- ● 「전치사+추상명사」가 is의 주격보어로 사용되었다.

---

2 A well-designed smartphone looks **pleasing** and
<u>S</u>   <u>V₁</u>   <u>SC₁</u>
feels **comfortable** to hold and use.
<u>V₂</u>   <u>SC₂</u>

잘 설계된 스마트폰은 보기에 즐겁고 쥐고 사용하기에 편하다.

- ● 각각 현재분사 pleasing과 형용사 comfortable이 looks와 feels
의 주격보어로 사용되었다.
- ● to hold and use는 comfortable을 수식하는 부사적 용법의 to부
정사이다.

3 The purpose of this activity is **to develop the interest**
<u>S</u>   <u>V</u>   <u>SC</u>
of students in wild birds.

이 활동의 목적은 야생 조류에 관한 학생들의 관심을 개발하는 것이다.

- ● to부정사구가 is의 주격보어로 사용되었다.

4 An environmental myth is **that living "close to**
<u>S</u>   <u>V</u>   <u>SC</u>
nature" out in the country is the best "green"

lifestyle.

환경에 관한 잘못된 통념 하나는 시골로 가서 '자연과 가까이' 사는 것이
최고의 '친환경' 생활방식이라는 것이다.

- ● 접속사 that이 이끄는 명사절이 is의 주격보어로 사용되었다.

5 정답 • O

The first thing you should do is **apply pressure on**
<u>S</u>   <u>V</u>   <u>SC</u>
the wound till it stops bleeding.

여러분이 해야 할 일은 상처가 출혈을 멈출 때까지 그것을 압박하는 것
이다.

- → 주어 The first thing을 수식하는 관계대명사절 you should do 안
에 동사 do가 쓰였으므로, is의 주격보어로 원형부정사 apply가 쓰
인 것은 어법상 옳다.

UNIT 11 부정사 목적격보어   p.25

1 Some cities have required households **to dispose of**
<u>S</u>   <u>V</u>   <u>O</u>   <u>OC</u>
all waste in special trash bags.

일부 도시들은 가정이 특별한 쓰레기봉투에 모든 쓰레기를 처리할 것을
요구한다.

- ● 불완전타동사로 쓰인 require의 목적격보어로 to부정사구가 쓰
였다.

2 A leader should make every member of his team **feel**
<u>S</u>   <u>V</u>   <u>O</u>   <u>OC</u>
important and valuable.

지도자는 자기 팀의 모든 구성원이 중요하고 가치 있다고 느끼도록 해
야 한다.

- ● 사역동사 make의 목적격보어로 원형부정사구가 쓰였다.

3 The witness saw the suspect **enter the warehouse**
　　　　S 　　　V 　　　　O 　　　　　　　　　　OC

through one of its windows.

목격자는 용의자가 창문 중 하나를 통해 창고로 들어가는 것을 보았다.

▶ 지각동사 see의 목적격보어로 원형부정사구가 쓰였다.

4 정답 • O

If you consider all your options and possibility, then

you'd never get anything done.
　　S 　　　V 　　　O 　　　OC

여러분이 여러분의 모든 선택 사항과 가능성을 고려한다면, 그러면 여러분은 결코 아무 일도 이루어지게 하지 못할 것이다.

→ 불완전타동사로 쓰인 get의 목적어와 목적격보어가 수동 관계이므로 목적격보어로 과거분사를 쓴 것은 어법상 옳다.

UNIT 12 분사 목적격보어　　　　　　p.26

1 You can have your smartphone **repaired in our shop**
　　S 　　V 　　　　O 　　　　　　　　　OC

without making an appointment.

고객님은 고객님의 스마트폰을 예약하지 않고도 우리 가게에서 수리받을 수 있습니다.

▶ 사역동사 have의 목적어 your smartphone은 repair가 나타내는 동작의 대상이므로 과거분사구가 목적격보어로 쓰였다.

2 Sally watched Katie **cooking something that looked**
　　S 　　　V 　　　O 　　　　　　　OC

delicious and smelled even better.

Sally는 Katie가 맛있어 보이고 그보다 훨씬 더 좋은 냄새가 나는 뭔가를 요리하고 있는 것을 지켜보았다.

▶ 지각동사 watch의 목적어 Katie는 cook이 나타내는 동작의 주체이므로 현재분사구가 목적격보어로 쓰였다.

3 Stepping into the yard, Tom noticed a horse **tied to a**
　　　　　　　　　　　　　S 　　V 　　O 　　OC

post by the gate.

마당으로 들어서면서, Tom은 말 한 마리가 문 옆 기둥에 묶여 있는 것을 알아챘다.

▶ 지각동사 notice의 목적어 a horse는 tie가 나타내는 동작의 대상이므로 과거분사구가 목적격보어로 쓰였다.

4 Upon returning home, Mrs. Anderson found her
　　　　　　　　　　　　　　　S 　　　　V 　O

jewelry box **lying open on the floor.**
　　　　　　　OC

집에 돌아왔을 때, Anderson 부인은 자신의 보석함이 열린 채 바닥에 놓여 있는 것을 발견했다.

▶ 불완전타동사로 쓰인 found의 목적어 her jewelry box는 lie가 나타내는 동작의 주체이므로 현재분사가 목적격보어로 쓰였다.

---

5 정답 • frustrated

The quest to be the "perfect" parent can leave us
　　　　　　　S 　　　　　　　　　　　V 　　O

frustrated [because there is no such thing].
OC

'완벽한' 부모가 되려는 추구는 그런 것이 없기에 우리를 좌절감을 느낀 채 남아 있게 한다.

→ 불완전타동사로 쓰인 leave의 목적어 us가 느끼는 일시적 감정을 나타내도록 목적격보어로 과거분사를 써야 한다.

 CHAPTER TEST　　　　　　p.27

A

1 정답 • to settle

Getting tired of urban lives, some city dwellers
　　　　　　　　　　　　　　　　　S

decide to settle in the countryside.
　V 　　　　　O

도시 생활에 싫증이 나게 되어, 일부 도시 거주자들은 시골에 정착하기로 결정한다.

→ decide는 동명사와 to부정사 중 오직 to부정사만을 목적어로 취할 수 있다.

2 정답 • standing

When they finished practicing, Joe noticed his father
　　　　　　　　　　　　　　　　S 　　V 　　O

standing in the corner.
OC

그들이 연습을 마쳤을 때, Joe는 자신의 아버지가 구석에 서 계시는 것을 알아챘다.

→ 지각동사 notice의 목적격보어 자리이므로 현재분사를 써야 한다.

3 정답 • if

After first bites, everyone asked if they could hire me
　　　　　　　　　　　S 　　V 　　　　O

to make their Thanksgiving pies!

첫입을 베어 먹은 후, 모든 사람이 나를 고용해 그들의 추수감사절 파이를 만들 수 있는지를 물었다.

→ ask의 목적어 역할을 하는 명사절이 문맥상 '~인지 아닌지'의 의미를 나타내는 것이 적절하므로, 접속사 if가 명사절을 이끌어야 한다.

4 정답 • delivered

A customer [who ordered much later than me] had
　　　　　　　　　　　S 　　　　　　　　　　　　V

her order delivered the same day.
　O 　　　OC

나보다 훨씬 더 늦게 주문한 고객이 그녀의 주문품을 같은 날 배송받았다.

→ 사역동사 have가 쓰였는데, 목적어 her order는 deliver가 나타내는 동작의 대상이므로 목적격보어로 과거분사를 써야 한다.

5 정답 • to save

Do not forget to save your file every now and then (to
     V   O
avoid losing progress).

진척 사항을 잃는 것을 피하도록 여러분의 파일을 이따금 저장하는 것
을 잊지 마세요.

→ '~할 것을 잊다'라는 의미를 나타내려면 forget의 목적어로 to부정
사를 써야 한다.

6 정답 • to gallop

The evolution of a horse's hoof from a five-toed foot
                         S
has enabled the horse to gallop rapidly over open
  V   O   OC
plains.

다섯 개의 발가락이 있는 발에서 말발굽으로의 진화는 말이 탁 트인 평
원을 신속하게 달리는 것을 가능하게 했다.

→ 불완전타동사로 쓰인 enable의 목적격보어로 to부정사를 써야
한다.

Ⓑ

1 정답 • to be → being

I really enjoy being directed toward new music [that I
S   V   O
might not have found by myself].

나는 내가 내 힘으로 발견하지 못했을 새로운 음악으로 인도되는 것을
진정으로 즐긴다.

→ enjoy는 동명사와 to부정사 중 오직 동명사만을 목적어로 취할 수
있다.

◉ 문맥상 주어 I가 direct가 나타내는 동작의 주체가 아니라 대상에 해
당하므로 동명사는 「being+p.p.」의 수동형이 되었다.

◉ that 이하는 new music을 수식하는 관계대명사절이다.

2 정답 • they → them/their

Elizabeth was very grateful for them/their taking care
                      전치사   의미상 주어   전치사의 목적어
of her sick father during her absence.

Elizabeth는 자신이 부재 중일 때 그들이 자신의 병든 아버지를 돌보아
준 것에 대해 매우 고마워했다.

→ 전치사 for의 목적어로 쓰인 동명사구의 의미상 주어를 나타내야 하
므로 주격 they를 목적격 them 또는 소유격 their로 바꿔야 한다.

3 정답 • fascinated → fascinating

Colorful shadows will make your presentation
           S   V₁   O₁
fascinating and will add extra emotion.
  OC₁   V₂   O₂
다채로운 음영은 여러분의 발표물을 매혹적으로 만들고 별도의 감정을
추가할 것이다.

→ 목적어 your presentation의 특성을 나타내도록 현재분사
fascinating으로 바꿔야 한다.

4 정답 • missed → to miss

A serious wrist injury caused the basketball player to
            S   V   O
miss the rest of the season.
 OC

심각한 손목 부상이 그 농구 선수가 잔여 시즌을 놓치는 원인이 되었다.

→ 불완전타동사로 쓰인 cause는 목적격보어로 to부정사를 취해야
한다.

5 정답 • to take → taking

My grandfather still remembers taking my mother to
      S   V   O
this aquarium [when she was were young]!

나의 할아버지는 나의 어머니가 어렸을 때 그녀를 이 수족관에 데려온
것을 여전히 기억하신다.

→ remember의 목적어가 과거에 있었던 일을 나타내도록 동명사로
고쳐야 한다.

6 정답 • see → to see

Localized brain damage may make it possible for the
         S   V   가목적어 OC   의미상 주어
patient to see certain aspects of an object and not
                진목적어
others.

국부 뇌 손상은 환자가 사물의 어떤 측면은 보고 다른 측면은 보지 못하
는 것을 가능하게 할지도 모른다.

→ 「find+가목적어+OC(difficult)+의미상 주어(for the patient)」 다
음에 진목적어 역할을 하는 어구가 필요하므로 to부정사로 바꿔야
한다.

Ⓒ

1 The lecture will help **our teachers manage**
     S   V   O   OC
successful online classes.

이 강의는 우리의 선생님들이 성공적인 온라인 강좌를 관리하는 것을
도울 것입니다.

2 Science teachers should not let **some experiments**
      S   V   O
be performed by students.
  OC
과학 교사들은 일부 실험이 학생에 의해 수행되도록 하지 말아야 한다.

3 These days many people have **their items stolen**
               S   V   O   OC
from their shopping carts while at a supermarket.

요즘 많은 사람이 슈퍼마켓에 있는 동안 쇼핑 카트에서 그들의 물건을
도난당한다.

4 Each event allows **the student to examine the**
    S   V   O   OC
concept from a different perspective.

각 사건은 학생이 그 개념을 다른 관점에서 살펴보도록 해준다.

5 What you first have to do is get many users to visit your website.
<u>S</u> <u>V</u> <u>SC</u>

여러분이 먼저 해야 할 것은 많은 사용자가 여러분의 웹사이트를 방문하게 하는 것이다.

6 Grazing makes it impossible for wild animals to compete for food.
<u>S</u> <u>V</u> <u>가목적어</u> <u>OC</u> <u>의미상 주어</u> <u>진목적어</u>

방목은 야생 동물들이 먹이를 위해 경쟁하는 것을 불가능하게 만든다.

7 The pressure from the police resulted in them agreeing to provide necessary information.
<u>S</u> <u>V</u> <u>의미상 주어</u> <u>전치사의 목적어</u>

경찰로부터의 압력은 그들이 필요한 정보를 제공하는 것에 동의하는 결과를 낳았다.

Ⓓ

[1-2]

❶ [Because plants tend to recover from disasters
└ 부사절
more quickly than animals], they are essential to
<u>S</u> <u>V</u> <u>SC</u>
the revitalization of damaged environments.

  ▸ [ ]는 이유의 부사절이다. 부사절에서는 tend의 목적어로 to부정사구가 쓰였고, 주절에서는 are의 주격보어로 형용사가 쓰였다.

❻ [If meristems are not damaged during disasters],
└ 부사절
plants can recover and ultimately transform the
<u>S</u> <u>V1</u> <u>V2</u>
destroyed or barren environment.
<u>O</u>

  ▸ [ ]는 조건의 부사절이다.
  ▸ 주절에서는 and에 의해 두 개의 동사원형이 연결되어 조동사 can에 이어지고 있다.

❼ As an example of this phenomenon on a smaller scale, / we see a tree (struck by lightning) form
<u>S</u> <u>V</u> <u>O</u> <u>OC</u>
new branches [that grow from the old scar].

  ▸ ( )는 목적어인 a tree를 수식하는 과거분사구이다.
  ▸ [ ]는 new branches를 수식하는 관계대명사절이다.

❶ 식물은 동물보다 더 빨리 재해로부터 회복하는 경향이 있으므로, 훼손된 환경의 소생에 필수적이다.
❷ 왜 식물에 재해로부터 회복할 수 있는 이런 특혜적인 능력이 있을까?
❸ 그것은 대체로 식물이 동물과 달리 생애 주기 내내 새로운 장기와 조직을 생성할 수 있기 때문이다.
❹ 이러한 능력은 식물의 분열조직 활동의 결과인데, (분열조직은) 뿌리와 싹에 있는 미분화 세포 부분이다.
❺ 그것은 특정 신호에 반응하여 새로운 세포 조직과 기관으로 분화할 수

있다.
❻ 재해 동안 분열조직이 손상되지 않으면, 식물은 회복할 수 있어서 궁극적으로 파괴되거나 황량한 환경을 변화시킬 수 있다.
❼ 이러한 현상의 더 작은 규모의 사례로서, 우리는 벼락을 맞은 나무가 오래된 상처에서 자라나는 새로운 가지를 형성하는 것을 보게 된다.

정답 풀이 •

1 정답 • ③
  → 식물은 재해로부터 더 빨리 회복하는 경향이 있는데, 그 이유는 식물의 분열조직이 새로운 세포 조직과 기관으로 분화하기 때문으로, 벼락을 맞은 나무가 새로운 가지를 형성하는 것이 그 예가 된다는 내용의 글이다. 따라서 빈칸에 들어갈 말로 가장 적절한 것은 ③ '새로운 장기와 조직을 생성할'이다.
    ① 적으로부터 자기를 보호할
    ② 한 장소에 움직이지 않고 남을
    ④ 거의 무한한 횟수로 번식할
    ⑤ 서로 영양물을 주고받을

2 정답 • (c) → is resulted, (e) → form
  → (c): result는 완전자동사이므로 목적어를 취하지 않으며, 또한 수동태로 쓸 수 없다.
    (e):지각동사 see의 목적격보어로 목적어 a tree struck by lightning이 form이 나타내는 동작의 주체이므로 원형부정사 form으로 고쳐야 한다.
    (a): are의 주격보어 역할을 하는 형용사이므로 어법상 옳다.
    (b):this preferential ability를 수식하는 형용사적 용법의 to부정사이므로 어법상 옳다.
    (d):조동사 can 다음에 recover와 and에 의해 연결되는 동사원형에 해당하므로 어법상 옳다.

[3-4]

❷ They make it possible for neurons to do their job
<u>S</u> <u>V</u> <u>가목적어</u> <u>OC</u> <u>의미상 주어</u> <u>진목적어</u>
effectively.

  ▸ 「동사+가목적어+목적격보어+의미상 주어+진목적어」의 구조로 된 문장이다.

❹ Other glia are mobile, [which allows them to
└ 관계절 <u>V'</u> <u>O'</u> <u>OC'</u>
move to a location {where neurons have been
└ 관계절
damaged to clean up debris}].

  ▸ 첫 번째 [ ]는 앞 절의 내용을 부가적으로 설명하는 내용의 관계절이고, 그 안의 { }는 선행사 a location을 수식하는 관계절이다.

❼ Then these drugs can help manage a wide range
<u>S</u> <u>V</u> <u>O</u>
of mental health issues, including depression
and anxiety.

  ▸ help의 목적어로 원형부정사구가 쓰였다.
  ▸ including 이하는 '~을 포함하여'라는 의미를 나타내는 전치사구이다.

❶ 뉴런이 신경계 팀의 스타 선수라면, 신경교질은 트레이너이자 코치이자 점수 기록원이다.

❷ 그것은 뉴런이 그것의 일을 효과적으로 하는 것을 가능하게 만든다.

❸ 일부 신경교질('접착제'를 뜻하는 그리스 말에서 옴)은 뉴런에 구조적 세포간질을 제공하여, 뉴런이 제자리에 미물도록 확실히 해준다.

❹ 다른 신경교질은 이동성인데, 이는 그것들이 부스러기를 치우느라 뉴런이 훼손된 지점으로 이동할 수 있도록 해준다.

❺ 신경교질은 신경계를 보좌하는 혈관과 단단한 연결을 구성한다. 이는 혈액 속에서 순환하는 많은 독성 물질이 뉴런이 해를 입을 수 있는 뇌 조직으로 빠져나가는 것을 방지하는 혈액-뇌 장벽을 형성한다.

❻ 향정신성 약물은 정의상 이 혈액-뇌 장애물을 쉽게 침투하는 능력이 있는 물질이다.

❼ 그러면 이 약물은 우울증과 걱정을 포함하여 광범위한 정신 건강 문제를 다루는 데 도움을 줄 수 있다.

정답 풀이 •

3 정답 • ④

→ 주어진 문장은 This를 주어로 하여 혈액-뇌 장벽을 만들어 혈액 속의 독성 물질이 뇌로 빠져나가는 것을 방지한다는 내용이다. 따라서 앞에는 이것이 가능할 수 있는 조건, 즉 신경교질과 혈관의 단단한 연결을 언급하는 내용이 있어야 하고, 뒤에는 혈액-뇌 장벽과 관련한 내용이 있어야 하므로, 주어진 문장이 들어가기에 가장 적절한 곳은 ④이다. 주어진 문장의 This는 단단한 연결을 구성하는 것을 가리키고, ④ 다음 문장의 this obstacle은 주어진 문장의 a blood-brain barrier를 대신한다는 점이 중요한 단서가 된다.

4 정답 • make it possible for neurons to do

→ 「동사+가목적어+목적격보어+의미상 주어+to부정사」의 순서로 배열하여 '~가 …하는 것을 가능하게 만든다'라는 의미를 나타내도록 한다.

CHAPTER 03 시제 / 태

UNIT **13** 현재완료 p.32

1 The train has left the station // and some people are still standing on the platform.

열차는 역을 떠났는데 몇몇 사람이 여전히 승강장에 서 있다.

◉ 현재완료가 '(이미) ~했다'라는 의미를 나타내고 있다.

2 In total, 24 astronauts have been to the moon // and 12 have walked upon its surface.

모두 합쳐서, 24명의 우주비행사가 달에 가 본 적이 있고 12명은 달 표면을 걸어본 적이 있다.

◉ 현재완료가 '~해 본 적이 있다'라는 의미를 나타내고 있다.

3 Over the past few decades, / architecture as an idea has increasingly limited its definition of itself.

지난 수십 년에 걸쳐, 하나의 아이디어로서 건축은 점점 그것에 대한 그 자체의 정의를 제한해 왔다.

◉ 현재완료가 '~해 왔다'라는 의미를 나타내고 있다.

4 Contemporary news construction has come / to rely on an increased use of faster editing tempos.

현대의 뉴스 구성은 더 빠른 편집 속도의 사용 증가에 의존하게 되었다.

◉ 현재완료가 '~했다'라는 의미를 나타내고 있다.

5 정답 • won

At the 1952 Olympic Games in Helsinki, / Emil Zátopek, a Czech athlete, won three gold medals.

1952년 헬싱키 올림픽 게임에서, 체코 운동선수 Emil Zátopek가 세 개의 금메달을 땄다.

→ 1952년이라는 명백한 과거 시점을 나타내는 표현이 있으므로 과거 시제를 써야 한다.

UNIT **14** 과거완료 / 미래완료 p.33

1 Camila relaxed only / [when Hailey had placed the cake safely on the party table].

Camila는 Hailey가 파티 테이블에 케이크를 안전하게 올려놓았을 때야 긴장을 풀었다.

◉ 주절의 동사 relaxed가 나타내는 시점보다 더 앞서 일어난 일을 나타내도록 과거완료를 썼다.

2 [If you have finished your essay], / check it for spelling and grammar mistakes.

글쓰기를 마치면, 철자와 문법 오류에 대해 그것을 점검하시오.

◉ 미래에 완료될 일을 나타내지만 접속사 if가 이끄는 조건의 부사절에 쓰였으므로 미래완료가 아니라 현재완료를 썼다.

3 By May 10, the expedition will have reached its destination, / [assuming everything goes as planned].

5월 10일경에, 원정대는 모든 것이 계획대로 된다고 가정했을 때 그것의 목적지에 도달할 것이다.

◉ 미래에 완료될 일을 나타내므로 「will have p.p.」 형태의 미래완료를 썼다.

4 He had expected to see some historical monuments, // but now he saw nothing like that awaiting him.

그는 어떤 유서 깊은 유적을 볼 것으로 기대했으나 지금 그는 그런 것은 하나도 자신을 기다리지 않는 것을 보았다.

● 첫 번째 절이 기술하는 내용은 두 번째 절의 동사 saw가 기술하는 내용보다 더 앞선 시점의 일이므로 과거완료를 썼다.

5 정답 • had

Our troops had scarcely deployed / [when the enemy opened fire with machine gun].

우리 부대가 전개하기가 무섭게 적군이 기관총으로 발포했다.

→ 「had scarcely p.p. ~ when 과거시제 …」를 써서 '~하자마자 ~했다'라는 의미를 나타내야 한다. 부대가 전개한 것이 먼저 일어난 일이고 적군이 발포한 것이 나중의 일이므로, 전자는 과거완료, 후자는 과거시제로 표현한 것에 유의한다.

● 접속사 when이 이끄는 시간의 부사절에 과거시제가 쓰였으므로 현재완료는 쓸 수 없다.

● hardly나 scarcely는 부정적 의미를 나타내는 부사이므로, 위 표현은 흔히 도치문으로 쓰인다. → Scarcely had our troops deployed when ~.

UNIT 15 완료진행형   p.34

1 Jonas had been looking forward to the field trip / since the beginning of this semester.

Jonas는 이 학기 시작 이후로 그 현장 학습을 고대해오고 있었다.

2 These people have been volunteering / at local hospitals for over a decade.

이 사람들은 지역 병원에서 10년 넘게 자원봉사 활동을 하고 있다.

3 The marathon runners will have been running for more than two hours / [when they cross the finish line].

마라톤 주자들은 결승선을 통과할 때 두 시간 넘게 달리고 있게 될 것이다.

4 I sent the service representative several text messages, // but he has not been replying for three days.

나는 그 고객 서비스 담당 직원에게 여러 문자 메시지를 보냈지만, 그는 3일째 답을 하지 않고 있다.

5 정답 • ✕, has owned

The royal family has owned this property / for eight generations, more than 200 years.

그 왕족이 이 부동산을 여덟 세대, 200년도 넘게 이 부동산을 소유해 왔다.

→ 소유를 나타내는 동사 own은 진행형 또는 완료진행형으로 쓸 수 없으므로, 현재완료로 바꿔야 한다.

UNIT 16 3형식·4형식 문장의 수동태   p.35

1 The two-tier cake was made for the bride and groom / and cupcakes for the guests.

2단 케이크가 신부와 신랑을 위해, 컵케이크는 손님들을 위해 만들어졌다.

● They made the two-tire cake for ~.가 과거시제의 수동태로 전환된 형태가 된다.

● cupcakes 뒤에 were made가 생략되어 있다.

● 능동태 문장의 주어 They는 굳이 명시할 필요가 없고 또 불분명할 수 있으므로 수동태로 전환하는 것이 바람직한 문장이다.

2 The visitors will be shown the structure and functions of our institution.

방문객들은 우리 기관의 구조와 기능을 안내받을 것입니다.

● We will show the visitors the structure ~.가 미래시제의 수동태로 전환된 형태가 된다.

3 Questions of morality are often pushed to the side in legislative debate.

도덕성에 관한 질문은 종종 입법 토론에서 옆으로 밀려난다.

● We often push questions of morality to the side ~.가 현재시제의 수동태로 전환된 형태가 된다. 수동태에서 부사는 be동사와 과거분사 사이에 놓인다.

4 The popularization of science would be greatly enhanced / by improving the widespread images of the scientist.

과학의 대중화는 과학자에 대한 널리 퍼진 이미지를 개선함으로써 크게 향상될 것이다.

● We would greatly enhance the popularization of science by improving ~.이 조동사가 결합된 수동태로 전환된 형태이다.

5 정답 • (A) The microphone (B) me

The microphone was passed to me by her.

그녀가 내게 마이크를 건넸다.

→ was passed 뒤의 전치사 to로 보아 직접목적어를 주어로 하는 수동태 문장을 구성해야 한다.

UNIT 17 5형식 문장의 수동태　　　　p.36

1 The coach was left **embarrassed** / by the worst performance of his team.

감독은 자기 팀의 최악의 경기력에 당혹스러운 상태로 남아있었다.
- leave가 불완전자동사로 쓰인 문장이 수동태로 전환된 형태로, 과거분사 목적격보어가 수동태 동사 다음에 위치한다.

2 A *joint cognitive system* is often called a *mixed team* / [because it is a mixture of human and robot agents].

'결합 인지 시스템'은 흔히 '혼합팀'이라고 불리는데, 그 팀이 인간 행위자와 로봇 행위자가 혼합체이기 때문이다.
- call이 불완전자동사로 쓰인 문장이 수동태로 전환된 형태로, 명사구 목적격보어가 수동태 동사 다음에 위치한다.

3 Names are considered **sacred** in Indonesia, // so pronouncing them correctly is very important.

인도네시아에서 이름은 신성하게 여겨지므로, 이름을 정확하게 발음하는 것은 매우 중요하다.
- consider가 불완전자동사로 쓰인 문장이 수동태로 전환된 형태로, 형용사 목적격보어가 수동태 동사 다음에 위치한다.

4 The film *La Grande Illusion* was enormously successful, // but it was not allowed **to show** in Germany.

영화 *La Grande Illusion*은 대단히 성공적이었지만, 독일에서는 상영되는 것이 허용되지 않았다.
- allow가 불완전자동사로 쓰인 문장이 수동태로 전환된 형태로, to부정사 목적격보어가 수동태 동사 다음에 위치한다.

5 정답 • to live

Since then, / many wild animals have been made / to live free in the wild in the forests.

그때 이후로 많은 야생 동물이 숲속 야생에서 자유롭게 살게 되었다.
→ 사역동사 make가 쓰인 문장의 원형부정사 목적격보어는 수동태 문장에서 to부정사로 전환되어야 한다.

UNIT 18 유의해야 할 수동태　　　　p.37

1 Abilities such as empathy, communication, // and toolmaking are said to "make us human."

공감, 의사소통, 도구 제작 같은 능력이 '우리를 인간으로 만드는 것'이라고 한다.
- People say that abilities such as empathy, communication, and toolmaking "make us human."에서 that절의 주어를 수동태로 전환한 형태가 되도록 한다. that절의 주어가 수동태 문장의 주어로 쓰이면 that절의 술어는 to부정사가 된다는 점에 유의한다.
- 위 문장은 It is said that abilities such as empathy, communication, and toolmaking "make us human."의 수동태 문장으로도 쓸 수 있다.

2 Social ills can be done away with / [when the society is an educated one].

사회악은 사회가 교양 있는 사회일 때 제거될 수 있다.
- 구동사 do away with가 수동태로 전환될 때, 동사 이외의 부분이 누락되지 않도록 유의한다.

3 The model (based on this theory) / has been paid attention to / by scholars in this field / for the past two decades.

이 이론에 기반한 모델은 이 분야 학자들에 의해 지난 20년 동안 주목받아 왔다.
- 구동사 pay attention to가 수동태로 전환될 때, 동사 이외의 부분이 누락되지 않도록 유의한다.

4 It might be thought [that, (as they grow towards adolescence), people give up childhood play], // but this is not so.

청소년기로 성장함에 따라 사람들이 유년기 놀이를 포기한다고 여겨질 수도 있지만, 이것은 그렇지 않다.
- People might think that, as ~.가 가주어 it이 이끄는 수동태 문장으로 전환된 형태이다.

5 정답 • O

Holidays are thought of / as a time of sharing, family, and celebration.

휴일은 나눔, 가족, 그리고 기념의 시간으로 여겨진다.
→ 「think of A as B」를 수동태로 전환하면 「A be thought of as B」의 형태가 되므로 어법상 옳다.

UNIT 19 준동사의 수동형과 완료형　　　　p.38

1 Planting trees had the additional advantage / of being regarded as a patriotic act.

나무를 심는 것은 애국적인 행위로 여겨지는 추가적인 이점이 있었다.
- '~로 여겨짐'이라는 수동적 의미를 나타내기 위해 「being p.p.」의

수동형 동명사를 썼다.

2 The key component skills in an expert's domain / tend to be highly practiced.

한 전문가 영역의 핵심 구성 요소가 되는 기술은 고도로 연습되는 경향이 있다.
- ▶ '고도로 연습됨'이라는 수동적 의미를 나타내기 위해 「to be p.p.」의 수동형 to부정사를 썼다.

3 People post / [because they have something to say / and want to be recognized for having said it].

사람들은 할 말이 있으므로, 그리고 그 말을 한 것에 대해 인정받기를 원하므로 자료를 올린다.
- ▶ '그 말을 한 것'이라는 과거의 일을 나타내기 위해 「having p.p.」의 완료형 동명사를 썼다.

4 The local merchants are known / to have dominated the commerce of the Balkan Peninsula.

지역 상인들이 발칸반도의 상업을 지배했었다고 알려져 있다.
- ▶ 동사 are known이 나타내는 일보다 시간상 더 앞선 일을 나타내도록 「to have p.p.」의 완료형 to부정사를 썼다.

5 정답 • selected

We are very proud of having been selected / as one of the 50 companies (preferred by university students).

우리는 대학생들이 선호하는 50대 기업의 하나로 선택된 것에 대해 매우 기쁩니다.
- → 문맥상 주어 We는 select가 나타내는 동작의 대상이므로 수동형 동명사가 필요하고, 또한 select는 문장의 동사 are가 나타내는 시점보다 더 앞선 시점의 일을 나타내므로 완료형 동명사도 필요하다. 따라서 완료수동형 동명사 「having been p.p.」의 형태가 되어야 한다.

 CHAPTER TEST p.39

A

1 정답 • is considered

Emil Zátopek, a former Czech athlete, is considered / one of the greatest long-distance runners ever.

전 체코 운동선수인 Emil Zátopek은 지금까지의 가장 위대한 장거리 선수 중 한 명으로 여겨진다.
- → 문맥상 '~로 여겨지다'라는 의미를 나타내는 것이 자연스러우므로

수동태가 적절하다.

2 정답 • being assigned

Each participant had an equal chance / of being assigned to either the experimental group or the control group.

각 참가자는 실험군 또는 대조군 중 하나에 배정되는 동등한 기회를 얻었다.
- → assign은 '배정하다'라는 의미의 완전타동사이므로 '배정되는 것'이라는 수동적 의미를 나타내도록 수동형 동명사가 적절하다.

3 정답 • died

This species died out / toward the close of the last glaciation about 11,000 years ago, / like mammoths and American mastodons.

이 종은 약 1만1천 년 경 마지막 빙하기가 끝날 무렵에 매머드나 마스토돈처럼 사멸했다.
- → about 11,000 years ago라는 과거 시점을 나타내는 부사구가 있으므로 과거시제가 적절하다.

4 정답 • had

The police had hardly shouted a warning / [when the bank robbers shoot their guns].

경찰이 소리를 질러 경고하자마자 은행 강도들이 총을 쏘아댔다.
- → 「had hardly p.p. ~ when 과거시제 …」를 써서 '~하자마자 ~했다'라는 의미를 나타내도록 과거완료를 구성하는 had가 적절하다.

5 정답 • practicing

[When Master Brooks came], / the band had been practicing a melody [he had never heard before].

Master Brooks가 왔을 때, 그 밴드는 그가 한 번도 들어 본 적이 없는 멜로디를 연습하고 있었다.
- → a melody가 practice의 목적어이므로 과거완료진행형이 되도록 현재분사를 써야 한다. practiced를 쓰는 경우 과거완료 수동태가 되므로 어법상 틀린 문장이 된다.

6 정답 • helpless

There are times [when people are made helpless / by situations beyond their control].

사람들이 그들의 통제력을 넘어서는 상황에 의해 무력하게 될 때가 있다.
- → Situations ~ make people helpless가 수동태로 전환된 형태이므로 형용사가 적절하다.

1 정답 • to have evolved

These single-celled organisms were found / to have evolved before multicelled organisms.

이 단세포 유기체는 다세포 유기체 전에 진화한 것이 발견되었다.

→ were found가 나타내는 시점보다 더 이전에 일을 나타내야 하므로 to evolve를 「to have p.p.」의 완료형 to부정사로 바꿔야 한다.

2 정답 • has possessed

My grandmother has possessed this old copper kettle / for over thirty years.

나의 할머니는 이 오래된 구리 주전자를 30년 넘게 소유하고 계신다.

→ possess는 소유의 의미를 나타내는 동사로 (완료)진행형을 쓸 수 없으므로, 현재완료진행형을 현재완료로 바꿔야 한다.

3 정답 • to be invited

Our team expected to be invited as a matter of course, / but got no notification from the competition organizer.

우리 팀은 마땅히 초대될 것으로 기대했지만, 대회 주최자로부터 통지를 받지 못했다.

→ 문맥상 주어인 Our team이 대회에 초대되는 것이 적절하므로 to부정사를 수동형으로 바꿔야 한다.

4 정답 • replacing

Humans have been replacing diverse natural habitats / with artificial monoculture for millennia.

인간은 다양한 자연 서식지를 수천 년간 인위적인 단일 경작을 대체하고 있다.

→ diverse natural habitats가 replace의 목적어이므로 현재완료진행형이 되도록 현재분사를 써야 한다.

5 정답 • to clap

Some attendees at the meeting were heard clap and cheer / [when the special guest appeared].

그 특별 초청 손님이 나타나자 일부 회의 참석자들이 손뼉을 치고 환호하는 소리가 들렸다.

→ People heard some attendees at the meeting clap and cheer ~.가 수동태로 전환된 형태이므로 원래의 원형부정사 clap을 to부정사 to clap으로 고쳐야 한다. cheer는 and로 연결되므로 to를 생략한다.

6 정답 • have completed

[When they will have completed their coursework], /

they graduate from their program and work in the community.

그들이 그들의 학습 과정을 완료했을 때, 그들은 그 프로그램을 졸업하고 지역 사회에서 일한다.

→ 접속사 When이 이끄는 시간의 부사절이므로, 미래의 어느 시섬에서 완료될 일을 나타내는 미래완료 대신 현재완료를 써야 한다.

1 In this sense / 'nature' can be seen to have a self-regulating / but not necessarily stable dynamic.

이런 의미에서 '자연'은 자기 조절적이지만 꼭 안정된 것은 아닌 역학을 가지고 있는 것으로 보일 수 있다.

◉ 지각동사 see가 수동태로 쓰인 문장을 구성한다. 능동태 문장에서는 원형부정사인 목적격보어 have를 to부정사로 바꾼다는 점에 유의한다.

2 According to the residents, / the authorities have been constructing the bridge for years, / with no significant progress.

주민들에 따르면, 정부 당국이 여러 해 동안 그 다리를 건설하고 있는데, 별 진전은 없다고 한다.

◉ 특정 기간 동안 지속되어 왔고 지금도 진행 중인 일을 나타내도록 「have been v-ing」의 현재완료진행형으로 구성하고 the bridge는 constructing의 목적어로 사용한다.

3 Excessive specificity may result / in information (from outside the domain) being underestimated.

과도한 특정성은 그 영역 밖으로부터의 정보가 과소평가되는 결과를 낳는다.

◉ 전치사 in의 목적어로 동명사를 구성하되 '과소평가됨'이라는 수동적 의미를 나타내도록 「being p.p.」의 수동형 동명사를 사용한다. '그 영역 밖으로부터의 정보'는 동명사의 의미상 주어가 되는데, information이 from outside of the domain의 수식을 받는다.

4 Fundamentally / manufacturing is thought of / as a process [that turns raw materials into physical products].

기본적으로 제조는 원료를 물리적 제품으로 바꾸는 과정으로 여겨진다.

◉ 「think of A as B」가 수동태로 전환된 문장으로 구성한다. 목적어에 해당하는 manufacturing이 문장의 주어가 되면 「be thought of as B」가 되어 두 개의 전치사가 연이어진다는 점에 유의한다. a process는 as의 목적어로 사용되어 관계절의 수식을 받도록 한다.

5 People (from more individualistic cultural contexts) / tend to be motivated to maintain self-focused agency or control.

더 개인주의적 문화 맥락의 사람들은 자기중심적 행위 또는 통제를 유지하도록 동기 부여되는 경향이 있다.

○ tend의 목적어로 to부정사를 구성하되 '동기 부여됨'이라는 수동적 의미를 나타내도록 「to be p.p.」를 사용한다. 「motivate+목적어+목적격보어(to부정사)」가 수동태로 전환된 형태이므로, 그다음에는 to부정사 to maintain이 이어져 self-focused agency or control을 목적어로 취한다.

6 Until then, / my cat **had been enjoying being cared for inside**, // `but` everything suddenly changed.

그때까지 나의 고양이는 안에서 보살핌을 받는 것을 좋아했는데, 갑자기 모든 것이 바뀌었다.

○ 특정 과거 시점을 기준으로 그 이전부터 시작하여 그 과거 시점에서도 계속되고 있는 일을 나타내도록 「had been v-ing」의 과거완료 진행형으로 동사를 구성한다. enjoying 다음에는 목적어로 동명사를 쓰되 '보살핌을 받음'이라는 수동적 의미를 나타내도록 「being p.p.」의 수동형 동명사로 쓰되 전치사 for를 누락하지 않도록 한다. 그다음에는 장소를 나타내는 부사 inside가 이어진다.

7 The sacred place is said / **to have been protected from war** / by the jungle.

그 신성한 장소는 밀림에 의해 전쟁으로부터 보호되었다고 한다.

○ is said 다음에 to부정사구를 구성하되 is가 나타내는 시점보다 더 이전의 일을 나타내고, 또한 '보호됨'이라는 수동적 의미를 나타내도록 「to have been p.p.」의 완료수동형 to부정사를 사용한다. 그다음에는 전치사구 두 개가 차례로 이어지는데, 두 전치사구의 순서는 바뀌어도 무관하다.

Ⓓ

[1-2]

❷ It was a genre [that subsequently had a great success in the early modern period (with *The Courtier* by Baldassare Castiglione, *The Galateo* by Monsignor Della Casa)], // `and` many other manuals were produced in different European countries.

○ 두 개의 등위절이 and로 연결되어 문장을 이루고 있다. [ ]는 a genre를 수식하는 관계절이고, 그 안의 ( )는 with가 이끄는 전치사구로 '~와 더불어'라는 의미를 나타낸다. 두 번째 절에서는 주어 many other manuals가 produce가 나타내는 동작의 대상이므로 수동태 동사가 쓰였다.

❸ In a variety of ways and meanings, / these are all instruments (intended to define or distinguish <who is *in* from who is *out*>), (separating the participants from the ostracized).

첫 번째 ( )는 all instruments를 수식하는 분사구로 which are intended ~에서 which are가 생략된 형태로 이해할 수 있고, 그 안의 ⟨ ⟩는 목적어 역할을 하는 명사절(간접의문문)이다. 두 번째 ( )는 '~하면서'라는 의미를 나타내는 분사구문이다.

❹ It is for this reason / [that manuals of "good manners" (addressed to the aristocracy) always have a negative reference to the peasant {who behaves badly, who "doesn't know" what the rules are, and for this reason is excluded from the lordly table}].

○ It ~ that 강조 구문으로 부사구 for this reason을 강조하고 있다. ( )는 manuals of "good manners"를 수식하는 분사구이고, { }는 선행사 the peasant를 수식하는 관계절이다. 선행사 the peasant가 exclude가 나타내는 동작의 대상이므로 수동태 동사가 쓰였다.

❶ 12세기부터 13세기에 귀족 자녀들에게 '식탁 예절'을 가르치는 최초의 교범이 등장했다.
❷ 그것은 그 이후 Baldassare Castiglione가 쓴 'The Courtier', Monsignor Della Casa가 쓴 'The Galateo'와 더불어 근대 초기에 큰 성공을 거둔 장르였고, 많은 다른 교범이 각기 다른 유럽의 나라에서도 제작되었다.
❸ 다양한 방식과 의미로, 이것들 모두 (식사에) 참여하는 사람과 (식사에서) 추방되는 사람을 분리하면서 누가 '안에' 있고 누가 '밖에' 있는지를 규정하거나 구별하기 위하여 의도된 도구들이다.
❹ 귀족 계층에 초점이 맞추어진 '좋은 예절' 교범이 행실이 나쁘고, 규칙이 무엇인지를 '알지 못하며', 이런 이유로 귀족의 식탁에서 배제되는 소작농을 항상 부정적으로 언급했던 것은 이런 이유에서다.

정답 풀이 •

1 정답 • ①

→ 중세 이후에서 근대 초기까지 귀족 계층은 자신들끼리만 지키는 정교한 식탁 예절을 담은 교범을 만들었고, 이를 도구로 삼아 소작농과 같은 하층 계급 사람들을 자신들과 분리하였다는 내용의 글이므로, 글의 제목으로 가장 적절한 것은 ① '음식 에티켓: 사회적 장벽의 표시'이다.
② 전통적인 식탁 예절의 단순화
③ 각기 다른 나라들의 각기 다른 식탁 예절
④ 일부 소작농은 진정 훌륭한 식탁 예절을 가지고 있었다!
⑤ 어떻게 음식 에티켓이 유럽에서 평등을 개선했나

2 정답 • (a) → appeared, (b) → were produced,
　　　　(c) → is excluded

→ (a) 과거의 일을 기술하고 있으므로 과거시제를 쓰되, appear는 완전자동사이므로 능동태로 쓴다.
　(b) 과거의 일을 기술하고 있으므로 과거시제를 쓰되, many other manuals는 produce가 나타내는 동작의 대상이므로 수동태로 쓴다.
　(c) 문장 전체가 현재시제로 기술되고 있으므로 현재시제로 쓰되, 관계절의 선행사인 the peasant는 exclude가 나타내는 동작

의 대상이므로 수동태로 쓴다.

[3-4]

❶ Many people have considered biofuels / to be
　　 S　　　　　 V　　　　　 O　　　 OC
a more sustainable alternative to fossil fuels /

[because they are derived from organic materials

such as plants and waste].

　▶ 주절은 「동사＋목적어＋목적격보어(to부정사)」의 5형식 구조이다.
　　접속사 because가 유도하는 부사절에서는 주어 they(biofuels)
　　가 derive가 나타내는 동작의 대상이므로 수동태가 쓰였다.

❺ The sustainability of biofuels depends on /
　　　　　　　　　 S　　　　　　　　　　 V
factors (such as the type of feedstock used, the
　　　　　　　　　　　　　　　　 O
production methods, and the overall impact on

the environment and society).

　▶ used는 the type of feedstock을 수식하는 분사로 which is
　　used에서 which is가 생략된 것으로 이해할 수 있다.

❻ As with any energy source, / it is important / to
　　　　　　　　　　　　　　　 가주어
carefully consider the benefits and drawbacks of
　　　　　　　　　　　　　　　　　　 진주어
biofuels / in the context of broader energy and

environmental goals.

　▶ it이 가주어이고, to부정사구가 진주어이다.

❶ 많은 사람이 바이오 연료를 화석 연료에 대한 보다 지속 가능한 대안이
　라고 여겨왔는데, 그것이 식물이나 폐기물 같은 유기 물질에서 추출되기
　때문이다.
❷ 그것은 온실가스 배출과 유한한 화석 연료 자원에 대한 의존을 줄이는
　데 도움이 될 수 있다.
❸ 하지만 바이오 연료의 생산에는 또한 환경적, 사회적 영향이 있는데, 산
　림 벌채, 토지 및 자원을 얻기 위한 식용 작물과의 경쟁 등이다.
❹ (바이오 연료는 그 연료의 유형과 혼합물에 따라 차량에 동력을 공급하
　는 각기 다른 방식으로 사용될 수 있다.)
❺ 생물 연료의 지속 가능성은 사용된 공급 원료의 유형, 생산 수단, 그리고
　환경과 사회에 대한 전반적인 영향과 같은 요인에 좌우된다.
❻ 다른 에너지원에서와 같이, 더 넓은 에너지 및 환경 목표라는 맥락 속에
　서 바이오 연료의 이점과 단점을 주의 깊게 고려하는 것이 중요하다.

정답 풀이 •

3 정답 • ③

　→ 화석 연료를 대체할 지속 가능한 에너지원으로 여겨지는 바이오
　　연료는 그것의 여러 이점에도 불구하고 산림 벌채, 농지 잠식 등의
　　문제를 초래하고 원료 유형, 생산 수단과 관련된 고려 요인이 있으
　　므로 장단점을 잘 따져 보아야 한다는 흐름이므로, 바이오 연료가
　　차량에 동력을 공급하는 다양한 방식을 언급한 ③은 글 전체의 흐
　　름과 관계가 없다.

4 정답 • have been considered by many people to be

　→ 현재완료가 쓰였으므로 「have been p.p.」의 현재완료수동형을
　　쓰고, 그다음에 행위자「by＋명사」가 이어진 후, 그 뒤에 능동태에
　　서 목적격보어였던 to be가 위치한다.

CHAPTER
04 조동사

UNIT 20　can, could / may, might　　　　　p.44

1 We cannot emphasize enough / [how important it is

to consume pure and fresh milk].

우리는 순수하고 신선한 우유를 섭취하는 것이 얼마나 중요한지를 아무
리 강조해도 지나치지 않다.

2 [When we look at our own works], / we may well be

ashamed of their imperfections.

우리가 우리 자신의 작품을 바라볼 때, 우리가 그것의 부족한 점에 대해
창피한 것은 당연하다.

3 [No matter how you may feel about money], /

it's important to stay in control of your personal
가주어　　　　　　　　　　　　　 진주어
finances.

여러분이 돈에 대해 어떻게 느끼든, 여러분의 개인 재정의 통제력을 유
지하는 것이 중요하다.

4 For some reasons, / Ferdinand I could not help but

alter / his tactics and policies toward the Ottoman

Empire.

몇 가지 이유로, 퍼디낸드 1세는 오스만 제국에 대한 전술과 정책을 변
경하지 않을 수 없었다.

UNIT 21　would / should　　　　　　　　p.45

1 I would rather rent for a few years / [because I don't

want to own a house].

나는 주택을 소유하고 싶지 않으니 차라리 몇 년간 대여하는 것이 낫

겠다.

2 The employees insisted [that their contract remain in effect until next year].

직원들은 그들의 계약이 다음 해까지 유효한 상태로 남아있어야 한다고 주장했다.

3 Many graduates would rather move away for better opportunities / than find work locally.

많은 졸업자는 지역에서 일자리를 찾기보다는 더 좋은 기회를 위해 이주하려 할 것이다.

4 It was necessary that they should not be treated as
가주어
individuals but as members of a group.
진주어

그들이 개인으로서가 아니라 집단의 일원으로서 취급되는 것이 필요했다.

5 정답 • has

The findings suggest [that every human being has similar cooperative behaviors].

연구 결과는 모든 인간이 비슷한 협력 행동을 가지고 있다는 것을 시사한다.

→ 문맥상 suggest가 '시사하다'라는 뜻을 나타내고 목적절(that절)이 연구 결과를 기술하므로 수 일치와 시제 일치를 적용하여 has를 쓰는 것이 적절하다. (should) be를 쓰는 경우 '비슷한 협력 행동을 가지고 있을 것을 제안하다'라는 의미가 되어 비논리적 진술이 된다.

UNIT 22 기타 조동사   p.46

1 After you eat, / you don't have to figure out [why you aren't hungry anymore].

여러분은 먹은 후에 왜 더는 배가 고프지 않은지 이해할 필요가 없다.

2 You had better consult a doctor / before using any health care products.

여러분은 건강관리 제품을 사용하기 전에 의사와 상의하는 것이 좋다.

3 The tribal men used to adorn themselves / with accessories (made of shells).

부족민들은 조가비로 만든 장신구로 자기 몸을 장식하곤 했다.

4 In spite of their doubts, / the crew dare not rebel against the captain's orders.

의심에도 불구하고, 선원들은 선장의 명령에 감히 항거하지 못했다.

---

5 정답 • are used

In this country, / camels and donkeys are used to carry loads even today.

이 나라에서는 오늘날에도 낙타와 나귀가 짐을 나르는 데 사용된다.

→ 문맥상 '~하는 데 사용되다'라는 의미를 나타내도록 be used를 써야 한다. even today를 고려하면 '~했었다'나 '~하곤 했다'라는 의미를 나타내는 조동사 used to는 적절하지 않다.

UNIT 23 조동사 + have p.p.   p.47

1 Those infected should not have been allowed / to board the flight.

감염된 사람들은 그 항공편에 탑승하는 것이 허용되지 않았어야 했다.

2 A collision could have occurred // and the athletes could have been injured.

충돌이 발생할 수도 있었고 선수들이 다칠 수도 있었다.

3 The outcome of the artistic process cannot have been predetermined.

예술적 과정의 결과물이 미리 결정되었을 리가 없다.

4 An organism's ancestors may have evolved / a characteristic [that subsequently constrain future evolution].

한 유기체의 조상은 이후에 미래의 진화를 제약하는 특징을 진화시켰을지도 모른다.

5 정답 • find

Fortunately, Dad could find the car's keys // and we left the place right away.

다행히도, 아빠가 자동차 열쇠를 찾을 수 있었고, 우리는 그곳을 즉시 벗어났다.

→ '그곳을 즉시 벗어났다'라는 문맥으로 보아 실현된 일을 나타내도록 조동사 다음에 동사원형을 써야 한다. have found를 쓰는 경우 '찾을 수도 있었지만 그러지 못했다'라는 의미를 나타내어 전후 문맥이 부자연스러워진다.

UNIT 24 대동사   p.48

1 The chimp will recognize the pattern immediately, / [as will most human babies].

그 침팬지는 대부분 인간 아기가 그럴 듯이, 그 패턴을 즉시 알아볼 것이다.

2 One of the two caves is not accessible, // but the other is to a limited number of visitors.

두 동굴 중 하나는 지금 접근이 가능하지 않지만, 다른 하나는 제한된 수의 관람객에게 접근 가능합니다.

3 They have been affected by the virus, / [as have the elderly in many countries].

그들은 많은 나라의 어르신들이 그랬듯이 그 바이러스에 감염되었다.

4 Males have higher average kilocalorie intake / from sugar-sweetened beverages / than females do.

남성들은 여성들이 그런 것보다 설탕으로 감미된 음료로부터 더 높은 평균 킬로칼로리를 섭취한다.

5 정답 • were

Reptiles are far less diverse / than were their ancestors just a hundred years ago.

파충류는 단 백 년 전에 그랬던 것보다 훨씬 덜 다양하다.

➡ are diverse를 대신하는 대동사를 쓰되, just a hundred years ago라는 과거를 나타내는 부사구를 고려하여 과거시제 were를 써야 한다.

 CHAPTER TEST　　　　　p.49

A

1 정답 • slowing

The expedition could not help slowing down / because of sudden heavy snowstorms.

탐험대는 갑작스러운 거센 눈보라 때문에 속도를 늦추지 않을 수 없었다.

➡ 「cannot help v-ing」로 '~하지 않을 수 없다'라는 의미를 나타낸다.

2 정답 • might

As we have plenty of time, / we might as well discuss this matter a little further.

우리가 충분한 시간이 있으니, 이 문제를 좀 더 논의하는 것이 좋겠습니다.

➡ 「might as well ⓥ」를 써서 '~하는 편이 낫다'라는 의미를 나타내도록 한다.

3 정답 • used

The merchant used to carry all his goods / on the back of his donkey / (to sell in the market).

그 상인은 시장에서 팔려고 자신의 모든 물건을 나귀 등에 실어 나르곤 했다.

➡ 문맥상 '~하곤 했다'라는 의미를 나타내도록 한다. was used를 쓰는 경우 상인이 물건을 나르는 데 사용되었다는 의미가 되어 이어지는 on the back of his donkey와 논리적으로 상충되게 된다.

4 정답 • were

Flowers were rarely seen in her paintings // but when they were, they were exquisite and realistic.

꽃은 그녀의 그림에 좀처럼 보이지 않았지만, 그럴 때는 정교하고 사실적이었다.

➡ were seen in her paintings를 대신하므로 대동사로 were를 써야 한다.

5 정답 • be

When we are behind the wheel, / we must be very careful with distractions.

운전 중일 때 우리는 주의산만 요소에 매우 주의해야 한다.

➡ '~해야 한다'라는 의미를 나타내도록 동사원형을 써야 한다. have been을 쓰면 '주의했음이 틀림없다'라는 과거 사실에 대한 강한 긍정적 단정을 나타내게 되어 전후 문맥이 부자연스러워진다.

6 정답 • be

Nutritionists have recommended [that foods from each of the four basic groups be eaten on a regularly daily basis].
(S')... (V')

영양학자들은 네 개의 기본 그룹 각각의 음식을 매일 주기적으로 섭취할 것을 권장해 왔다.

➡ 권유를 나타내는 동사 recommend의 목적절이므로 「(should)+동사원형」을 써야 한다.

B

1 정답 • may not → cannot

We cannot highlight too much the importance of friendship in adolescence.

우리는 청소년기 우정의 중요성을 아무리 강조해도 지나치지 않다.

➡ 「cannot ⓥ too」로 '아무리 ~해도 지나치지 않다'라는 의미를 나타내도록 한다.

2 정답 • are → can

Even the busiest people can make time to exercise

// `and` if you can too, you won't regret it.

가장 바쁜 사람들조차도 운동할 시간을 낼 수 있으며, 여러분 또한 그렇게 할 수 있다면 그것을 후회하지 않을 것이다.
→ 문맥상 앞에 언급된 '운동할 시간을 낼 수 있다'의 반복을 피하기 위해 조동사 can을 대동사로 사용해야 '여러분 또한 운동할 시간을 낼 수 있다면'이라는 의미를 나타낼 수 있다.

3 정답 • could → would

She says [that she would walk alone in darkness / rather than follow anyone else's shadow].

자신은 다른 누군가의 그림자를 따르기보다는 어둠 속에서 홀로 걷겠노라고 그녀는 말한다.
→ 「would rather ~ than …」을 써서 '…하느니 차라리 ~하겠다'라는 의미를 나타내도록 한다.

4 정답 • to apologize → apologize

Need we apologize to the client / for the delay in scheduling her appointment?

우리가 그 고객에게 그녀의 예약 일정을 잡는 것의 지연에 대해 사과할 필요가 있을까?
→ 의문문에서 need가 조동사로 쓰였으므로 동사원형이 쓰여야 한다.

5 정답 • pay → have paid

The engineers should have paid attention to the warning signs, // `but` they ignored them.

엔지니어들은 그 경고 신호들에 주의를 기울여야 했지만, 그들은 그것들을 무시했다.
→ 문맥상 '주의를 기울였어야 했다'라는 과거 사실에 대한 유감을 나타내는 것이 적절하므로 「should have p.p.」로 바꿔야 한다.

6 정답 • were → did

[When the birds heard a tape recording of a stranger], / they sang more songs / than they did on hearing a neighbor's song.

낯선 사람의 녹음테이프를 들었을 때 새들은 이웃의 노래를 들었을 때보다 더 많은 노래를 불렀다.
→ than they sang에서 sang을 대신할 수 있는 대동사 did로 고쳐 써야 한다.

C

1 We **must be able to cope with** unexpected challenges / `and` stay focused on our goals.

우리는 뜻하지 않은 도전에 대처하고 우리의 목표에 집중된 상태를 유지할 수 있어야 한다.

2 People add details to their stories [that **may not have occurred**].

사람들은 일어나지 않았을지도 모르는 세부 사항을 자기 이야기에 추가한다.
▶ '~하지 않았을지도 모른다'라는 과거 사실에 대한 부정적인 막연한 추측은 「may have p.p.」로 나타내며, 부정어는 may와 have 사이에 위치한다.

3 Plants **don't have to take up** oxygen from atmosphere / [as cells in leaves produce all the necessary oxygen].

식물은 잎에 있는 세포가 필요한 모든 산소를 생산하므로 대기로부터 산소를 흡수할 필요가 없다.

4 Two employees were late again, // `and` the manager **cannot have failed** to notice it.

두 명의 직원이 지각했는데, 부장이 그걸 알아차리지 못했을 리가 없다.

5 Voters **may well refuse** their political support / [if their interests are not considered to some degree].

유권자들이 자기 이익이 어느 정도 고려되지 않으면 그들의 정치적 지지를 거부하는 것은 당연하다.

6 The survey results **could have been biased** / due to the geographic distribution of participating companies.

그 설문조사 결과는 참여 기업들의 지리적 분포로 인해 편향될 수도 있었다.

7 The committee **must have ignored** my views / [because I did not return my questionnaire].

위원회는 내가 설문지를 반송하지 않았기 때문에 내 견해를 무시했음이 틀림없다.

D

[1-2]

❷ However, fewer people may have heard / [that some of the great scientists of the twentieth century / <u>were kicked</u> out of Germany by the Nazi government].

 [ ]는 heard의 목적어 역할을 하는 명사절이다. 명사절에서 주어가 kick이 나타내는 동작의 대상이므로 수동태가 쓰였다.

❹ They would suffer (sometimes horribly) / at the hands of powerful people [who were threatened / by {what they had found through careful observation of the real world}].
<u>관계절</u>

  ○ [　]는 powerful people을 수식하는 관계절이고, 그 안의 {　}는 전치사 by의 목적어로 쓰인 명사절이다.

❻ In the rare instances [where it has], / amazing things have happened in the long term.
<u>관계절</u>

  ○ [　]는 the rare instances를 수식하는 관계절이다. has는 앞 문장의 has had a good relationship with political leadership의 반복을 피하기 위해 사용된 대동사이다.

❶ 많은 사람이 소크라테스에게 어떤 일이 일어났는지를 들어 보았는데, 그는 젊은이들에게 비판적 담론을 사용하는 방법을 가르친 것 때문에 규탄받았다.

❷ 하지만 더 적은 사람이 20세기의 위대한 과학자 일부가 나치 정부에 의해 독일에서 쫓겨났다는 것을 들어 보았을 것이다.

❸ 더 많은 사례에는 초기 과학자들과 과학 철학자들(Maya, Rhazes, Copernicus)이 포함된다.

❹ 그들은 현실 세계에 대한 주의 깊은 관찰을 통해 그들이 발견한 것에 의해 위협을 받게 된 권력층 사람들의 손에 (때로는 끔찍하게) 고통받곤 했다.

❺ 그래서 과학이 인간 역사의 위대한 변화의 일부에서는 중심에 있었지만, 정치 지도층과 좋은 관계를 갖지는 못했다.

❻ 그런 좋은 관계를 갖는 드문 사례에서는 장기적으로 놀라운 일이 일어났다.

정답 풀이 •

1 정답 • ④

  → 나치 정부에 의해 추방된 독일 과학자들, 새로운 과학적 발견에 의해 위협을 느낀 권력층의 손에 고통받은 과학자들을 예를 들면서, 역사적으로 과학이 정치 지도부와 좋은 관계를 맺지 못했다는 점을 언급하고 있으므로, 글의 주제로 가장 적절한 것은 ④ '정치 권력의 과학자에 대한 적대감'이다.
  ① 과학의 진보를 위한 정치적 지지
  ② 위대한 과학자들의 정치 권력에 대한 열망
  ③ 정치 개혁에서 과학의 중대한 역할
  ⑤ 정치 분쟁에 대한 해결책으로서의 과학 지식

2 정답 • (a) have heard (b) would (c) has

  → (a): 문맥상 '~이었을지도 모른다'라는 과거의 일에 대한 막연한 추측을 나타내도록 조동사 다음에 「have p.p.」를 쓰는 것이 적절하다.
  (b): 문맥상 과거에 있었던 불규칙한 습관적 동작을 나타내도록 조동사 would를 쓰는 것이 적절하다.
  (c): 앞 문장에 쓰인 현재완료 has had a good relationship ~의 반복을 피하기 위해 사용된 대동사이므로 has가 적절하다.

[3-4]

❹ She started thinking [that something bad might have happened to him].
S'　　V'

  ○ [　]는 thinking의 목적어 역할을 하는 명사절이다. 명사절에는 「might have p.p.」가 쓰여 과거 상황에 대한 막연한 추측을 나타내고 있다.

❸ At that moment, she heard a voice calling her name.
S　V　O　OC

  ○ 지각동사 hear가 쓰인 문장에서 목적격보어로 현재분사가 쓰여 목적어의 진행 중인 동작을 나타내고 있다.

❹ She found Reiner coming toward her.
S　V　O　OC

  ○ 불완전자동사 find가 쓰인 문장에서 목적격보어로 현재분사가 쓰여 목적어의 진행 중인 동작을 나타내고 있다.

❶ 5마일 걷기 대회의 날이 되었다.

❷ Annette는 등록 장소에서 한 시간 넘게 Reiner를 기다리고 있었다.

❸ 아직도 그의 모습은 보이지 않았다.

❹ 그녀는 그에게 나쁜 일이 일어났을지도 모른다고 생각하기 시작했다.

❷ 걱정하면서, 그녀는 다시 Reiner에게 전화를 하려고 했으나, 아무런 응답이 없었다.

❸ 그 순간, 그녀는 자신의 이름을 부르는 목소리를 들었다.

❹ 그녀는 Reiner가 자신을 향해 다가오는 것을 발견했다.

❺ "정말 다행이다! 어떻게 된 거야?"라고 그녀가 물었다.

❻ 그는 교통 체증이 끔찍했다고 설명했다.

❼ 설상가상으로, 그는 자신의 휴대전화를 집에 두고 온 상태였다.

❽ "정말 미안해."라고 그가 말했다.

❾ 그녀는 긴장이 풀리기 시작했다.

❿ "나는 이제 괜찮아. 네가 여기 안전하게 와 있으니, 우리 가서 등록할까?"

⓫ 그들은 함께 그 행사 장소로 향했다.

정답 풀이 •

3 정답 • ④

  → Annette가 함께 행사에 참석하기로 한 Reiner를 한 시간 넘게 기다리고 있는 상황을 묘사하는 내용의 주어진 글 다음에는 Annette가 걱정 끝에 Reiner에게 전화를 하는 상황을 묘사하는 내용의 (C)가 이어져야 한다. 그다음에는 Reiner가 도착하여 자초지종을 설명하는 내용의 (A)가 이어지고, 마침내 두 사람이 행사에 등록하러 이동하는 상황을 묘사하는 내용의 (B)로 마무리되는 것이 글의 순서로 가장 적절하다.

4 정답 • something bad might have happened to him

  → '뭔가 나쁜 일'은 something과 bad로 구성하며, -thing으로 끝나는 명사는 형용사가 뒤에서 수식한다는 점에 유의한다. 그다음에 동사는 '~이었을지도 모른다'라는 과거 상황에 대한 막연한 추측을 나타내도록 「may have p.p.」를 쓰되, 주절의 시제가 과거이므로 시제를 일치시켜 may를 might로 쓴다는 점에 유의한다. 마지막으로 '그에게'에 해당하는 전치사구 to him이 이어진다.

CHAPTER 05 가정법

UNIT 25 가정법 과거 / 가정법 과거완료 p.54

1 Imagine how little we'd accomplish / [if we had to focus consciously on every behavior].

우리가 모든 행동에 의식적으로 집중해야 한다면, 우리가 성취하는 것이 얼마나 적을지 상상해보라.

2 [If he had hired a lawyer to represent him], / he wouldn't have been found guilty.

그가 자기를 대리하는 변호사를 고용했다면, 그는 유죄 판결을 받지 않았을 것이다.

3 [If it were not for bees and other pollinators], / there would be no flower on our table.

벌과 다른 꽃가루 매개자가 없으면, 우리의 식탁 위에 꽃이 없을 것이다.

4 [If it hadn't been for the compass], / I would have lost the direction completely.

나침반이 없었더라면, 나는 방향을 완전히 잃었을 것이다.

5 정답 • have

[If you have any further questions], / please email us at brushwoodtour@parks.org.

다른 질문이 더 있으시면, brushwoodtour@parks.org로 저희에게 이메일을 보내주십시오.

→ 조건절의 내용이 현재 사실과 다른 가상 상황이 아니라, 언제든지 있을 수 있는 일을 기술하는 직설법에 해당하고, 또 주절도 가정법 과거 문장 형식이 아니므로 have를 써야 한다.

UNIT 26 가정법 미래 / 혼합가정법 p.55

1 [If Reaves had not been injured last week], / he could play in the game tomorrow night.

Reaves가 지난주에 다치지 않았다면, 내일 밤 경기에 출전할 수 있을 텐데.

2 [If the meeting should be interactive], / let attendees plan their questions.

혹시라도 그 회의가 상호작용 방식이라면, 참석자들이 그들의 질문을 계획하도록 하시오.

3 [If you hadn't learned to speak], / the whole world would seem like the unorganized supermarket.

여러분이 말을 배우지 않았더라면, 세상 전체가 마치 정돈되지 않은 슈퍼마켓처럼 보일 것이다.

4 [If Mars were to crash into Earth], / it would have catastrophic consequences for both planets

화성이 지구에 충돌하기라도 한다면, 두 행성 모두에 파멸적인 결과를 초래할 것이다.

5 정답 • ✕, are

[If companies are to improve the work-family balance], / they need to adopt flexible work policies.

기업들이 일과 가정의 조화를 향상하고자 한다면, 유연 근무 방침을 채택할 필요가 있다.

→ 문맥상 '~하고자 한다면'이라는 의미를 나타내는 것이 적절하므로, are가 적절하다. '그럴 리는 없겠지만 ~하기라도 한다면'이라는 의미를 나타내는 「were to ⓥ」는 문맥에 맞지 않아, 논리적인 의미를 나타낼 수 없다.

UNIT 27 if가 생략된 가정법 p.56

1 Many patients would not survive / [weren't it for blood donations].

헌혈이 없다면, 많은 환자가 살아남지 못할 것이다.

2 [Had he come up with an alternative], / no such an additional budget would have been required.

그가 대안을 생각해냈더라면, 그런 추가 예산이 요구되지 않았을 것이다.

3 Everything could have been arranged in time / [had it not been for the delivery delay].

배송 지연이 없었더라면, 모든 것이 시간 내에 준비될 수 있었을 텐데.

4 [Were the oceans to rise merely 100 feet], / the surf would break against the foothills of the Appalachians.

해양이 단 100피트만 높아지기라도 한다면, 밀려드는 파도가 애팔래치아산맥 기슭의 작은 언덕들에 부딪힐 것이다.

UNIT 28 wish + 가정법 / as if + 가정법 p.57

1 I wish / [I had installed this earlier]; // it could have saved me tons of money.

나는 이것을 더 일찍 설치했으면 좋았을 텐데 하고 소망하는데, 나는 많은 돈을 절약할 수도 있었을 것이다.

2 Clara blinked again, / [as if something had suddenly been made plain to her].

Clara는 마치 뭔가가 갑자기 그녀에게 명확해진 것처럼 다시 눈을 깜빡였다.

3 People often speak of art and science / [as though they were two entirely different things], // but they are not.

사람들은 흔히 예술과 과학에 대해 그것들이 이 두 개의 완전히 다른 것인 것처럼 말하지만, 그렇지 않다.

○ 맨 끝의 are not 뒤에 two entirely different things가 생략되어 있다.

4 정답 • O

The birds are flying together / [as if they have some kind of 'arrangement' or 'rule'].

그 새들은 마치 어떤 종류의 '합의' 또는 '규칙'을 가진 것처럼 함께 날고 있다.

→ 새들이 무리를 이루어 나는 모습은 어떤 규칙성을 생각해 볼 수 있으므로 가정법에 해당하지 않으며, 따라서 as if가 이끄는 부사절을 직설법으로 기술할 수 있다.

UNIT 29 if절을 대신하는 표현 p.58

1 **But for the relief fund**, / the earthquake victims would not have survived.

그 구호 기금이 없었더라면, 지진 피해자들이 살아남을 수 없었을 것이다.

○ If it had not been for ~의 조건절을 But for ~가 대신한다.

2 **To watch him play**, / you could see the passion and dedication [he has for tennis].

그가 경기하는 것을 지켜보면, 여러분은 그가 테니스에 대해 가진 열정과 전념을 볼 수 있을 것이다.

○ If you watched him play의 조건절을 to부정사구가 대신한다.

3 **A good coach** would need / to know a great deal about their discipline.

훌륭한 코치라면 자기 분야에 관한 대단히 많은 것을 알아야 할 것이다.

○ If he/she were a good coach, he/she would ~의 문장에서 if절 대신 명사구 주어가 조건절을 대신하고 있다.

4 Lionel Messi missed a penalty; // **otherwise**, Argentina could have been in the final.

리오넬 메시가 페널티킥을 실축했는데, 그렇지 않았다면 아르헨티나가 결승전에 갈 수 있었을 것이다.

○ otherwise는 앞에 기술된 내용과 관련하여, if Lionel Messi had not missed a penalty를 대신한다.

5 Supposing that there were no war in the world, / all the children could be studying / in peace in the classrooms.

세상에 전쟁이 없다면, 모든 아이가 평화롭게 교실에서 공부할 수 있게 될 텐데.

○ Supposing (that)이 if를 대신하여 조건절을 유도한다.

 CHAPTER TEST p.59

A

1 정답 • would

[If it weren't for commercial record], / we would know far less about ancient cultures.

상업 기록이 없다면, 우리는 고대 문화에 관해 훨씬 덜 알 것이다.

→ 현재 사실과 다른 가상 상황을 기술하는 가정법 과거 문장이므로, 주절에 과거형 조동사를 써야 한다.

2 정답 • Had

[Had humans stayed in their original habitat] / these diseases might have never evolved.

인간이 본래의 주거지에 머물렀다면, 이 질병들은 절대 진화하지 않았을지도 모른다.

→ 과거 사실에 대한 반대의 가상 상황을 기술하는 가정법 과거완료 문장이므로, 조건절에 과거완료를 써야 하는데 If가 생략되었으므로 had가 조건절을 이끌어야 한다.

3 정답 • as though

The maids of the castle looked pale / [as though the sunlight had never touched their skin].

성의 하녀들은 마치 햇빛이 한 번도 그들의 피부에 닿은 적이 없었던 것처럼 창백했다.

→ 부사절의 내용이 '마치 ~이었던 것처럼'이라는 가상 상황을 기술하고 있으므로, 가정법 문장이 되도록 접속사로 as though를 써야 한다. even though는 '비록 ~일지라도'라는 양보의 의미를 나타내는 접속사이므로 논리적인 의미를 구성하지 못한다.

4 정답 • had stayed

Things are getting worse // and now many of the refugees wish [they had stayed at their home].

상황이 나빠지고 있고 이제 난민 중 많은 이가 자기 나라에 머물렀으면 좋았을 텐데 하고 생각한다.

→ 난민이 자기 나라에 머물지 않은 것이 이미 과거의 일이므로 가정법 과거완료를 써서 '~했으면 좋았을 텐데 하고 생각한다'라는 의미를 나타내야 한다.

5 정답 • should your family

Our family would be willing to join you / [should your family attend this event].

우리 가족은 혹시라도 네 가족이 이 행사에 참여한다면 기꺼이 함께하겠다.

→ 주절 다음에 조건절이 이어져야 하므로 if가 생략되고 어순이 「Should+S'+ⓥ ~」로 도치된 형태가 적절하다.

6 정답 • not be

[If Edison had not dared to fail], / we would not be able to read at night today.

에디슨이 과감하게 실패하지 않았더라면, 오늘날 우리는 밤에 읽을 수 없을 것이다.

→ 조건절의 내용은 과거의 가상 상황을 기술하고 있지만, 주절은 그것이 현재에 미칠 결과를 기술하고 있으므로, 혼합가정법 되도록 「would ⓥ」를 써야 한다.

B

1 정답 • 두 번째 is → were

As he is just a team member, / he should not act / [as if he were the team leader].

그는 팀 구성원일 뿐이므로 마치 팀의 리더인 것처럼 행동해서는 안 된다.

→ 팀의 리더가 아닌데도 리더처럼 행동하는 상황이므로, as if로 유도되는 부사절이 가정법 과거가 되도록 is를 were로 바꿔야 한다.

2 정답 • booked → had booked

[If we had booked the tickets last week], / we would have saved around £100.

우리가 표를 지난주에 예약했다면, 우리는 100파운드 정도를 절약했을

텐데.

→ '~했다면, …했을 텐데'라는 과거 사실에 대한 반대의 가정을 나타내는 가정법 과거완료 문장을 만들어야 한다.

3 정답 • are → were

The Earth's orbit would be greatly affected / [if the moon were to vanish].

달이 사라지기라도 한다면, 지구의 궤도는 커다란 영향을 받을 것이다.

→ 미래의 실현 불가능한(또는 실현되어서는 안 되는) 가상 상황을 기술하는 내용이므로, if절에 「were to ⓥ」를 써야 한다.

4 정답 • have still been → still be

[Had their bodies responded positively to the changing environment], / these animals would still be alive today.

그것들의 몸이 변화하는 환경에 긍정적으로 반응했다면, 이 동물들은 오늘날 여전히 살아 있을 것이다.

→ 조건절은 과거의 가상 상황을 기술하고, 주절은 그것이 현재에 미칠 결과를 기술하는 혼합가정법에 해당하므로, 주절은 「would ⓥ」가 되어야 한다. 부사 still은 조동사 would와 be 사이에 온다.

5 정답 • take → have taken

[If I had attended college], / I would have taken classes to earn a degree in elementary education.

내가 대학에 다녔다면, 나는 초등 교육 학위를 취득하기 위한 수업을 들었을 것이다.

→ 과거 사실과 반대되는 가상 상황을 기술해야 하므로, 주절의 동사를 「would have p.p.」로 바꿔야 한다.

6 정답 • it were → if it were / were it

Broadcast TV, radio, text messages and cell phone calls could not reach us / [if it were not for satellites in space].

방송 TV, 라디오, 문자 메시지, 그리고 휴대 전화 통화는 우주의 위성이 없으면 우리에게 도달할 수 없을 것이다.

→ '~가 없으면, …할 것이다'라는 현재 사실과 다른 가상 상황을 나타내는 가정법 문장에서 조건절을 이끄는 접속사 if가 없으므로 if를 추가하거나 주어와 동사의 어순을 도치시켜야 한다.

C

1 Without copyright law, / people could freely copy and distribute digital content / without compensating the creators.

저작권법이 없으면, 사람들은 창작자에게 보상하지 않고 디지털 콘텐츠

를 자유롭게 복제하고 유통할 수 있을 것이다.

2 They stopped the construction; // **otherwise, the ecosystem would have been disrupted.**

그들이 건설을 중지했는데, 그렇지 않았다면 생태계가 붕괴되었을 것이다.

3 A study shows [that one in three university students wish {they **had chosen a different course**}].

한 연구는 세 명의 대학생 중 한 명은 다른 진로를 선택했었으면 좋을 텐데 하고 생각한다는 것을 보여준다.

4 But for the government's timely intervention, / many people **might have lost their jobs.**

정부의 시기적절한 개입이 없었더라면, 많은 사람이 일자리를 잃었을지도 몰랐다.

5 They could form a partnership [that will be carried over to future period] / **should they reach an agreement.**

혹시라도 그들이 합의에 이른다면, 그들은 미래 시기로 이어질 동업자 관계를 맺을 수 있을 것이다.

6 [If they had not asked], / they **would not have been invited** to the ceremony.

그들이 요청하지 않았더라면, 그들은 그 의식에 초대받지 않았을 것이다.

7 Primitive life might have come to a halt at some point, / **had it not been for** the "invention" of photosynthesis.

광합성의 '발명'이 없었더라면, 원시 생명체는 어느 시점에 멈췄을 것이다.

Ⓓ

[1-2]

❶ Psychologist Mihaly Csikszentmihalyi suggests / [that the common idea of a creative individual
<u>의미상 주어</u>
coming up with great insights, discoveries,
<u>동명사구(전치사 of의 목적어)</u>
works, or inventions in isolation / is wrong].

▶ suggest의 목적어로 쓰인 명사절(that절)에서 전치사 of의 목적어로 동명사구가 쓰였으며, a creative individual은 동명사의 의미상 주어에 해당한다.

❸ For instance, / [if the great Renaissance artists (like Ghiberti or Michelangelo) had been born /
S'   V'
only 50 years before they were], / the culture of
                                        S
artistic patronage would not have been in place
                          V
(to fund or shape their great achievements).

▶ 접속사 if가 유도하는 조건절에는 과거완료, 주절에는 「과거형 조동사+have p.p.」를 쓴 가정법 과거완료 문장으로 '~했다면, …했을 것이다'라는 의미를 나타낸다.

❹ Consider also individual astronomers: // Their discoveries could not have happened / [if centuries of technological development of the telescope and evolving knowledge of the
                                  S'
universe had not come before them].
              V'
▶ 접속사 if가 유도하는 조건절에는 과거완료, 주절에는 「과거형 조동사+have p.p.」를 쓴 가정법 과거완료 문장으로 '~했다면, …하지 못할 수도 있었다'라는 의미를 나타낸다.

❶ 심리학자 Mihaly Csikszentmihalyi는 창의적인 개인이 단독으로 위대한 통찰, 발견, 작품 또는 발명품을 생각해낸다는 일반적인 생각이 잘못된 것이라고 말한다.
❷ 창의성은 한 사람과 그 사람의 환경 또는 문화 사이의 복잡한 상호작용에서 비롯되며, 그것은 또한 시기에 따라 달라진다.
❸ 예를 들어, Ghiberti나 Michelangelo와 같은 르네상스 시대의 위대한 예술가들이 그들이 태어난 때보다 단 50년 먼저 태어났다면, 그들의 위대한 업적에 자금을 대거나 구체화해 줄 예술 후원 문화는 자리를 잡지 않았을 것이다.
❹ 또한 개별 천문학자들을 생각해보라. 그들에 앞서 여러 세기에 걸친 망원경의 기술적 발전과 우주에 관한 진화하는 지식이 나오지 않았다면 그들의 발견은 일어날 수 없었을 것이다.

정답 풀이 •

1 정답 • ⑤

→ 개인이 혼자서 창의력을 발휘한다는 생각은 잘못된 것이며, 창의성은 환경 또는 문화, 시기, 기술적 토대 등과 같은 필요한 조건들이 존재할 때만 발휘될 수 있다는 점을 르네상스 예술가들과 천문학자들을 예로 들어 설명하는 내용이므로, 글의 요지로 가장 적절한 것은 ⑤이다.

2 정답 • (a) → had been born

(b) → could not have happened

→ (a) 주절에 「would have p.p.」를 쓴 가정법 과거완료 문장으로 '~했다면 …하지 못했을 것이다'라는 과거 사실에 대한 반대의 가정을 나타내고 있으므로, 접속사 if가 유도하는 조건절에는 과거완료 동사를 써야 한다.

(b) 접속사 if가 유도하는 조건절에 과거완료 동사를 쓴 가정법 과거완료 문장으로 '~했다면 …하지 못할 수도 있었다'라는 과거 사실에 대한 반대의 가정을 나타내고 있으므로, 주절에는 「과

거형 조동사+not have p.p.」를 써야 한다.

[3-4]

❹ (Hungry and abused), / he would vividly visualize
└→분사구문   S   └─V─┘
the touch of his beloved wife's hand and the look
                        O
on her face / [should they be reunited].
              └→ 조건의 부사절

- ( )는 he의 부수적 상태를 나타내는 분사구문이다.

- [ ]는 if they should be reunited에서 if가 생략되고 should가 주어 앞으로 도치된 형태로 '혹시 ~한다면'이라는 미래의 가상 상황을 기술하고 있다.

❺ The hope [that they might find each other again] /
   S   └→동격절
gave his suffering meaning, / [as did his dream
V   IO   DO
of lecturing to audiences {after the war was over}

about his theory of logotherapy].

- 첫 번째 [ ]는 주절의 주어 The hope의 구체적 내용을 제시하는 동격절이고, 두 번째 [ ]는 '~이듯이'라는 의미를 나타내는 부사절이며, 그 안의 { }는 전치사구 사이에 삽입된 부사절이다. 이 부사절 안에서 did는 gave his suffering meaning의 반복을 피하기 위해 사용된 내동사이다.

❻ On the other hand, / the prisoners [who gave up
                       S   └────┘
hope, (not conceiving of any good thing in the

future)] — [as understandable as that was in their

circumstance] — / were much faster to waste
                   V   SC
away.

- 첫 번째 [ ]는 문장의 주어인 the prisoners를 수식하는 관계절이고, 그 안의 ( )는 주어의 부수적 동작을 나타내는 분사구문이다.

- 두 번째 [ ]는 '~이기는 하지만'이라는 의미를 나타내는 부사절이다.

❶ 항상 실질적 효과를 가진 핵심 생존 도구였던 것은 바로 <u>상상력</u>이다.
❷ Viktor Frankl은 제2차 세계대전 동안 나치에 의한 강제 수용소 구금에서 살아남은 정신과 의사였다.
❸ 자신의 책 'Man's Search for Meaning'에서, 그는 자신이 어떻게 비인간적인 고문을 당한 여러 해 내내 자신을 지탱했는지에 대해 쓴다.
❹ 굶주림과 학대 속에, 그는 혹시라도 재회하게 된다면 자신의 사랑하는 아내의 손길과 그녀 얼굴에 떠오른 표정을 생생하게 마음에 그리곤 했다.
❺ 전쟁이 끝난 후에 자신의 언어 치료 이론을 청중에게 강의하는 자신의 꿈이 그런 것처럼, 자신들이 다시 서로를 찾을 수 있을지도 모른다는 희망은 그의 고통에 의미를 부여했다.
❻ 반면에 미래의 어떤 좋은 일도 상상하지 않으면서 희망을 포기한 수감자들은, 그것이 그들이 처한 상황에서 충분히 이해가 가긴 하지만, 훨씬 더 빨리 쇠약해졌다.

3 정답 • ⑤

→ Viktor Frankl은 강제 수용소의 절망적인 상황 속에서 자신을 지탱하기 위해 아내와 재회하는 장면을 생생하게 마음에 그려봄으로써 희망을 잃지 않고 자신의 고통을 이겨냈다고 했고, 그런 상상을 하지 못하고 희망을 포기한 죄수들은 버틸 힘을 잃고 더 빨리 쇠약해졌다는 것이 핵심 내용이므로, 빈칸에 들어갈 말로 가장 적절한 것은 ⑤ '상상력'이다.
① 확실성 ② 경쟁 ③ 지도력 ④ 순응

4 정답 • should they be reunited

→ 주절 다음에 '혹시 그들이 재회하게 된다면'이라는 미래의 가상 상황을 나타내는 조건절을 만들어야 하는데, 접속사 if가 없으므로 should를 주어 앞에 쓴 도치된 어순이 되어야 한다.

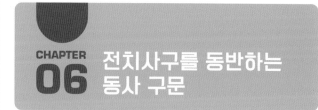

CHAPTER 06 전치사구를 동반하는 동사 구문

UNIT 30 동사 A from B   p.64

1 The additional weight hindered the ship / from

reaching its maximum speed.

추가적인 무게는 그 배가 최고 속도에 도달하는 것을 방해했다.

→ 동사 hinder와 목적어 the ship 다음에 from이 이끄는 전치사구가 이어지도록 한다.

2 Law enforcement agencies must restrain themselves

/ from interfering with the media.

법 집행 기관은 언론을 간섭하는 것을 자제해야 한다.

- 동사 restrain과 목적어 themselves 다음에 from이 이끄는 전치사구가 이어지도록 한다.

- restrain A from B는 'A가 B하는 것을 억제하다'라는 의미를 나타내는데, 목적어로 재귀대명사를 취하면 'A가 B하는 것을 자제하다'라는 의미가 된다.

3 Even a fractured ankle could not stop Emma

Thompson / from filming dangerous stunts.

발목 골절조차 Emma Thompson이 위험한 묘기 장면을 촬영하는 것을 막을 수 없었다.

- 동사 stop과 목적어 Emma Thompson 다음에 from이 이끄는 전치사구가 이어지도록 한다.

4 정답 • paddling

Sophia kept herself paddling / (to prevent the waves from tossing her into the water).

Sophia는 파도가 자신을 물속으로 던져 넣는 것을 막기 위해 계속 노를 저었다.

▶ '~가 계속 …하도록 유지하다'라는 의미를 나타내도록 keep과 목적어 다음에 목적격보어로 현재분사가 이어져야 한다.

UNIT 31 동사 A for B
p.65

1 Animals, driven by instinct and hunger, / often mistake plastic pieces **for** food.

동물들은 본능과 굶주림에 이끌려 플라스틱 조각을 먹이로 착각한다.

▶ 동사 mistake와 목적어 plastic pieces 다음에 for가 이끄는 전치사구가 이어지도록 한다.

2 Florida, with its agricultural base, / used to trade agricultural products **for** manufactured goods.

플로리다주는 그곳의 농업적 기반으로 농산물을 공산품과 교환했었다.

▶ 동사 trade와 목적어 agricultural products 다음에 for가 이끄는 전치사구가 이어지도록 한다.

3 Throughout the treatment process, / compliment your dogs **for** their patience // and provide some tasty treats.

치료 과정 내내, 여러분의 개를 인내심에 대해 칭찬하고 맛있는 것을 주세요.

▶ 동사 compliment와 목적어 your dogs 다음에 for가 이끄는 전치사구가 이어지도록 한다.

4 We may criticize the UN and its member governments / **for** failing to keep their promises.

우리는 약속을 지키지 않은 것에 대해 유엔과 그것의 회원 정부를 비난할지도 모른다.

▶ 동사 criticize와 목적어 the UN and its member governments 다음에 for가 이끄는 전치사구가 이어지도록 한다.

5 정답 • with

Substitute your old bulbs with LEDs or smart bulbs / for low energy and high-quality lighting.

에너지가 적게 드는 고품질 조명을 위해 여러분의 옛 전구를 LED나 스마트 전구로 바꿔라.

→ substitute 다음의 A for B는 'B를 A로 바꾸다, 대체하다'의 의미이고, A with B는 'A를 B로 바꾸다, 대체하다'라는 의미인데, 옛 전구를 LED나 스마트 전구로 바꾸는 것이 문맥상 적절하므로 전치사 with를 써야 한다.

UNIT 32 동사 A of B
p.66

1 We'll notify the participants / **of** any changes or cancellations / through our official website.

저희는 참가자들에게 변경이나 취소 사항을 우리의 공식 웹사이트를 통해 공지하겠습니다.

▶ 동사 notify와 목적어 the participants 다음에 of가 이끄는 전치사구가 이어지도록 한다.

2 The police suspected the defendant / **of** illegal gambling activity.

경찰은 피고가 불법 도박행위를 한 것으로 의심했다.

▶ 동사 suspect와 목적어 the defendant 다음에 of가 이끄는 전치사구가 이어지도록 한다.

3 This exercise relieve cancer patients / **of** the painful side effects of chemotherapy.

이 운동은 암 환자들에게서 화학 요법의 고통스러운 부작용을 덜어준다.

▶ 동사 relieve와 목적어 cancer patients 다음에 of가 이끄는 전치사구가 이어지도록 한다.

4 In my letter, / I will convince the city council / **of** the need (to hire security personnel for the library).

편지에서, 나는 시 의회에 도서관을 위해 보안직원을 고용할 필요를 확신시킬 것이다.

▶ 동사 convince와 목적어 the city council 다음에 of가 이끄는 전치사구가 이어지도록 한다.

5 정답 • O

The female employee reminded the manager / [that she was not employed to make coffee].

그 여직원은 부장에게 자신이 커피 타는 일을 하려고 고용된 것이 아님을 상기시켰다.

→ remind와 목적어 다음에는 of가 이끄는 전치사구가 동반할 수도 있고, 직접목적어 역할을 하는 that절이 이어질 수도 있으므로 어법상 옳다.

UNIT 33 동사 A with B
p.67

1 Lake Mälaren supplies more than 2 million people / **with** drinking water.

멜라렌호는 2백만 명이 넘는 사람들에게 식수를 공급한다.

> 동사 supply와 목적어 more than 2 million people 다음에 with
가 이끄는 전치사구가 이어지도록 한다.

2 Many natural habitats have already been replaced /

with some form of artificial environment.

많은 자연 서식지가 이미 어떤 형태의 인공적 환경으로 대체되었다.

> 동사 replace와 목적어 다음에 with가 이끄는 전치사구가 이어지
는데, replace가 수동태로 쓰였으므로 수동태 동사 다음에 with를
쓴다.

3 The biologist equipped her laboratory / **with** the best

optical and digital microscopes.

그 생물학자는 지기 실험실에 최고의 광학 현미경과 디지털 현미경을
갖추었다.

> 동사 equip과 목적어 her laboratory 다음에 with가 이끄는 전치
사구가 이어지도록 한다.

4 Why do we need to compare and contrast our

culture / **with** other countries'?

왜 우리는 우리 문화와 다른 니리 문화와 비교하고 대조할 필요가 있
는가?

> 동사 compare, contrast와 두 동사의 공통 목적어 our culture 다
음에 with가 이끄는 전치사구가 이어지도록 한다.

5 정답 • for

Smart home technology provides benefits for the

elderly / in safety, health, and nutrition.

스마트 홈 기술은 어르신들에게 안전, 건강, 영양에서 이로움을 제공한다.

→ provide의 목적어 benefits는 제공하는 것이고, the elderly는 그것
을 받는 대상이므로 for를 써야 한다. *cf.* Smart home technology
provides the elderly with benefits in safety, health, and
nutrition.

 UNIT **34** 동사 A as/to B   p.68

1 Science is sometimes described / **as** a winner-take-

all contest, / with no rewards for being second or

third.

과학은 때때로 승자 독식 대회로 묘사되는데, 2등이나 3등에게는 아무
런 보상도 없다.

> 동사 describe와 목적어 다음에 as가 이끄는 전치사구가 이어지
는데, describe가 수동태로 쓰였으므로 수동태 동사 다음에 as를
쓴다.

2 Red Cross volunteers distributed relief materials / **to**

1,350 people (affected by the flood disaster).

적십자 자원봉사자들이 홍수 재난에 의해 영향받는 1,350명의 사람에
게 구호물자를 나누어주었다.

> 동사 distribute와 목적어 relief materials 다음에 to가 이끄는 전
치사구가 이어지도록 한다.

3 Some households attribute their poverty / **to**

household members (suffering from diseases).

일부 가정은 그들의 가난을 질병으로 앓고 있는 가정 구성원 탓으로 돌
린다.

> 동사 attribute와 목적어 their poverty 다음에 to가 이끄는 전치사
구가 이어지도록 한다.

4 정답 • O

As a human geographer, / she dedicated herself /

to deepening students' understanding of people,

places, and cultures.

인문 지리학자로서, 그녀는 사람, 장소, 문화에 관한 학생들의 이해를 심
화하는 데 이바지했다.

→ devote는 재귀대명사 목적어를 취하고 to가 이끄는 전치사구가 이
어지면 '~에 이바지하다'라는 의미를 나타내므로 어법상 옳다.

CHAPTER TEST   p.69

A

1 정답 • from

Lack of a standard interpretation will not prevent a

paradigm / from guiding research.

표준 해석의 결여는 하나의 인식 체계가 연구를 이끄는 것을 가로막지
않을 것이다.

→ 동사 prevent와 목적어 a paradigm 다음에는 from이 이끄는 전
치사구가 이어져야 한다.

2 정답 • reminded

Employees should be regularly reminded / [that

company emails are business records].

직원들은 회사 이메일이 업무 기록이라는 것을 주기적으로 상기되어야
한다.

→ remind는 목적어 다음에 of가 이끄는 전치사구가 이어질 수도 있
고, 직접목적어로 that절을 취할 수도 있지만, deprive는 that절을
직접목적어로 취할 수 없다.

3 정답 • for

Be it interns or higher-ups, / always compliment your colleagues for a job well done.

인턴사원이든 윗사람이든, 잘한 일에 대해 여러분의 동료를 항상 칭찬하라.

→ 동사 compliment와 목적어 your colleagues 다음에는 for가 이끄는 전치사구가 이어져야 한다.

4 정답 • discouraged

My father discouraged me from becoming a musician / [because it can be a hard life].

아버지께서는 내가 음악가가 되는 것을 만류하셨는데, 그것이 힘든 삶일 수 있기 때문이다.

→ from이 이끄는 전치사구를 동반하여 '~가 …하는 것을 만류하다'라는 의미를 나타내는 동사는 discourage이다.

◐ 동사 encourage는 목적어 다음에 목적격보어로 to부정사를 취해 '~가 …하도록 장려하다'라는 의미를 나타낸다.

5 정답 • raising

Mom quit her job / and committed herself to raising the family / [after she got married].

엄마는 결혼 후에 일을 그만두고 가족을 돌보는 것에 전념하셨다.

→ commit A to B에서 to는 전치사이므로 목적어로 동명사를 써야 한다.

6 정답 • exchange

The shirt is a little bit small for me. // I'd like to exchange it for a bigger size.

셔츠가 제게 좀 작습니다. 더 큰 치수로 바꾸고 싶습니다.

→ exchange는 목적어 다음에 for가 이끄는 전치사구가 이어지고, separate은 from이 이끄는 전치사구가 이어진다.

◐ exchange는 목적어 다음에 with가 이끄는 전치사구가 이어져 같은 의미를 나타낼 수도 있다.

Ⓑ

1 정답 • to → from

You can easily detach the hood / from the jacket / [when you think it is not needed].

여러분은 필요하지 않다고 생각할 때 모자를 재킷에서 떼어낼 수 있습니다.

→ 동사 detach와 목적어 the hood 다음에는 from이 이끄는 전치사구가 이어져야 한다.

2 정답 • punish → be punished

Criminals must be punished for their crimes, // and victims must have their rights ensured.

범죄자들은 처벌받아야 하고, 피해자들을 그들의 권리를 보장받아야 한다.

→ 동사 punish의 목적어 없이 바로 for가 이끄는 전치사구가 이어지고 있으므로, We must punish criminals for their crimes가 수동태로 전환된 형태가 되어야 한다.

◐ have their rights ensured는 「사역동사+목적어+목적격보어(과거분사)」의 구조이다.

3 정답 • for → from

Tree bark is a protective layer / [that keeps insects / from damaging the trunk of the tree].

나무껍질은 곤충이 그 나무의 원줄기를 훼손하는 것을 막는 보호층이다.

→ 문맥상 '~가 …하는 것을 막다'라는 의미를 나타내는 것이 적절하므로, 동사 keep과 목적어 insects 다음에는 from이 이끄는 전치사구가 이어져야 한다.

4 정답 • 첫 번째 of → to

The prominent scientist owed his achievement / to "a habit of observation and reflection."

그 저명한 과학자는 자신의 성취를 '관찰과 숙고의 습관' 덕으로 돌렸다.

→ 동사 owe와 목적어 his achievement 다음에는 to가 이끄는 전치사구가 이어져야 한다.

5 정답 • preserve → preserving

Many organizations have devoted themselves / to preserving the Earth's precious biodiversity.

많은 단체가 지구의 소중한 생물 다양성을 보존하는 데 이바지해왔다.

→ devote A to B에서 to는 전치사이므로 목적어로 동명사를 써야 한다.

6 정답 • with → as

Cleanliness has been perceived / as one of the critical criteria (to judge a society's development).

청결함은 한 사회의 발전을 판단하는 중대한 기준의 하나로 인식되어 왔다.

→ 동사 perceive와 목적어 다음에 as가 이끄는 전치사구가 이어지는데, perceive가 수동태로 쓰였으므로 수동태 동사 다음에 as를 써야 한다.

Ⓒ

1 Many of these substances **have been suspected** / of causing adverse health effects.

이 물질 중 많은 것이 건강에 부정적인 영향을 초래한다는 의심을 받아왔다.

2 Some people have **defined wildlife damage management** / **as** the management of overabundant species.

어떤 이들은 야생생물 피해 관리를 과잉 종의 관리로 정의해왔다.

3 You must **submit your application** / **to** the Canadian visa office in your area.

귀하는 귀하의 신청서를 귀하 지역의 캐나다 비자 사무실에 제출해야 합니다.

4 Humans have been **replacing diverse natural habitats** / **with** artificial monoculture for millennia.

인간은 수천 년간 다양한 자연 서식지를 인공적인 단일 경작으로 대체해 오고 있다.

5 You need to **rid your smartphone** / **of** germs, viruses, and other bacteria.

여러분은 여러분의 스마트폰에서 세균, 바이러스, 그리고 기타 박테리아를 제거할 필요가 있습니다.

6 We cannot **substitute biofuels for** fossil fuels / in large enough quantities (to make a meaningful difference).

우리는 의미 있는 변화를 가져올 만큼 충분히 대량으로 화석 연료를 바이오 연료로 대체할 수 없다.

→ 화석 연료를 바이오 연료로 대체한다는 의미를 나타내려면 둘 사이에 for를 넣는다. with를 넣으면 거꾸로 바이오 연료를 화석 연료로 대체한다는 의미가 된다는 점에 유의한다.

7 Musical sounds **can be distinguished from** those of nature / by the fact [that they involve the use of fixed pitches].

음악의 음은 고정된 음조의 사용을 수반한다는 사실에 의해 자연적인 소리와 구별될 수 있다.

[1-2]

❸ AI will be able to enhance people's skills / and help them increase their efficiency at their daily

tasks / and dedicate more time and energy to creativity and innovation.

- 두 개의 동사구가 등위접속사 and로 연결되어 be able to에 이어지면서 문장의 술어를 이루고 있다.
- 두 번째 and는 help의 목적격보어 역할을 하는 원형부정사구 increase their efficiency at their daily tasks와 dedicate more time and energy to creativity and innovation을 병렬로 연결해 준다.

❹ An understaffed government agency could use
   S   V
AI / (to automate paperwork), / (focusing greater
O   └→분사구문
time and energy on the needs of citizens).

- 첫 번째 ( )는 '~하도록'이라는 목적을 나타내는 to부정사구이고, 두 번째 [ ]는 An understaffed government agency를 의미상 주어로 하는 분사구문이다.
- focus A on B가 쓰여 'A를 B에 집중하다'라는 의미를 나타내고 있다.

❻ And AI (trained to detect diseases earlier / by
         S↑
scanning existing records for early signs) could
                                                V
inform doctors / of potential treatment and
         O
prevention options.

- ( )는 문장의 주어 AI를 수식하는 과거분사구이다.
- inform A of B가 쓰여 'A에게 B를 알려주다'라는 의미를 나타내고 있다.

❶ 인공지능은 현실 세계 시나리오에서 다년간 우리가 다양한 과업을 하는 데 도움을 주면서 우리에게 이롭도록 사용되어왔다.

❷ 사실 연구는 인공지능이 근로자 생산성을 극적으로 향상할 것이며, 근로자를 로봇으로 대체하지는 않으리라고 예상된다는 것을 발견했다.

❸ 인공지능은 사람들의 기술을 향상하고, 그들이 일상적인 과제에서 효율성을 개선하여 더 많은 시간과 에너지를 창의력과 혁신에 쏟도록 도울 수 있을 것이다.

❹ 인원이 부족한 정부 기관은 서류작업을 자동화하도록 인공지능을 사용하고, 더 많은 시간과 에너지를 시민들의 필요에 집중할 수 있을 것이다.

❺ (진정한 의미에서 인간과 상호작용하는 인공지능을 만들어내려면, 그것이 우리가 서로 하는 것처럼 우리와 의사소통을 할 수 있어야 한다.)

❻ 그리고 조기 징후를 찾기 위해 기존 기록을 세밀히 살핌으로써 더 일찍 질병을 탐지하도록 훈련된 인공지능은 의사들에게 잠재적 치료법과 예방 선택 사항을 알려줄 수 있을 것이다.

정답 풀이 •

1 정답 ④

→ 인공지능이 현실 세계에서 주는 이로움이라는 주제를 제시하고 근로자 생산성 향상, 기술 향상을 통한 창의력과 혁신 집중, 정부 기관의 서비스 개선, 의료 활동 지원을 사례로 들어 설명하는 내용이므로, 인공지능이 실질적으로 인간과 상호작용을 하는 데는 인간 수준의 의사소통 능력이 필요하다는 내용을 담은 ④는 글 전체의

흐름과 관계가 없다.

2 정답 (a) → with (b) → to (e) → of

→ replace와 목적어 다음에는 with가 이끄는 전치사구, dedicate와 목적어 다음에는 to가 이끄는 전치사구, inform과 목적어 다음에는 of가 이끄는 전치사구가 이어져야 한다.

[3-4]

❸ These services <u>provide</u> <u>the owner</u> with no
   S   V₁   O₁
financial benefits, / and thus <u>are</u> <u>unlikely</u> to
                       V₂   SC₂
influence management decisions.

  ○ 두 개의 동사구가 등위접속사 and로 연결되어 주어 These services에 이어지고 있다.

  ○ provide A with B가 쓰여 'A에게 B를 제공하다'라는 의미를 나타내고 있다.

❹ But <u>these services</u>, / (based on their non-market
        S   └→ 분사구문
values), / <u>provide</u> <u>invaluable economic benefits</u> /
           V   O
for the society at large, / [which may exceed the
economic value of the timber].

  ○ ( )는 '~에 근거할 때'라는 의미를 나타내는 분사구문이다.

  ○ [ ]는 앞에 언급된 내용을 부가적으로 설명하는 관계절이다.

  ○ provide A for B가 쓰여 'A를 B에게 제공하다'라는 의미를 나타내고 있다.

❺ For example, / a United Nations report has
estimated / [that <u>the economic benefits of</u>
                                  S′
<u>ecosystem services</u> (provided by tropical
forests), (including climate regulation, water
purification, and erosion prevention), <u>are</u> over
                                           V′
three times greater per hectare / than the market
benefits].

  ○ [ ]은 동사 estimate의 목적어 역할을 하는 명사절이다.

  ○ 첫 번째 ( )는 that절의 주어를 수식하는 분사구이다.

  ○ 두 번째 ( )는 '~을 포함하여'라는 의미를 나타내는 전치사구이다.

❶ 천연자원 관리자는 일반적으로 이용에 대한 재정적 보상을 제공하는 시장 유인에 직면한다.

❷ 예를 들어, 삼림지 소유자에게는 탄소 포집, 야생동물 서식지, 홍수 방어 및 다른 생태계 서비스를 위해 숲을 관리하기보다는 나무를 베어 내는 시장 유인이 있다.

❸ 이러한 서비스는 소유자에게 어떠한 재정적 이익도 제공하지 않으므로, 관리 결정에 영향을 미칠 것 같지 않다.

❹ 하지만 이러한 서비스는, 그것의 비시장적 가치에 근거할 때, 사회 전반에 매우 귀중한 경제적 이익을 제공하는데, 그것은 목재의 경제적 가치를

초과할 수도 있다.

❺ 예를 들어, 유엔의 한 보고서는 기후 조절, 수질 정화 및 침식 방지를 포함하여 열대 우림이 제공하는 생태계 서비스의 경제적 이익이 시장 이익보다 헥타르당 3배보다 더 크다고 추정했다.

→ 나무를 베는 것이 경제적으로 <u>비효율적인데도</u>, 시장은 생태계 서비스가 아니라 이용을 <u>선호하는</u> 신호를 보내고 있다.

정답 풀이 •

3 정답 ②

→ 산림지 소유자는 생태계 서비스를 위해 숲을 관리하는 데 아무런 이점이 없으므로 나무를 베어 팔게 되지만, 유엔 보고서는 생태계 서비스의 경제적 이익이 시장 이익보다 세 배 넘게 크다고 했다는 내용이다. 따라서 (A)에는 나무를 베는 것이 경제적 이익 측면에서 바람직하지 못하다는 의미를 나타내도록 inefficient나 wasteful이 들어가는 것이 적절하고, (B)에는 시장의 성향이 이용 쪽으로 기운다는 것을 나타내도록 favor, support, promote가 들어가는 것이 적절하므로, 요약문의 두 빈칸에 들어갈 말로 가장 적절한 것은 ② '비효율적인, 선호하다'이다.
① 낭비적인, 반대하다
③ 유리한, 지지하다
④ 비효율적인, 비판하다
⑤ 유리한, 촉진하다

4 정답 with, for

→ (a): the owner가 제공받는 사람, no financial benefits가 제공하는 것에 해당하므로 provide와 목적어 다음에 with가 이끄는 전치사구가 이어져야 한다.

(b): invaluable economic benefits가 제공하는 것, the society at large가 제공받는 대상에 해당하므로 provide와 목적어 다음에 for가 이끄는 전치사구가 이어져야 한다.

CHAPTER **07** 형용사적·부사적 수식어구

UNIT 35 명사를 뒤에서 꾸며 주는 수식어구 p.74

1 This marketing project (**with clear objectives**) helped
                            S   V
/ the company increase sales and brand awareness.
        O   OC
명확한 목표를 가진 이 마케팅 프로젝트는 회사가 매출과 브랜드 인지도를 높이는 데 도움이 되었다.

2 The Grand Canyon is a good place (**to visit**) / for its
breathtaking natural beauty and hiking trails.

그랜드 캐니언은 숨 막히는 자연의 아름다움과 하이킹 코스가 있어 방문

하기 좋은 곳이다.

3 <u>Money</u> — beyond the bare minimum (**necessary for**
_S
food and shelter) — / is nothing more than a means
_V
to an end.

의식주를 위한 최소한의 필요 이상의 돈은 목적을 위한 수단에 지나지
않는다.

  ◉ beyond는 전치사이고, the bare minimum necessary for food
     and shelter는 전치사의 목적어 역할을 하는 명사구이다.

4 We aim to provide students with the maximum
amount of resources (**possible**) / (to facilitate learning
and academic success).

우리는 학습과 학업적 성공을 촉진하기 위해 가능한 최대한의 자원을
학생들에게 제공하는 것을 목표로 한다.

  ◉ provide A with B는 'A에게 B를 제공하다'라는 의미이다.
  ◉ 두 번째 ( )는 목적을 나타내는 부사적 용법의 to부정사구이다.

5 정답 • ×, to learn from

Having helpful teachers (to learn from) / can
significantly enhance one's educational experience
and understanding of various subjects.

배울 수 있는 도움이 되는 선생님을 만나면 교육적 경험과 다양한 과목
에 대한 이해도가 크게 높아질 수 있다.

  ➡ to부정사구가 명사 teachers를 수식하기 위해서는 learn과
     teachers를 연결할 수 있는 전치사 from이 필요하다.

UNIT 36 명사를 꾸며 주는 분사   p.75

1 Like a **rolling** stone, / she wandered from place to
place / and never stayed in one location for too
long.

구르는 돌처럼 그녀는 이곳저곳을 돌아다니며 한 곳에 너무 오래 머물
지 않았다.

2 Misprints in a book or in any **written** message /
usually have a negative impact on the content.

책이나 글로 표현된 메시지의 오탈자는 일반적으로 내용에 부정적인 영
향을 미친다.

3 Knowledge **gained earlier** certainly will not
disappear; // instead, it forms the foundation for
further learning.

이전에 얻은 지식은 사라지지 않고 오히려 더 많은 학습을 위한 토대가
된다.

  ◉ it은 Knowledge gained earlier를 가리킨다.

4 With precision and grace, / the woman **carrying a
huge cake** made her way / to the center of the room.

정확하고 우아하게, 커다란 케이크를 들고 있던 여인은 방 중앙으로 향
했다.

5 정답 • used

Planning ahead can minimize / the amount of
time used to complete assignment and study for
exams.

미리 계획하면 과제를 완료하고 시험공부를 하는 데 사용된 시간의 양
을 최소화할 수 있다.

  ➡ 시간은 사용되는 대상이므로 수동의 의미를 나타내는 과거분사
     used가 필요하다.

UNIT 37 부사 역할을 하는 to부정사의 의미   p.76

1 I was surprised / to see trainers on their lunch hour
sunbathing in a pile with their sea lions.

나는 점심시간에 조련사들이 바다사자들과 함께 일광욕을 하는 모습을
보고 깜짝 놀랐다.

  ◉ 감정의 원인을 나타내는 부사적 용법의 to부정사구이다.

2 Try to talk [when first learning to dance the tango],
// and it's a disaster // — we need our conscious
attention to focus on the steps.

탱고를 처음 배울 때 말을 하려고 하라. 그러면 완전히 실패할 것이다.
스텝에 집중하기 위해 의식적인 주의가 필요하다.

  ◉ 「명령문, and ~」는 '…하라. 그러면 ~할 것이다'라는 의미이다.

3 With a passion for music from a young age, / she
grew up to become a world-famous conductor.

어릴 때부터 음악에 대한 열정을 가지고, 그녀는 자라서 세계적으로 유
명한 지휘자가 되었다.

  ◉ 결과를 나타내는 부사적 용법의 to부정사구이다.

4 To hear him talk about his family, / you will sense
the love and warmth in his voice.

그가 자신의 가족에 대해 이야기하는 것을 듣는다면, 여러분은 그의 목
소리에서 사랑과 따뜻함을 느낄 것이다.

  ◉ 조건을 나타내는 부사적 용법의 to부정사구이다.

5 You must be foolish / **to believe** [that you can get away with cheating on the exam without consequences].

시험에서 부정행위를 해도 아무런 처벌 없이 빠져나갈 수 있다고 믿다니 너는 어리석은 것이 틀림없다.
▶ 판단을 나타내는 부사적 용법의 to부정사구이다.

UNIT 38 to부정사가 만드는 주요 구문 p.77

1 Do the fences seem / too far away to hit a home run? // Simply adjust the fences / so that it seems easier.

펜스가 너무 멀어서 홈런을 칠 수 없어 보이는가? 더 쉽게 보이도록 펜스를 조정하기만 하면 된다.
▶ '너무 ~해서 …할 수 없다'라는 의미의 「too ~ to …」가 쓰였다.

2 The gap under the door was / large enough to take a clear photo of the hallway.
<small>S   V</small>

문 아래의 틈새는 복도 사진을 선명하게 찍을 수 있을 만큼 충분히 컸다.
▶ '~할 만큼 충분히 …하다'라는 의미의 「… enough to ~」가 쓰였다.

3 The author's imagination was / so rich as to transport readers to entirely new worlds.

작가의 상상력은 독자들을 완전히 새로운 세계로 이동시킬 만큼 풍부했습니다.
▶ '~할 만큼 …하다'라는 의미의 「so ~ as to …」가 쓰였다.

4 Love is like war. // It is easy to begin / but very hard to stop.

사랑은 전쟁과 같다. 시작하기는 쉽지만 멈추기는 매우 어렵다.
▶ '~하기에 …한'이라는 의미의 「형용사+to부정사」가 쓰였다.

5 정답 • O

Despite the challenges ahead, / she believed [no obstacles were too great to overcome].

앞으로의 도전에도 불구하고 그녀는 극복하기에는 너무 큰 장애물은 없다고 믿었다.
➡ '너무 ~해서 …할 수 없다'라는 의미를 나타내기 위해 「too+형용사 +to-v」가 쓰였고, overcome은 전치사가 필요 없는 타동사이므로 현재 문장은 어법상 옳다.

UNIT 39 문장 전체를 수식하는 to부정사 p.78

1 **Strange to say**, / the missing document mysteriously reappeared / on my desk this morning.

이상한 말이지만, 잃어버린 서류가 이상하게 오늘 아침 내 책상 위에 다시 나타났다.

2 [When at last they arrived at the restaurant], / **to make matters worse**, / they were charged three
<small>   S   V</small>
times more than the usual fare / due to the heavy traffic.

마침내 그들이 레스토랑에 도착했을 때, 설상가상으로 교통 체증으로 인해 평소 요금보다 세 배나 더 많은 요금이 청구되었다.
▶ [   ]는 시간을 나타내는 부사절이다.

3 He arrived late to the meeting, // and needless to say, / it didn't make a good impression.

그는 회의에 늦게 도착했고, 말할 필요도 없이 그것은 좋은 인상을 남기지 못했다.

4 **To begin with**, / let's review the data / and analyze the trends before drawing any conclusions.

우선, 결론을 내리기 전에 데이터를 검토하고 추세를 분석해 봅시다.

5 The situation is like a double-edged sword, / **so to speak**, / with both advantages and disadvantages.

이 상황은 말하자면 양날의 검과 같아서 장점과 단점이 모두 있다.

CHAPTER TEST p.79

A

1 정답 • experienced

Our courses with experienced instructors / will open up a new world of creativity for you.

경험 많은 강사와 함께하는 우리 강좌는 여러분에게 새로운 창의력의 세계를 열어줄 것이다.
➡ experienced는 instructors를 수식하는 분사로, 이미 경험을 완료한 것이므로 과거분사 experienced가 어법상 알맞다.

2 정답 • to read

[As the semester came to a close], / Michael began
<small>   S   V</small>

compiling a list of books (to read over the summer
break).

학기가 끝나갈 무렵, Michael은 여름방학 동안 읽을 책 목록을 엮기 시작했다.

○ [　]는 시간을 나타내는 부사절이다.
→ 명사를 뒤에서 꾸며 주는 형용사구는 to부정사구이므로, 명사 books를 수식하는 형용사구로 to read가 어법상 알맞다.

3 정답 • anything possible

As a parent, / she would do anything possible / (to
ensure her children's happiness and safety).

부모로서, 그녀는 자녀의 행복과 안전을 확실히 하기 위해 가능한 무엇이든 할 것이다.

○ (　)는 목적을 나타내는 to부정사구의 부사적 용법으로 쓰였다.
→ anything은 형용사가 뒤에서 수식하는 명사이므로, anything possible이 어법상 알맞다.

4 정답 • to talk to

Having someone (to talk to) will help / you manage
    S   V   O   OC
any potential stress or concerns.

대화할 사람이 있다는 것은 여러분이 잠재적인 스트레스나 우려를 관리하는 데 도움이 될 것이다.

→ 명사 someone을 to부정사구가 뒤에서 수식하는 구조인데, talk와 someone을 이어줄 수 있는 전치사가 필요하므로 to talk to가 어법상 알맞다.

5 정답 • to answer

Whether the world will ever achieve complete
                                              S
peace / is a question hard to answer / due to the
        V
complexities of global politics.

세계가 완전한 평화를 이룰 수 있을지는 세계 정치의 복잡성으로 인해 답하기 어려운 질문이다.

→ 명사 a question을 「형용사+to부정사」가 뒤에서 수식하는 구조로, 의미상 answer의 목적어는 a question이 되므로, answer 뒤에 다른 목적어가 올 수 없다. 따라서 to answer가 어법상 알맞다.

6 정답 • too

They'll look all the way down to the bottom of the
slope / and determine that the slope is too steep to
try.

그들은 경사면 바닥까지 완전히 내려다 볼 것이고 경사면이 너무 가팔라서 시도할 수 없다고 판단할 것이다.

→ '너무 ~해서 …하다'라는 의미의 표현은 「too ~ to …」이므로, too가 어법상 알맞다.

B

1 정답 • enough clear → clear enough

We got lost / [because the map was not clear
enough to navigate the maze effectively].

그 지도는 미로를 효과적으로 탐색할 만큼 충분히 명확하지 않았기 때문에 우리는 길을 잃었습니다.

→ '~할 만큼 충분히 …하다'라는 의미는 「형용사/부사+enough to-v」로 표현하므로, 형용사 clear는 enough 앞에 위치해야 한다.

2 정답 • crucially → crucial

Critical thinking and digital literacy are / skills (crucial
for the future) / in this rapidly evolving world.

비판적 사고와 디지털 리터러시는 빠르게 진화하는 이 세상에서 미래를 위해 꼭 필요한 기술이다.

→ 의미상 명사 skills를 수식하는 형용사구가 필요하므로 부사 crucially는 형용사 crucial로 고쳐야 한다.

3 정답 • dedicating → to dedicate

She was so passionate / as to dedicate her entire
career to environmental conservation efforts.

그녀는 자신의 경력 전체를 환경 보호 노력에 바칠 정도로 열정적이었다.

→ '~할 만큼 …하다'라는 의미는 「so+형용사/부사+as to-v」로 표현하므로, dedicating은 to부정사인 to dedicate로 고쳐야 한다.

4 정답 • occupying → occupied

The reserved sign on the table indicated / [that it
was an occupied seat], // so they moved to another
table.

그 테이블의 예약 표시가 점유 중인 자리임을 나타냈기 때문에, 그들은 다른 테이블로 옮겼다.

→ occupy는 '(자리를) 차지하다'라는 뜻인데, seat(자리)는 자리를 차지하는 동작의 대상이 되므로 현재분사 occupying은 과거분사 occupied로 고쳐야 한다.

5 정답 • design → designed

A sports team has a playbook / with specific plays /
(designed to help them perform well and win).

스포츠 팀에는 좋은 경기력과 승리를 위해 고안된 구체적인 플레이가 담긴 플레이북이 있다.

→ 명사구인 specific plays를 뒤에서 꾸며 주는 형용사구가 와야 하는데, plays는 고안하는 행위의 대상이 되므로 동사원형 design은 과거분사 designed로 고쳐야 한다.

6 정답 • amazed → amazing

The young soprano has an amazing voice / and fills the room with warmth and emotion / [whenever she sings].

그 젊은 소프라노는 놀라운 목소리를 가지고 있으며 노래를 부를 때마다 방 안을 따뜻함과 감동으로 가득 채운다.

→ 동사 amaze는 '놀라게 하다'라는 뜻이고, voice(목소리)는 사람들을 놀라게 하는 행위의 주체이므로 과거분사 amazed는 현재분사 amazing으로 고쳐야 한다.

C

1 The discovery of the rare species, / needless to say, / excited scientists / and raised awareness about wildlife protection.

S ... V₁ ... V₂

희귀종의 발견은, 말할 필요도 없이 과학자들을 흥분시켰고 야생동물 보호에 대한 인식을 높였다.

2 You must be happy / (to receive the acceptance letter from your dream university / after all your hard work).

열심히 노력한 끝에 꿈에 그리던 대학에서 합격 통지서를 받게 되다니 당신은 틀림없이 기쁠 것이다.

3 Tickets (purchased online) must be shown in your smartphone or printed / (in order to enter the park).

S ... V

온라인으로 구매한 티켓은 스마트폰으로 제시되거나 인쇄되어야 공원에 입장할 수 있다.

> ▶ Tickets는 구매하는 행위의 대상이므로 과거분사 purchased가 쓰였다.

4 She rushed to the train station, / (only to see the train pulling away from the platform).

그녀는 서둘러 기차역으로 갔지만, 기차가 플랫폼에서 멀어지는 것을 보았을 뿐이었다.

> ▶ only 이하는 결과를 나타내는 to부정사구이다.

5 What are some exercise routines (helpful for improving flexibility and strength / while preventing injury)?

유연성과 근력을 향상하고 부상을 예방하는 데 도움이 되는 운동 루틴에는 어떤 것이 있는가?

6 Artificial intelligence is used / along with human-robot interaction principles / (to create robots [that can be intelligent enough to be good team members]).

인공지능은 인간과 로봇의 상호작용 원리와 함께 사용되어 훌륭한 팀원이 될 수 있을 만큼 충분히 지능적일 수 있는 로봇을 만든다.

7 The concept of overtourism rests on / a particular assumption (about people and places <common in tourism studies and the social sciences in general>).

오버투어리즘의 개념은 관광학 및 사회과학 전반에서 일반적인 사람과 장소에 대한 특정 가정에 기반을 두고 있다.

> ▶ about ~ general은 a particular assumption을, common ~ general은 people and places를 각각 수식한다.

D

[1-2]

❷ The problem is, / [it is impossible to tell {how long it will take the sea to deliver its bottled messages} or {where it will wash them up}].

> ▶ [ ]에서 it은 가주어이고, to tell ~ them up은 진주어이다. 두 개의 { }는 or를 통해 대등하게 연결되어 tell의 목적어를 이루고 있다.

❹ He was returning to Spain / (to tell the king and queen about <what he had discovered>), / [when his ship got caught in a bad storm].

└ 전치사 about의 목적어

> ▶ to tell ~ discovered는 목적을 나타내는 to부정사구의 부사적 용법이다.

❺ Columbus was still more than a thousand miles from Europe, // and he feared [he would never live to tell the king and queen of his discovery].

> ▶ [ ]는 feared의 목적어 역할을 하는 명사절로 접속사 that이 생략된 것으로 볼 수 있다.

❶ 여러분은 아마도 바다에 병을 띄워서 메시지를 보내는 것에 대해 들어본 적이 있을 것이다.

❷ 문제는 바다가 그 병에 담긴 메시지를 배달하는 데 얼마나 걸릴지, 어디로 밀어내는지 알기가 불가능하다는 것이다.

❸ 1493년에 크리스토퍼 콜럼버스는 가장 오래되고 가장 유명한 병에 담긴 메시지를 보냈다.

❹ 그는 왕과 여왕에게 그가 무엇을 발견했는지 전하기 위해 스페인으로 돌아오고 있었고, 그때 배가 심한 폭풍우에 사로잡히게 되었다.

❺ 그는 여전히 유럽에서 1000마일 이상 떨어진 곳에 있었고, 그는 살아서 자신이 발견한 것에 대해 왕과 왕비에게 전하지 못할까 봐 두려웠다. 그

래서 그는 그 소식을 종이에 적었다.

❻ 그는 그것을 나무로 된 병에 넣고 배 밖으로 던졌다.

❼ 300년이 더 지난 후에 그것은 모로코 근처의 아프리카 해안 앞바다에서 미국 배의 선장에 의해 발견되었다.

정답 풀이 •

1 정답 • ④

➡ 뒤의 it은 콜럼버스가 소식을 적은 종이를 의미하므로, 주어진 문장이 들어가기에 가장 적절한 곳은 ④이다.

2 정답 • never live to tell the king and queen

➡ 조동사 would 뒤에는 부정어 never와 동사원형 live가 오고, 그 뒤에는 결과를 나타내는 to부정사구가 이어진다.

[3-4]

❷ You may find / yourself setting aside foreign
  S   V   O   OC
language study for days or even weeks.

  ◑ 주어와 목적어가 같은 것을 가리키므로 목적어로 재귀대명사 yourself가 쓰였다.

❺ One of the best predictors of [whether people
                                      S
are ultimately successful in giving up smoking] /

is the number of times they've managed to quit
V

before, / [if only for a few days or weeks].

  ◑ whether ~ giving up smoking은 앞의 전치사 of의 목적어 역할을 하는 명사절이다.

❻ So [if you find yourself "falling off the wagon" of

foreign language study], / don't take it as a sign

[that you can't do it] // — hop back on that
  동격
wagon and try again.

❶ 최선의 의도와는 달리, 삶의 사건은 일관된 공부 습관을 방해할 수 있다.

❷ 여러분은 자신이 몇 일 또는 몇 주 동안 외국어 공부를 제쳐두는 것을 발견할 수도 있다.

❸ 이것은 좌절감을 줄 수 있지만 여러분이 목표를 포기해야 한다는 의미는 아니다.

❹ 새로운 습관의 개발은 흔히 금연의 맥락에서 연구되어 왔다.

❺ 사람들이 결국 금연에 성공할 수 있는지를 예측하는 가장 좋은 지표 중 하나는 며칠 또는 몇 주 동안이라도 이전에 금연에 성공해냈던 횟수이다.

❻ 그러니 자신이 외국어 공부의 '수레에서 떨어지는' 것을 발견한다면, 해낼 수 없다는 신호로 받아들이지 말고, 다시 수레에 올라타서 다시 시도하라.

❼ 그것은 여러분을 성공으로 이끄는 수레이다.

❽ 재학습이 학습보다 빠르다는 사실을 기억하고, 따라서 다시 시작할 때마다 여러분은 유리하게 출발할 것이다.

정답 풀이 •

3 정답 • ①

➡ 자신이 몇 일 또는 몇 주 동안 외국어 공부를 제쳐두고 있는 것을 발견하더라도 해낼 수 없는 신호로 받아들이지 말고 다시 시도해야 한다고 하면서, 재학습이 학습보다 빠르므로 다시 시작할 때마다 유리한 고지를 선점할 수 있다는 내용의 글이므로, 글의 제목으로 가장 적절한 것은 ① '차질은 실패를 의미하는가?'이다.
② 외국어 학습의 이점
③ 담배를 끊을 때 기대할 수 있는 것들
④ 청소년이 좋은 공부 습관을 기르도록 돕는 방법
⑤ 목표 중 일부를 포기해도 괜찮은 이유는 무엇인가?

4 정답 • (A) frustrating (B) leading

➡ (A) 주어 This는 앞 문장의 내용을 의미하고, 이는 좌절감을 주는 행위의 주체가 되므로 능동을 나타내는 현재분사 frustrating으로 고쳐야 한다.
  (B) 명사 the wagon을 수식하는 분사구가 필요한데, the wagon은 성공으로 이끄는 행위의 주체이므로 능동을 나타내는 현재분사 leading으로 고쳐야 한다.

CHAPTER
08 관계사절

🔖 **UNIT 40 선행사를 수식하는 관계대명사절** p.84

1 The mountain [which we climbed last summer] /
                                              S
offered breathtaking views from its summit.
V
우리가 지난여름에 올랐던 산은 정상에서 숨 막히는 경치를 선사했다.

2 The biggest lesson [that I have learned from sport] /
                                              S
is how to take defeat graciously.
V   SC
내가 스포츠를 통해 배운 가장 큰 교훈은 패배를 우아하게 받아들이는 방법이다.

  ◑ 의문사 how와 to부정사가 함께 쓰여 '~하는 방법'이라는 뜻을 나타낸다.

3 People place growing emphasis on "political

consumerism," / such as boycotting goods

[whose production violates ecological or ethical

standards].

사람들은 생태적 또는 윤리적 기준을 위반하는 제품을 불매하는 것과 같은 '정치적 소비주의'를 점점 더 강조하고 있다.

4 정답 • ✕, through which

Diaries were central media [through which enlightened and free subjects could be constructed].

일기는 그것을 통해 계몽적이고 자유로운 주제가 구성될 수 있는 중심 매체였다.

→ 관계절을 이끄는 which 뒤의 절과 선행사 central media를 연결하기 위해서는 전치사 through가 필요하다.

UNIT 41 명사절을 이끄는 관계대명사   p.85

1 What is striking about her artwork is / the way [she captures emotions with just a few brushstrokes].
    (S)   (V)   (SC)

그녀의 작품에 대해 인상적인 것은 그녀가 몇 번의 붓 터치만으로 감정을 포착하는 방식이다.

2 The very trust [that this apparent objectivity inspires] /
    (S)
is what makes maps such powerful carriers of
(V)   (SC)
ideology.

이러한 명백한 객관성이 불러일으키는 바로 그 신뢰가 지도를 강력한 이데올로기의 매개체로 만드는 것이다.

3 I will wear whichever you choose / [because your
  (S) (V)   (O)
opinion matters to me].

당신의 의견이 중요하기 때문에 나는 당신이 선택한 것은 무엇이든 입을 것이다.

○ [ ]는 이유를 나타내는 부사절이다.

4 정답 • what

The need for a reliable calendar was / the motivation for learning about [what we now call astronomy].
          └→ 전치사 about의 목적어
신뢰할 수 있는 달력의 필요성은 우리가 지금 천문학이라고 부르는 것에 대해 배우게 된 동기가 되었다.

→ 전치사 about의 목적어 역할을 할 수 있는 명사절이 필요한데, 선행사가 따로 없으므로 선행사를 포함한 관계사 what이 필요하다.

UNIT 42 선행사를 수식하는 관계부사절   p.86

1 Many masterpieces of art were created / during the period [when the Renaissance flourished].

르네상스가 번성했던 시기에 많은 미술 걸작품이 탄생했다.

2 The place [that the car was parked] was so remote /
         (S)   (V)
[that we had trouble finding our way back to it].

차를 주차한 장소가 너무 외진 곳에 있어서 우리는 그곳에 다시 찾아가는 데 어려움을 겪었다.

○ 「so ~ that …」은 '너무 ~해서 …하다'라는 의미이다.

3 Understanding cultural diversity fosters / a deeper appreciation for the way [that people from various backgrounds navigate the world].

문화적 다양성을 이해하는 것은 다양한 배경을 가진 사람들이 세상을 살아가는 방식에 대해 더 깊이 이해할 수 있도록 한다.

○ Understanding cultural diversity는 동명사구 주어이다.

4 This is one of the main reasons [why even the most accomplished singers / have to listen to the opinion of coaches].

이것이 가장 뛰어난 가수도 코치의 의견을 들어야 하는 주된 이유 중 하나이다.

5 정답 • O

Do you remember / the time [that we got lost in the big city / and had to ask for directions from strangers]?

우리가 대도시에서 길을 잃고 낯선 사람에게 길을 물어봐야 했던 때를 기억하는가?

→ the time은 일반적인 시간을 나타내는 개념으로 이때 관계부사 when을 that으로 바꿔 쓸 수 있으므로 현재 문장은 어법상 옳다.

UNIT 43 관계사와 선행사의 생략   p.87

1 Fear is an emotion [we find hard to resist or control], // so people in journalism often exploit it.

두려움은 우리가 저항하거나 통제하기 어려운 감정이라서, 저널리즘에 종사하는 사람들은 종종 이를 악용한다.

○ 관계절 [ ] 앞에 목적격 관계대명사 that 혹은 which가 생략된 것으로 볼 수 있다.

2 It was the moment [he held his newborn daughter in his arms] / that he knew true happiness.

그가 갓 태어난 딸을 품에 안은 순간이 바로 그가 진정한 행복을 알았던 때였다.

○ the moment ~ arms를 강조하기 위해 「it was ~ that」 강조 구문이 쓰였다.

○ the moment 뒤에는 관계부사 when이 생략된 것으로 볼 수 있다.

3 This laboratory is / the place [breakthrough discoveries in medicine and biotechnology have been made].

이 실험실은 의학과 생명공학 분야에서 획기적인 발견이 이루어진 곳이다.

  ❍ the place 뒤에는 관계부사 where가 생략된 것으로 볼 수 있다.

4 The window [broken during the storm] allowed / rainwater to flood the room.
S / V / O / OC

폭풍우 중 깨진 그 창문은 빗물이 방에 흘러넘치게 했다.

  ❍ [ ]는 「주격 관계대명사+be동사(which was)」가 생략된 것으로 볼 수 있다.

5 정답 • ✕, which

Consider Thibodeau and Broditsky's series of experiments / [in which they asked people for ways to reduce crime in a community].

지역사회에서 범죄를 줄일 수 있는 방법을 사람들에게 물어본 Thibodeau와 Broditsky의 일련의 실험을 생각해 보라.

  ➔ [ ]는 선행사 Thibodeau and Broditsky's series of experiments를 수식하는 관계절인데, experiments와 관계절을 연결하기 위해서는 「전치사+관계대명사」 형태의 in which가 필요하다. 따라서 관계부사 where는 관계대명사 which로 고쳐야 한다.

UNIT 44 선행사를 보충 설명하는 관계사절 p.88

1 During its first half century, / games were not played at night, / [which meant {that baseball games ended <when the sun set>}].

처음 반세기 동안은 밤에 경기가 열리지 않았는데, 그것은 해가 지면 야구 경기가 끝났다는 것을 의미했다.

2 Seven years later, / he moved to Duke University, / [where he developed a psychology department / and continued various research].

7년 후, 그는 듀크 대학교로 옮겼는데, 그곳에서 그는 심리학과를 개설하고 다양한 연구를 이어갔다.

3 The company hired new employees, / [most of whom were recent graduates (eager to start their careers)].

회사는 신입 직원들을 채용했는데, 그들 중 대부분은 경력을 시작하고 싶어 하는 최근 졸업생이었다.

UNIT 45 다양한 형태의 관계사절 I p.89

1 The wisdom in this phrase is / [that social play
S / V / SC
builds ties between people {that are lasting and consequential}].

이 문구의 지혜는 사회적 놀이가 사람들 사이에 지속적이고 결과적인 유대감을 형성한다는 것이다.

2 Energy efficiency requirements for appliances / may produce goods [that work less well] / or [that have characteristics {that consumers do not want}].

전기 제품에 대한 에너지 효율 요건은 성능이 떨어지거나 소비자가 원하지 않는 특성을 가진 제품을 생산하게 할 수 있다.

3 The heart is an organ (essential for survival) / [that pumps oxygen-rich blood throughout the body].

심장은 산소가 풍부한 혈액을 온몸으로 펌프질하는 생존에 필수적인 기관이다.

4 Every idea [that he proposes] / [that is backed by
S
thorough analysis] / demonstrates his commitment
V
to finding effective solutions.

그가 제안하는 철저한 분석을 바탕으로 한 모든 아이디어는 효과적인 해결책을 찾기 위한 그의 노력을 보여준다.

5 I met a woman from Australia / [who shared fascinating stories about her travels across the world].

나는 전 세계 여행에 대한 흥미로운 이야기를 나눈 호주에서 온 한 여성을 만났다.

UNIT 46 다양한 형태의 관계사절 II p.90

1 The place was announced [where the ceremony for the new hospital would take place].

새 병원 기공식이 열릴 장소가 발표되었다.

2 People may resent the invasion of outsiders [who (they believe) are different].

사람들은 자신과 다르다고 생각하는 외부인의 침입에 분개할 수도 있다.

3 I want to lend a helping hand / to the woman [who

(I'm afraid) is facing financial difficulties].

경제적으로 어려움을 겪고 있는 것 같은 여성에게 도움의 손길을 내밀고 싶다.

4 He received an unexpected job offer, / [which it
<small>앞 절의 내용을 보충 설명</small>
seems was a result of his impressive networking

skills].

그는 예상치 못한 일자리 제안을 받았는데, 그것은 그의 인상적인 인맥 기술의 결과였던 것처럼 보인다.

5 A better solution is required [that addresses the root

cause of the problem / rather than just treating

symptoms].

증상만 치료하는 것이 아니라 문제의 근본 원인을 해결하는 더 나은 해결책이 필요하다.

▶ '~가 아니라'라는 의미의 rather than ~이 쓰였다.

CHAPTER TEST   p.91

A

1 정답 • that

Everything [that I had worked for] was finally
<small>S   V</small>
within reach, / [which filled me with a sense of
<small>앞 절을 보충 설명하는 관계절</small>
accomplishment].

내가 노력한 모든 것이 마침내 손에 닿을 수 있는 곳에 있었고, 그것은 나를 성취감으로 가득 채웠다.

➡ [ ]는 선행사 Everything을 수식하는 관계절인데, 선행사에 Every-가 있는 경우 관계대명사 that을 쓴다.

2 정답 • from which

Historical fiction should be seen / as a challenging

representation of the past [from which both public

historians and popular audiences may acquire

knowledge].

역사 소설은 대중 역사가와 대중 청중 모두가 지식을 습득할 수 있는 과거에 대한 도전적인 표현으로 간주되어야 한다.

➡ 선행사인 the past와 완전한 절인 뒤의 관계절을 이어주기 위해서는 전치사 from이 필요하므로 from which가 어법상 알맞다.

3 정답 • what

A large part of [what we see] / is [what we expect to
<small>S   V   SC</small>

see].

우리가 보는 것의 대부분은 우리가 보기를 기대하는 것이다.

➡ 보어 역할을 할 수 있는 명사절이 필요하므로 선행사를 포함하는 관계대명사 what이 어법상 알맞다.

4 정답 • whose

Some decisions present great complexity, / [whose
<small>some decisions를 보충 설명하는 관계절</small>
many variables must come together a certain way

for the leader to succeed].

몇몇 결정들은 매우 복잡하며, 지도자가 성공하기 위해서는 그것들의 많은 변수가 특정한 방식으로 결합되어야 한다.

➡ 관계절이 완전하고 맥락상 선행사인 '몇몇 결정'의 변수를 의미하므로 소유격인 whose가 어법상 알맞다.

5 정답 • where

We often seek advice from mentors, / [who provide
<small>mentors를 보충 설명하는 관계절</small>
guidance in situations {where we must make

decisions}].

우리는 종종 멘토에게 조언을 구하는데, 그들은 우리가 결정을 내려야 하는 상황에서 지침을 제공한다.

➡ 장소를 나타내는 선행사 situations를 수식해야 하고, 관계사 뒤가 완전하므로 관계부사 where가 어법상 알맞다.

6 정답 • that

Critics are often interested / in the ways [that artists

exploit different kinds of materials and tools for

particular artistic effect].

비평가들은 흔히 예술가들이 특정한 예술적 효과를 위해 다양한 종류의 재료와 도구를 활용하는 방식에 관심을 갖는다.

➡ 방법을 나타내는 선행사 the ways를 수식해야 하고, the way와 how는 같이 쓸 수 없으므로 that이 어법상 알맞다.

B

1 정답 • which → , which

She received a scholarship to study abroad in

France, / [which was a dream come true for her].
<small>앞 절을 보충 설명하는 관계절</small>
그녀는 프랑스 유학을 위한 장학금을 받았는데, 이는 그녀에게 꿈이 실현된 것이었다.

➡ 관계사 which가 가리키는 바는 앞 절 전체 내용이므로 which는 , which로 고쳐야 한다.

2 정답 • them → which

Building in regular "you time" can provide numerous

benefits, / [all of which help to make life little bit
→ numerous benefits를 보충 설명하는 관계절
more manageable].

규칙적인 '나만의 시간'을 확보하면 다양한 이점을 얻을 수 있으며, 그
모든 이점은 삶을 조금 더 관리하기 쉽게 만드는 데 도움이 된다.
→ 두 개의 완전한 절이 접속사 없이 이어지고 있으므로 대명사 them
  은 관계대명사 which로 고쳐야 한다.

3 정답 • which → that

They decided / to adopt the same procedures [that

they had used successfully in the previous year].

그들은 그 전 해에 성공적으로 사용했던 것과 동일한 절차를 채택하기
로 결정했다.
→ 선행사에 the same이 있으므로 관계대명사 which는 that으로 고
  쳐야 한다.

4 정답 • which → in which

Many African-Americans are reminded / of their

kinship with the continent [in which their ancestors

originated centuries earlier].

많은 아프리카계 미국인들은 수세기 전 자기 조상들이 기원했던 대륙과
의 혈연관계를 떠올린다.
→ 선행사 the continent를 수식하는 관계절이 필요한데, 관계사 뒤가
  완전한 절이고 관계절과 the continent를 연결하기 위해서는 맥락
  상 전치사 in이 필요하므로 which는 in which로 고쳐야 한다.

5 정답 • where → which

The company provided a comprehensive training

program [which employees could learn new skills

and techniques from].

그 회사는 직원들이 새로운 기술과 기법을 배울 수 있는 종합적인 교육
프로그램을 제공했다.
→ 선행사 a comprehensive training program을 수식하는 관계절
  이 필요한데, 절의 끝에 전치사 from이 있고 절이 불완전하므로 관
  계부사 where는 관계대명사 which로 고쳐야 한다. 혹은 전치사
  from을 삭제할 수도 있다.

6 정답 • Who → Whoever/Anyone who

Whoever comes to the party / should bring a dish to
         S   V
share with everyone.

파티에 오는 사람은 누구나 모두와 함께 나눌 요리를 가져와야 한다.
→ 명사절을 이끌 수 있는 관계사가 필요하고 맥락상 '~하는 사람 누
  구든지'라는 의미이므로 Who는 복합관계대명사 Whoever 혹은
  Anyone who로 고쳐야 한다.

1 I was charmed / by the native birds, monkeys, and

lizards moving among the branches.

나는 나뭇가지 사이를 오가는 토종 새와 원숭이, 그리고 도마뱀에 매료
되었다.
→ the native birds, monkeys, and lizards 뒤에 「주격 관계대명사
  +be동사」인 which[that] were가 생략된 것으로 볼 수 있다.

2 Conversely, / [when people interact with someone
                                    → 시간의 부사절
{whom they do not foresee meeting again}], / they
                                                 S
have little reason (to search for positive qualities).
     V
반대로, 사람들은 다시 만날 가능성이 없는 사람과 상호작용할 때 긍정
적인 특성을 찾을 이유가 거의 없다.
◐ 선행사 someone을 목적격 관계대명사절이 수식한다.

3 The story [the fossils tell] is one of change. //
            S   V
Creatures existed in the past [that are no longer with

us].

화석이 들려주는 이야기는 변화의 이야기이다. 더는 우리와 함께 하지
않는 생물들이 과거에 존재했다.
◐ 선행사 the past를 that이 이끄는 관계대명사절이 꾸며 주는 구조
  이다.

4 The paintings [created in the Renaissance] [that
            S
depict religious scenes] / continue to inspire artists
                                     V
around the world.

르네상스 시대에 만들어진 종교적 장면을 묘사하는 그 그림들은 전 세
계 예술가들에게 계속해서 영감을 주고 있다.

5 Runners should choose their shoes wisely / (to

adapt to the hardness or stiffness of the surface <on

which they are running>).

달리는 사람은 그들이 달리는 표면의 경도나 딱딱함에 적응하도록 신발
을 현명하게 선택해야 한다.
◐ 선행사 the surface를 수식하는 관계절이 필요한데, the surface
  와 관계절을 잇기 위해서는 전치사 on이 필요하다.

6 Forms or phenomena [that possess a degree
            S
of immeasurability], or [that do not appear

constrained], / stimulate the human imagination.
                        V
어느 정도 측정할 수 없는 성질을 갖거나 제약이 없어 보이는 형태나 현
상은 인간의 상상력을 자극한다.
◐ 선행사 Forms or phenomena를 or로 대등하게 연결된 두 개의
  관계절 [ ]가 수식하는 구조이다.

7 The team managed to secure funding for their project, / [**which** (**it seems**) **came from** a generous donation by a local resident].
　　　↳ funding을 보충 설명하는 관계절

그 팀은 프로젝트에 필요한 자금을 확보할 수 있었는데, 그것은 지역 주민의 통 큰 기부에서 비롯된 것으로 보인다.

▶ which가 이끄는 관계절에 삽입절 it seems가 들어가 '~인 것으로 보인다'라는 의미를 더한다.

D

[1-2]

❶ Over the last decade / the attention (given to
　　　　　　　　　　　　　　　　S
<how children learn to read>) / has foregrounded
　　　　　　　　　　　　　　　　　　　V
the nature of textuality, / |and| of the different,
interrelated ways [in which readers of all ages
make texts mean].

▶ of가 이끄는 두 개의 전치사구는 명사 the nature를 수식한다.

❸ In addition to the innovations (made possible
in picture books by new printing processes), /
design features also predominate in other kinds, /
　　S　　　　　　　　V
such as books of poetry and information texts.

❺ Children now learn from a picture book / [that
words and illustrations complement and enhance
each other].

▶ that절은 동사 learn의 목적어 역할을 하고 있다.

❼ Even in the easiest texts, / [what a sentence
　　　　　　　　　　　　　　　　　　　　S
says] is not [what it means].
　　　V　　　　SC

❶ 지난 10년 동안 어린이가 읽는 법을 배우는 방법에 관한 관심은 '텍스트성'의 본질과 모든 나이의 독자가 텍스트를 의미하게 하는 다양하고 상호 연관된 방식의 본질을 전면으로 불러왔다.

❷ 이제 '읽기'는 과거 어느 시대보다 훨씬 더 많은 표현 형식에 적용되는데, 그림, 지도, 화면, 디자인 그래픽, 사진이 모두 텍스트로 여겨진다.

❸ 새로운 인쇄 공정에 의해 그림책에서 가능해진 혁신에 더해, 시집이나 정보 텍스트와 같은 다른 종류에서도 디자인적 특징이 두드러진다.

❹ 이처럼, 읽기는 어린이들의 주의가 인쇄된 텍스트에 집중되고 스케치나 그림이 부속물일 때보다 더 복잡한 종류의 해석이 된다.

❺ 이제 어린이들은 그림책을 통해 글과 삽화가 서로를 보완하여 향상한다는 것을 배운다.

❻ 읽기는 단순히 단어 인식이 아니다.

❼ 아무리 쉬운 텍스트에서도 문장이 말하는 것이 그 문장이 의미하는 것이 아니다.

정답 풀이 •

1 정답 • ①

→ ① the different, interrelated ways를 선행사로 하는 관계절이 필요한데, 관계사 뒤가 완전하고 ways와 관계절을 이어줄 전치사가 필요하므로 which는 in which로 고쳐야 한다.

② regard는 '~라고 여기다'라는 뜻이므로 맥락상 수동태를 만드는 과거분사 regarded는 적절하다.

③ 능동태에서 동사 make의 목적격보어 역할을 하는 말이므로 형용사 possible은 적절하다.

④ 맥락상 과거 읽기의 상태에 대해 하는 말이므로 be동사의 과거형 was는 적절하다.

⑤ that절 안에서 동사 complement와 and를 통해 대등하게 이어진 동사이므로 3인칭 복수 주어에 이어지는 enhance는 적절하다.

2 정답 • what a sentence says is not what it means

→ what은 선행사를 포함한 관계사로, '~하는 것'이라는 의미를 나타낸다.

[3-4]

❶ Factors [that increase cognitive load] / are often
　　S　　　　　　　　　　　　　　　　　　　　V
built into language-learning tasks on purpose / (to
ensure mastery of the material).

▶ (　　)는 목적을 나타내는 to부정사구의 부사적 용법으로 쓰였다.

❸ Timed tests can actually enhance the
performance of speakers / with a high level
of proficiency, // |but| they can impair the
performance / for those [whose linguistic abilities
are still shaky].

▶ [　　]는 선행사 those를 수식하는 관계절이다.

❺ [How a person responds to the additional
　　　　　　　　　　　　　　　　　　　　　S
cognitive demands (placed on a task)] / depends
　　　　　　　　　　　　　　　　　　　　　　V
on the task itself, / the cognitive strategy (used
　　　　　　　　　　　　　　　　　　　　　　　O
to perform the task), / and the individual's level
of mastery.

▶ 첫 번째 (　　)는 the additional cognitive demands를, 두 번째 (　　)는 the cognitive strategy를 수식하는 분사구이다.

❶ 인지 부하를 증가시키는 요소는 종종 자료의 숙달을 보장하기 위해 의도적으로 언어 학습 과제에 내장되어 있다.

❷ 예를 들어, 교사는 시간 제한이라는 추가적인 압박이 학생의 언어 능력이 얼마나 자동적이 되었는지를 보여주기 때문에 시간이 제한된 시험을 실시할 수도 있다.

❸ 시간 제한 시험은 실제로 높은 수준의 숙련도를 가진 화자의 성과를 향상시킬 수 있지만, 언어 능력이 아직 불안정한 학생의 성과를 저해할 수 있다.

❹ 따라서 인지적 부하를 추가하는 것이 좋거나 나쁘다고 말할 수 없다.

❺ 과제에 가해지는 추가적인 인지적 요구에 사람이 어떻게 반응하는지는 과제 자체, 과제 수행에 사용되는 인지 전략, 개인의 숙련도에 따라 달라진다.

정답 풀이 •

3 정답 • ③

→ 언어 학습 과제에서 인지 부하를 증가시키는 것의 예시로 시간 제한 시험 실시를 들면서, 그 영향은 학생의 언어 능력에 따라 달라질 수 있으며, 과제에 가해지는 추가적 인지적 요구는 과제 자체, 과제 수행에 사용되는 인지 전략, 개인의 숙련도에 따라 다른 반응을 이끌어 낼 수 있다는 내용의 글이므로, 글의 주제로 가장 적절한 것은 ③ '언어 학습 과제에서 인지적 부하가 미치는 영향'이다.
① 시간 제한이 있는 언어 시험에서 스트레스를 극복하는 방법
② 언어 능력 습득에 있어 시간의 필요성
④ 언어 능력과 인지능력의 관계
⑤ 언어 숙달을 방해하는 인지적 부하의 특징

4 정답 • (A) whose (B) used

→ (A) 선행사 those는 화자를 나타내고, 관계절은 그들의 언어 능력에 대한 내용이므로 who는 소유격 관계대명사 whose로 고쳐야 한다.
(B) the cognitive strategy를 수식하는 말이 필요한데, 인지 전략은 사용하는 행위의 대상이고, 「주격 관계대명사+be동사」인 which is가 생략된 것으로 볼 수 있으므로 use는 과거분사 used로 고쳐야 한다.

CHAPTER
09 부사절

UNIT 47 의미가 다양한 부사절 접속사   p.96

1 [When the clock struck midnight], / everyone gathered outside to watch the fireworks.

시계가 자정을 알렸을 때, 모두가 불꽃놀이를 보기 위해 밖으로 모여들었다.

2 Less than 80% of the rural population had access to electricity / [while over 90% of the urban population had access to electricity].

도시 인구의 90% 넘는 이들이 전기를 사용할 수 있었던 반면 농촌 인구의 80% 미만이 전기를 사용할 수 있었다.

3 [Since it started snowing heavily], / we decided to cancel the trip / and spend the day inside playing games.

눈이 많이 내리기 시작했기 때문에, 우리는 여행을 취소하고 집 안에서 게임을 하며 하루를 보내기로 결정했다.

○ 목적어 역할을 하는 to부정사구 안에서 cancel the trip과 spend the day inside playing games가 and를 통해 대등하게 연결되었다.

4 In addition, / she may threaten / to sanction them for not behaving [as she wishes].

게다가 그녀는 자신의 뜻대로 행동하지 않는 것에 대해 그들에게 제재를 가하겠다고 협박할 수도 있다.

○ not 이하는 전치사 for의 목적어 역할을 하는 동명사구이다.

UNIT 48 부사절 접속사로 쓰이는 어구   p.97

1 [By the time he was through with baseball], he had become a legend.

야구를 끝냈을 무렵에 그는 이미 전설이 되어 있었다.

2 You may fall off a few times, // yet [each time you get back on] you do it better.

여러분은 몇 번 넘어질지도 모르지만, 다시 일어설 때마다 더 잘하게 된다.

3 [In that he is always on time], / he sets a good example for the rest of the team.

그가 항상 시간을 잘 지킨다는 면에서, 그는 팀의 나머지 사람들에게 좋은 본보기가 된다.

4 [Once you understand the rules], / the game becomes much easier / and more fun to play.

일단 규칙을 이해하면, 그 게임은 훨씬 더 쉽고 재미있어진다.

▶ much는 비교급 형용사 easier를 수식하는 부사로 '훨씬'이라는 의미이다.

5 [In case you forget your homework], / make sure to email it to the teacher / before the deadline.

네가 숙제를 잊어버릴 경우에 대비해, 마감 전에 선생님께 확실히 이

메일로 내도록 해라.

1 He did not start studying seriously / until he received his first failing grade in the midterm exams.

그는 중간고사에서 첫 낙제 점수를 받고 나서야 비로소 진지하게 공부를 시작했다.

2 It was such a beautiful day / that we decided to go for a long walk in the park.

매우 아름다운 날이라서 우리는 공원에서 긴 산책을 하러 가기로 했다.

3 Just as faster music causes people to eat faster, / so it causes people to drive at faster speed.

빠른 음악을 들으면 사람들이 더 빨리 먹게 되는 것처럼, 빠른 음악을 들으면 사람들이 더 빠른 속도로 운전하게 된다.
○ 「cause+O+to-v」는 '~가 …하도록 야기하다'라는 의미이다.

4 As long as he keeps his information to himself, / he may feel superior to those [who do not know it].

그가 자신의 정보를 혼자만 알고 있는 한, 그는 그것을 모르는 사람보다 우월감을 느낄 수도 있다.

5 정답 • X, No sooner had the bell rung than

No sooner had the bell rung / than the students rushed out of the classroom.

종소리가 울리자마자 학생들은 교실 밖으로 달려 나갔다.
→ No sooner는 부정어구이므로 조동사 had와 주어 the bell이 도치를 이루어야 한다. 따라서 the bell had는 had the bell로 고쳐야 한다.

1 [Whatever else one might conclude about self-government], / it's at risk [when citizens don't know {what they're talking about}].

자치에 대해 다른 어떤 것으로 결론을 내리든, 시민들이 자신이 무슨 말을 하는지 모른다면 위험에 처할 수 있다.
○ { }는 know의 목적어 역할을 하는 명사절이다.

2 [Whoever is responsible for the mistake], / you should report it to the supervisor immediately.

실수에 대한 책임이 누구에게 있든, 여러분은 그것을 즉시 상사에게 보고해야 한다.

3 [Whichever the famous actor stars in], / the film will become an instant financial success.

그 유명한 배우가 어떤 것에 주연을 맡든, 그 영화는 즉각적인 재정적[상업적] 성공을 거둘 것이다.

4 [Whatever activity you decide to do after school], / it should help you achieve your goals.

방과 후에 어떤 활동을 하기로 결정하든, 그것은 당신이 목표를 성취하는 데 도움이 되어야 한다.

5 정답 • Whatever

[Whatever is needed for the trip tomorrow], / you should make sure to pack it carefully.

내일 여행에 필요한 것이 무엇이든, 당신은 그것을 꼼꼼히 챙겨야 한다.
→ 맥락상 '무엇이든'이라는 의미를 가지고, 부사절을 만들어야 하므로 복합관계사 Whatever가 적절하다.

1 [However the data is presented in the report], / it should be clear and easy to understand.

데이터가 보고서에 어떤 방식으로 제시되든, 그것은 명확하고 이해하기 쉬워야 한다.

2 Taking action now can still lead to significant future success / [however late it may seem to start].

지금 행동을 취하는 것이, 시작하기에 아무리 늦어 보일지라도 여전히 큰 미래의 성공으로 이어질 수 있다.

3 [Whenever he feels threatened], / he turns back toward the safety of his parents' love and authority.

위협을 당한다고 느낄 때마다 그는 부모의 사랑과 권위의 안전으로 돌아간다.

4 You can work remotely, / [wherever you are], / [as long as you have a stable internet connection].

안정적인 인터넷 연결이 있는 한, 여러분이 어디에 있든, 여러분은 원격으로 일할 수 있다.
○ 「as long as+S'+V'」는 'S'가 ~하는 한'이라는 의미이다.

5 정답 • however

People work within the forms (provided by the cultural patterns <that they have internalised>), [however contradictory these may be].

이것이 아무리 모순적이더라도, 사람들은 자신이 내면화한 문화적 패턴이 제공하는 형식 안에서 일한다.
→ 맥락상 '이것(사람들이 내면화한 문화적 패턴이 제공하는 형식)이 아무리 모순적이더라도'라는 의미로, 형용사인 contradictory 앞에 와야 하므로 형용사와 함께 '아무리 ~하더라도'라는 의미를 갖는 복합관계사 however가 적절하다.
○ 〈　〉는 the cultural patterns를 수식하는 관계절이다.

CHAPTER TEST　　　　p.101

1 정답 • if

We can leave for the trip on time / and avoid any traffic delays / [if you wake up early tomorrow].

네가 내일 일찍 일어난다면 우리는 내일 정시에 여행을 떠나 교통 체증을 피할 수 있다.
→ 맥락상 부사절이 주절의 조건을 나타내므로 조건을 나타내는 접속사 if가 알맞다.

2 정답 • As

[As social media becomes a primary source of information for millions], / its unregulated nature allows misinformation to spread rapidly.
　　　　　　　　　　　　　　　　S
　V　　O　　　　　OC
소셜 미디어가 수백만 명의 주요 정보원이 되면서, 규제가 없는 소셜 미디어의 특성이 잘못된 정보가 빠르게 확산될 수 있도록 한다.
→ 소셜 미디어에서 잘못된 정보가 빠르게 확산될 수 있게 되었다는 주절의 내용은 소셜 미디어가 수백만 명의 주요 정보원이 된 것에 기인하므로, 맥락상 부사절이 '~함에 따라서'라는 의미를 나타내야 한다. 따라서 접속사 As가 알맞다.

3 정답 • In case

[In case the school trip gets canceled], / we should have a backup plan / like visiting the local amusement park.

수학여행이 취소되는 경우에 대비해서, 우리는 지역 놀이공원을 방문하는 것과 같은 예비 계획을 세워야 한다.
→ 부사절은 계획이 잘 이루어지지 않는 경우를 가정하여 '~인 경우에 대비해서'라는 의미를 나타내므로 In case가 알맞다.

4 정답 • While

[While some students prefer studying alone], / others find group discussions more helpful for
　　　　　　　　　　　　　　　S　V　　O　　　　　　OC
understanding difficult subjects.

결정들은 매우 복잡하며, 지도자가 성공하기 위해서는 그것들의 많은 변수가 특정한 방식으로 결합되어야 한다.
→ 주절과 부사절이 반대의 내용을 나타내므로, '반면에'라는 의미의 접속사 While이 알맞다.

5 정답 • so that

He explained the concept / so that everyone in the room could easily understand it.

그는 방에 있는 모든 사람이 쉽게 이해할 수 있도록 개념을 설명했다.
→ 부사절이 주절의 목적을 설명하므로 '~하도록'이라는 의미의 so that이 알맞다.

6 정답 • as

As long as you stay focused during practice, / our team has a good chance of winning the soccer championship.

여러분이 연습하는 동안 집중하는 한, 우리 팀은 축구 대회에서 우승할 가능성이 높다.
→ '~하는 한'이라는 의미의 표현은 「as long as+S'+V'」이므로 as가 알맞다.

B

1 정답 • However you work hard → However hard you work

[However hard you work], / without equal opportunities, / it's difficult for everyone to achieve
　　　　　　　　　　　　　　가주어　　　　　　　의미상 주어　　　　진주어
the same level of success.

여러분이 아무리 열심히 일하더라도, 균등한 기회가 없다면, 모두가 같은 수준의 성공을 거두기는 어렵다.
→ '아무리 ~하더라도'라는 의미의 부사절 어순은 「However+형용사/부사+S'+V'」이므로 hard를 However 뒤로 옮겨야 한다.

2 정답 • No sooner he had → No sooner had he

No sooner had he completed his masterpiece / than Julie stepped into the cafe.

그가 자신의 걸작을 완성하자마자 Julie가 카페에 들어섰다.
→ 「No sooner ~ than ....」은 '~하자마자 ...하다'라는 의미이고, 부정어구 No sooner가 문두에 와서 주어와 조동사가 도치되어야 하므로 No sooner he had를 No sooner had he로 고쳐야 한다.

3 정답 • Whom → Whomever

[Whomever you follow on social media], / make sure they promote positive values.

소셜 미디어에서 누구를 팔로우하든, 그들이 긍정적인 가치를 홍보하는지 확인하라.

➡ 맥락상 '누구를 ~하든'이라는 의미이고 부사절을 이끌 수 있어야 하므로, 관계대명사 whom을 복합관계대명사 Whomever로 고쳐야 한다.

4 정답 • Whichever → Whenever

[Whenever you see false information online], / it's _{가주어} important to verify the facts before sharing it with _{진주어} others.

온라인에서 허위 정보를 볼 때마다 다른 사람들과 공유하기 전에 사실을 확인하는 것이 중요하다.

➡ 부사절에서 절을 이끄는 복합관계사 뒤가 완전하므로, 복합관계대명사 Whichever를 복합관계부사 Whenever로 고쳐야 한다.

5 정답 • such → so

The leader's message was so powerful / that it inspired a movement for change across the country.

그 지도자의 메시지는 매우 강력해서 전국적으로 변화를 위한 운동에 영감을 주었다.

➡ 형용사 powerful 앞에 쓰여야 하므로 such를 so로 고쳐야 한다. such 뒤에는 「관사+형용사+명사」가 온다.

6 정답 • See → Seeing

Seeing that climate change is affecting our planet more each year, / it's crucial for everyone to adopt _{가주어} _{의미상 주어} _{진주어} eco-friendly habits.

기후 변화가 매년 지구에 더 많은 영향을 미치고 있으므로, 모두가 친환경적인 습관을 취하는 것이 중요하다.

➡ 동사원형 See인 경우 부사절이 아닌 문장이 되는데, 현재 접속사가 없으므로 어법상 맞지 않다. 내용상 '~이므로, ~라는 점에서'라는 의미를 만들면서 부사절을 이끌 수 있어야 하므로, See는 Seeing 으로 고쳐야 한다.

◉

1 So long as people have access to education, / society will continue to advance and solve new _S _V _O challenges.

사람들이 교육에 접근할 수 있는 한, 사회는 계속 발전하며 새로운 도전을 해결할 것이다.

2 Creativity is strange / [in that it finds its way in any

kind of situation], / [no matter how restricted].

창의력은 아무리 제한적인 상황에서도 그 길을 찾아낸다는 면에서 신기하다.

3 [The moment the CEO resigned], / the company's stock prices dropped significantly / [as investors reacted to the sudden news].

CEO가 사임하는 순간, 투자자들이 갑작스러운 소식에 반응하며 회사 주가가 급격히 떨어졌다.

4 Each time you participate in a group project, / you _S learn how to work better with different types of _V _O people.

여러분이 그룹 프로젝트에 참여할 때마다, 다양한 사람들과 더 잘 협력하는 방법을 배우게 된다.

5 He was not fully aware of the problem / until it directly affected his own work.

그는 그 문제가 자신의 일에 직접 영향을 미치고 나서야 그것을 완전히 인식했다.

6 Just as a beast influences and is influenced by its environment, // so too do science and society _{조동사} _S mutually influence one another. _M _ⓥ _O 짐승이 환경에 영향을 받고 영향을 받는 것처럼 과학과 사회도 서로 영향을 주고받는다.

7 Politics cannot be suppressed, / [whichever policy process is employed] / and [however sensitive and respectful of differences it might be].

어떠한 정책 과정이 이용되든, 그 과정이 얼마나 민감하며 차이를 존중하든 간에, 정치는 억압될 수 없다.

Ⓓ
[1-2]

❶ The generally close connection (between health _S and what animals want) exists / [because _V _{부사절} wanting to obtain the right things and wanting to _{S'} avoid the wrong ones / are major ways {in which _{V'} animals keep themselves healthy}].

◐ in which 이하는 선행사 major ways를 수식하는 관계절이다.

○ 「keep+O+OC」 구조가 쓰여 '~을 ...하게 유지하다'라는 의미를 나타낸다.

❷ Animals have evolved many different ways / of maintaining their health and then regaining it

└→ 전치사 of의 목적어

again [once it has been damaged], / such as an ability to heal wounds [when they are injured] / and an amazingly complex immune system for warding off infection.

❺ They can take pre-emptive action / so that the worst never happens.

❶ 올바른 것을 얻고자 하는 것과 잘못된 것을 피하고자 하는 것은 동물이 자신을 건강하게 유지하는 주요한 방법이기 때문에 건강과 동물이 원하는 것 사이에는 일반적으로 밀접한 관계가 존재한다.

❷ 동물은 다쳤을 때 상처를 치유하는 능력과 감염을 막기 위한 놀랍도록 복잡한 면역 체계와 같은, 건강을 유지하고 그리고 건강이 손상되었을 때 이를 되찾는 많은 다양한 방법을 발달시켜 왔다.

❸ 그러나 동물은 부상과 질병이 발생하기 전에 대처하는 능력도 똑같이 뛰어나다.

❹ 동물은 위험을 예측하고 완전히 피하기 위한 복잡한 메커니즘을 발달시켜 왔다.

❺ 그들은 최악이 발생하지 않도록 선제 조치를 취할 수 있다.

❻ 그들은 지금이 아니라 미래 언젠가의 건강과 생존에 필요할 것들을 원하기 시작한다.

정답 풀이 •

1 정답 • ⑤

→ 요약문: 동물들은 자신을 건강하게 유지하기 위해 회복과 예방 모두를 위한 메커니즘을 발달시켜 왔다.

동물은 다쳤을 때 상처를 치유하고 건강이 손상되었을 때 되찾는 방법, 즉 회복과, 부상과 질병이 발생하기 전에 이를 예측하고 피하는 예방을 위한 메커니즘을 발달시켜 왔다는 내용의 글이므로, ⑤ '회복-예방'이 적절하다.

① 적응 – 진화   ② 성장 – 발달
③ 저항 – 탈출   ④ 휴식 – 인내

2 정답 • so that the worst never happens

→ 「so that+S′+V′」는 목적을 나타내는 부사절을 이끌어 'S′가 ~하도록'이라는 의미를 나타내므로, 필요한 한 단어인 so를 추가하여 so that을 쓴다.

[3-4]

❷ In fact, / the more logins you have, / the greater the security risk.

○ '~할수록 ...하다'라는 의미의 「the+비교급 ~, the+비교급 ...」이 쓰였다.

❹ [If you can't possibly believe {you have that

believe의 목적어 역할을 하는 명사절 ←┘

many passwords}], / just think about your very

　　　　　　　　　　　　　　　V

first Hotmail account / and the wedding site [you created for the big day].

○ 주절은 동사원형이 쓰인 명령문이다.

○ you created 이하는 선행사 the wedding site를 수식하는 관계절이다.

❺ [However forgotten these abandoned accounts may seem], / cybercriminals have not forgotten

　　　　　　　　　　　　　S　　　　　　　　　V

about them.

○ them은 these abandoned accounts를 가리킨다.

❶ 취업 제안, 정주행할 만한 Netflix 시리즈, 초콜릿 등 특정 항목에 있어서는 분명히 많으면 많을수록 좋지만, 비밀번호에 대해서도 마찬가지는 아니다.

❷ 사실은, 로그인 수가 많을수록 보안 위험도 커진다.

❸ 놀랍게도, 한 비밀번호 관리 회사의 최근 조사에 따르면 현재 미국인의 평균 비밀번호 수는 무려 168개에 달하며, 그것은 불과 3년 전에 비해 70% 증가한 수치이다.

❹ 이렇게 많은 비밀번호를 가지고 있다는 사실이 믿기지 않는다면, 처음 만든 Hotmail 계정과 중요한 날을 위해 만든 결혼식 사이트를 생각해 보라.

❺ 그 버려진 계정이 아무리 잊혀진 것처럼 보이더라도, 사이버 범죄자들은 그것에 대해 잊어버리지 않았다.

❻ "여러분의 잊혀진 온라인 계정은 무해해 보일 수 있지만 실제로는 보안에 큰 부담이 됩니다."라고 IBM Security의 전무이사인 Wes Gyure는 말한다.

정답 풀이 •

3 정답 • ③

→ 미국인의 평균 비밀번호 수가 무려 168개에 달할 정도로 사람들은 많은 계정과 비밀번호를 가지고 있고, 이는 보안에 큰 위협이 된다는 내용의 글이므로, 글의 요지로 가장 적절한 것은 ③이다.

4 정답 • (A) If (B) However

→ (A) 부사절이 조건을 나타내면서 '~한다면'이라는 의미를 나타내므로 '~이든 아니든(양보)'의 의미를 나타내는 접속사 Whether는 If로 고쳐야 한다.

(B) 부사절이 '아무리 ~하더라도'라는 의미를 나타내면서 「형용사+주어+동사」 구조이므로, 복합관계사 Whatever는 However로 고쳐야 한다.

CHAPTER 10 분사구문

UNIT 52 분사구문의 의미 I
p.106

1 (Completing their group project on climate change),
분사구문(연속동작)
/ the students shared their findings with the entire
school.

기후 변화에 관한 그룹 프로젝트를 마친 후, 학생들은 그 결과를 학교 전체와 공유했다.

2 (Speeding up and enjoying the wide blue sea), /
분사구문(동시동작)
Emma couldn't hide her excitement.

속도를 내며 넓고 푸른 바다를 즐기면서, Emma는 흥분을 감추지 못했다.

3 (Scrolling through job listings), / he stumbled upon
분사구문(동시동작)
an article about making money online.

구인 광고를 스크롤하다가 그는 우연히 온라인에서 돈을 버는 방법에 관한 기사를 발견했다.

4 (Unpacking the box <that had just arrived>), / I
분사구문(연속동작)
carefully placed each item on the shelf.

방금 도착한 상자의 포장을 풀고 나서, 나는 조심스럽게 물건을 하나하나 선반 위에 올려놓았다.

　▶ 분사구문에서 that had just arrived는 선행사 the box를 수식하는 관계절이다.

5 정답 • O

(Not realizing <the car was coming>), / he stepped
분사구문(동시동작)
into the street / [while he was talking on the phone].

차가 오는 줄도 모르고 그는 전화 통화를 하면서 길로 들어섰다.
　→ 분사구문에서 부정어는 분사 앞에 위치하므로 Not realizing the car was coming은 어법상 알맞다.

UNIT 53 분사구문의 의미 II
p.107

1 (Wearing the proper safety gear), / workers can
분사구문(조건)
avoid accidents and injuries.

적절한 안전 장비를 착용하면, 작업자는 사고와 부상을 방지할 수 있다.

2 Digitally converted sounds could be manipulated
　　　　　　　　　　S　　　　　　　　　　　V
simply by programming digital messages, /
　　　　　　　　　　M
(simplifying the editing process significantly).
분사구문(결과)

디지털로 변환된 소리는 단순히 디지털 메시지를 프로그래밍함으로써 조작될 수 있어서, 편집 과정을 크게 간소화했다.

3 The cost was far less / than she had expected //
and she felt at ease, / (knowing she could easily
분사구문(이유)
afford it).

비용은 그녀의 예상보다 훨씬 적게 들었고, 그녀는 쉽게 감당할 수 있다는 사실을 알고 안심했다.
　▶ far는 비교급 less를 수식하는 부사로 '훨씬'이라는 의미이다.

4 (Facing opposition from others), / she continued
분사구문(양보)　　　　　　S　　V
to advocate for environmental reforms in her
　　　　　　　　　　O
community.

다른 사람들의 반대에도 불구하고, 그녀는 지역 사회의 환경 개혁을 위해 계속 옹호했다.

5 (Feeling tired after a long day), / she decided to skip
분사구문(이유)　　　　　S　　V　　　O
the party / and go straight home.

긴 하루를 보낸 후 피곤함을 느껴서, 그녀는 파티를 건너뛰고 바로 집으로 가기로 결심했다.
　▶ skip the party와 go straight home은 and를 통해 대등하게 연결되어 to에 이어진다.

UNIT 54 분사구문의 시제와 태
p.108

1 (Concerned about Sean), / he said, / "You've been
분사구문(수동형, Being 생략)
stressed for weeks. // Come see me for medical
treatment / [if things don't improve]."

Sean을 걱정하며 그는 "몇 주 동안 스트레스를 많이 받으셨군요. 상황이 나아지지 않으면 제게 치료를 받으러 오세요."라고 말했다.

2 (Having been selected for the scholarship), / he
분사구문(수동완료형)
was able to attend university / without worrying
about tuition fees.

장학금 대상자로 선정되어서, 그는 학비 걱정 없이 대학에 다닐 수 있게 되었다.

3 (Having hiked for several hours), / Sean was thrilled
분사구문(완료형)

/ (to reach the top of Vincent Mountain).

몇 시간 동안 하이킹을 하고, Sean은 Vincent 산 정상에 도착했을 때 짜릿해했다.

4 (**Being forced to make a quick decision**), / she relied
분사구문(수동형)
on her instincts / (to choose the best option).

빠른 결정을 내리도록 강요당해서, 그녀는 최선의 선택을 하기 위해 본능에 의존했다.

❍ be forced to-v는 '~하도록 강요당하다'라는 의미이다.

5 정답 • Having been

(Having been stuck in traffic), / they arrived late
분사구문(수동완료형)
to the meeting / but quickly caught up on the

discussion.

교통 체증에 갇혀서, 그들은 회의에 늦게 도착했지만 빠르게 토론을 따라잡았다.

➡ 교통 체증에 갇힌 것은 회의에 늦게 도착한 것보다 먼저 일어난 일이고, 분사구의 의미상 주어인 they는 갇힌 대상이므로 수동완료형인 Having been이 어법상 적절하다.

UNIT 55 분사구문의 의미상 주어   p.109

1 The sum of the productivity of the parts will typically

be lower / than the productivity of the whole, / (**other**

things being equal).
분사구문(조건)
다른 것이 동일하다면, 부분의 생산성 합계는 일반적으로 전체의 생산성보다 낮을 것이다.

2 (**Provided that the weather remains clear**), / the
분사구문(조건)
outdoor event will proceed as planned.

날씨가 맑게 유지된다면, 야외 행사는 계획대로 진행될 것이다.

3 (**The sun setting behind the mountains**), / the hikers
분사구문(시간)
quickly set up their tents / [before it got too dark].

해가 산 뒤로 지자, 등산객들은 더 어두워지기 전에 재빨리 텐트를 설치했다.

4 (**Considering that she had no prior experience**), /
분사구문(조건)
her performance during the interview was quite
   S   V
impressive.

이전 경력이 전혀 없다는 점을 고려하면, 인터뷰 중 그녀의 연기는 꽤 인상적이었다.

5 The restaurant closed earlier than usual, / (**there**

being fewer customers that night).
분사구문(이유)
그 레스토랑은 평소보다 일찍 문을 닫는데, 그날 밤 손님이 더 적어서였다.

UNIT 56 with + 명사(구) + 분사   p.110

1 With places such as cities, regions or even whole
 with   명사구
countries being promoted as travel destinations, /
분사구
things become more complex.

도시, 지역 심지어 국가 전체와 같은 장소가 여행 목적지로 홍보되는 상황에서, 사정은 더 복잡해진다.

2 With all the necessary documents carefully reviewed,
 with   명사구   분사구
/ the project could finally move forward.

필요한 모든 서류가 면밀히 검토되면서, 그 프로젝트는 마침내 진행될 수 있었다.

3 In some cases, this institutionalization has a formal

face to it, / with rules and protocols written down.
               with   명사구   분사구
어떤 경우에 이러한 제도화는 공식적인 면모를 갖추기도 하는데, 규칙과 프로토콜이 문서화된다.

4 With the company expanding into new markets, /
 with   명사   분사구
they were hiring more employees (to manage the

increasing workload).

회사가 새로운 시장으로 확장하면서, 그들은 늘어나는 업무량을 관리하기 위해 더 많은 직원을 고용하고 있었다.

❍ to manage the increasing workload는 목적을 나타내는 to부정사구의 부사적 용법으로 쓰였다.

5 정답 • constituting

Mobility flows have become a key dynamic of

urbanization, / with the associated infrastructure
                     with   명사구
invariably constituting the backbone of urban form.
분사구
이동성 흐름은 관련 사회 기반 시설이 변함없이 도시 형태의 중추를 구성하면서 도시화의 핵심 동력이 되었다.

➡ with 뒤에 위치한 명사구인 '사회 기반 시설'이 도시 형태의 중추를 구성하는 주체이므로, 능동의 의미를 나타내는 현재분사 constituting이 적절하다.

Ⓐ

1 정답 • seeming

From birth, infants will naturally prefer human faces

and voices, / (seeming to know that such stimuli are
<u>　　　　　　　　　　　　　　　　</u>
　　　　　　　　　　　　분사구문

meaningful for them).

태어날 때부터, 유아는 자연스럽게 사람의 얼굴과 목소리를 선호하게
마련이며, 그러한 자극이 자신에게 의미 있는 것임을 아는 것 같다.

→ 주절인 infants ～ voices는 완전한 절이므로, 그 뒤에 접속사 없이
동사가 이어지기 위해서는 분사구문이 필요하다. 따라서 분사구문을
만드는 현재분사 seeming이 알맞다.

2 정답 • being

The conference was postponed, / (the organizers

being unable to secure the venue on the original
<u>　　　　　　　　　　　　　　　　　</u>
　　　　분사구문(의미상 주어: the organizers)
date).

주최 측이 원래 날짜에 장소를 확보하지 못해 컨퍼런스가 연기되었다.

→ 주절인 The conference was postponed는 완전한 절이고, 뒤에
절을 연결하는 접속사가 없으므로, the organizers를 의미상 주어
로 하는 분사구문이 와야 한다. 따라서 being이 알맞다.

3 정답 • Having been rejected

(Having been rejected multiple times by various
<u>　　　　　　　　　　　　　　　　　</u>
　　　　　　　　分사구문
publishers), / the author self-published the book /
　　　　　　　 S　　　　V　　　　　O₁

and gained unexpected success.
　　　V₂　　　O₂

여러 출판사에서 여러 번 거절당했던 그 저자는 이 책을 직접 출판하여
예상치 못한 성공을 거두었다.

→ 분사구문의 의미상 주어는 주절의 주어인 the author이고, 저자는
거절하는 행위(reject)를 당하는 대상이므로 수동완료형 분사구문인
Having been rejected가 알맞다.

4 정답 • limiting

Plants respond to environmental changes / so as

to be able to use their energy for growth, / (while

limiting nonproductive uses of their valuable energy).
<u>　　　　　　　　　　　　　　　　　　</u>
　　　　　접속사(while)+분사구문
식물은 소중한 에너지의 비생산적인 사용을 제한하면서, 자신의 에너지
를 성장에 사용할 수 있도록 환경 변화에 대응한다.

→ while they(plants) limit nonproductive uses of their valuable
energy를 분사구문으로 바꾼 것으로, 주어를 생략한 후 동사를 현
재분사로 바꾸어 분사구문을 만들어야 하므로, limiting이 알맞다.

5 정답 • motivated

Jamie, / (now motivated to keep pushing for her
<u>　　</u>　　　　<u>　　　　　　　　　　</u>
　S　　　　　　　　　분사구문
goal), / replied with a smile. // "Next race, I'll beat my
　　　　<u>　　</u>
　　　　　V
best time for sure!"

목표를 향해 계속 도전할 의욕이 생긴 Jamie는 미소를 지으며 대답했
다. "다음 레이스에서는 확실히 제 최고 기록을 경신할 거예요!"

→ 주절의 주어인 Jamie를 의미상 주어로 하는 분사구문이고, Jamie
는 의욕을 북돋는 행위(motivate)의 대상이므로 수동의 의미를 나
타내는 과거분사 motivated가 알맞다.

6 정답 • locked

With the door firmly locked, / she focused on her
<u>　　</u>　　<u>　　　</u>　　<u>　　　</u>
with　　명사　　　분사구
work, / (blocking out any distractions from outside).
　　　　<u>　　　　　　　　　　　　　　</u>
　　　　　　　　　　분사구문
문을 단단히 잠근 채, 그녀는 외부의 모든 방해 요소를 차단하고 업무에
집중했다.

→ With 뒤에 온 명사 the door는 잠그는 행위(lock)의 대상이므로 수
동 관계를 이룬다. 따라서 수동의 의미를 나타내는 과거분사 locked
가 알맞다.

Ⓑ

1 정답 • Living → Having lived

(Having lived in three different countries for five
<u>　　　　　　　　　　　　　　　　</u>
　　　　　　　분사구문
years), / he found it easier to adapt to different
　　　　　　　 가목적어　　진목적어
cultures and environments.

5년 동안 세 나라에서 살아서, 그는 서로 다른 문화와 환경에 적응하는
것이 더 쉽다고 생각했다.

→ 5년 동안 세 나라에 산 것은 그가 서로 다른 문화와 환경에 적응하는
것이 더 쉽다고 생각한 것보다 먼저 일어난 일일 것이므로, Living은
완료형 Having lived로 고쳐야 한다.

2 정답 • designing → designed

With specific plays designed (to help them perform
<u>　　</u>　<u>　　　　　</u>　<u>　　　</u>
with　　명사구　　　분사구
well), / the team managed to win every match this

season.

좋은 경기력을 발휘할 수 있도록 도와주기 위해 특정 플레이가 설계되
어, 그 팀은 이번 시즌 모든 경기에서 승리할 수 있었다.

→ With 뒤에 있는 명사구 specific plays는 설계하는 행위(design)의
대상이므로, 명사구 뒤에는 수동의 의미를 나타내는 과거분사가 와
야 한다. 따라서 designing은 designed로 고쳐야 한다.

3 정답 • comparing → compared

The latest software update offers / better performance

(when compared to earlier versions).
<u>　　　　　　　　　　　　　　</u>
　　접속사 when+분사구문
최신 소프트웨어 업데이트는 이전 버전에 비해 더 나은 성능을 제공한다.

→ 접속사 when 뒤에 분사구문이 온 구조로, 분사구문의 의미상 주어

는 주절의 주어인 The latest software update이고, 이는 비교하는 행위(compare)의 대상이므로, 수동의 의미를 나타내는 과거분사가 와야 한다. 따라서 comparing은 compared로 고쳐야 한다.

4 정답 • Consider → Considering

(Considering that the weather was unpredictable), / it
　　　　　　분사구문　　　　　　　　　　　　　　　　　가주어
was a good decision to move the event indoors.
　　　　　　　　　　　　진주어

날씨를 예측할 수 없다는 점을 고려할 때, 실내로 행사를 옮긴 것은 좋은 결정이었다.

➡ it으로 시작하는 주절이 완전한 절이므로, 동사원형 Consider로 시작하는 명령문은 접속사 없이 연결될 수 없다. 맥락상 '~을 고려하면'이라는 의미를 나타내는 관용적 표현 Considering that이 필요하므로, 동사원형 Consider를 Considering으로 고쳐야 한다.

5 정답 • Having selected → Having been selected

(Having been selected to represent the school), / the
　　　　　　　　　　분사구문
students practiced diligently for the national debate
competition.

학교 대표로 선발된 학생들은 전국 토론 대회를 위해 열심히 연습했다.

➡ 분사구문의 의미상 주어는 주절의 주어인 the students이고, 학생들은 선발하는 행위(select)의 대상이므로 수동형 분사구문이 필요하다. 따라서 Having selected를 Having been selected로 고쳐야 한다.

6 정답 • Being → It being

(It being a public holiday) / and (most businesses
　　분사구문1(의미상 주어: It)　　　　분사구문2(의미상 주어: most businesses)
closed), / the streets were unusually quiet.

공휴일이고 대부분의 기업이 문을 닫은 날이라서, 거리는 유난히 조용했다.

➡ 분사구문1은 It was a public holiday를 분사구문으로 바꾼 것으로, 분사구문의 주어가 주절의 주어인 the streets와 일치하지 않으므로 분사구문의 주어를 밝혀주어야 한다. 따라서 Being은 It being으로 고쳐야 한다.

ⓒ

1 (Provided that income is the same), / individuals
　　　　　　　분사구문
with lower expenses will save more for future
investments.

수입이 같다면, 지출이 적은 사람들이 미래 투자를 위해 더 많이 저축할 것이다.

2 (Having been repaired multiple times), / the old car
　　　　　　　분사구문
still struggled to start on cold mornings in winter.

여러 번 수리되었음에도 불구하고, 그 오래된 차는 겨울철 추운 아침에 시동을 거는 데 어려움을 겪었다.

�𝗢 차가 수리된 것은 겨울철 추운 아침에 시동을 거는 데 어려움을 겪는 것보다 먼저 일어난 일이므로 완료형 분사구문이 필요하고, 주절의 주어인 the old car를 의미상 주어로 하므로 수동형 분사구문이 필요하다. 따라서 「Having been+p.p.」 형태를 사용한다.

3 (Given that music appears to enhance mental
　　　　　　　　　　분사구문
skills), / are there circumstances [where music is
damaging to performance]?

음악이 정신적 기술을 향상하는 것 같다는 점을 고려한다면, 음악이 작업 수행 능력에 피해를 주는 상황이 있는가?

4 With the traffic building up, / they realized [they
　with　　　명사　　　분사구
might be late for the meeting / {unless they found a
shortcut}].

교통 체증이 심해지면서, 그들은 지름길을 찾지 않으면 회의에 늦을 것임을 깨달았다.

5 They can share their contacts with the list of desired
items, / (multiplying their chances of expanding
　　　　　　분사구문
their collections).

그들은 원하는 물품 리스트를 자신들이 연락하는 이들과 공유하여, 자신들의 소장품 확장 기회를 배가할 수 있다.

�𝗢 결과를 나타내는 분사구문으로, 의미상 주어는 주절의 주어인 They 이므로 주어를 따로 밝히지 않고 현재분사로 분사구문을 시작한다.

6 (Left unattended in crowded public spaces), /
　　　　　　　분사구문
personal belongings can be easily stolen / or lost
without anyone noticing.

붐비는 공공장소에 방치되면, 개인 소지품은 쉽게 도난당하거나 아무도 모르게 잃어버릴 수 있다.

�𝗢 주절의 주어인 personal belongings가 분사구문의 의미상 주어이고, 이는 방치하는 행위(leave ~ unattended)의 대상이므로 수동의 의미를 나타내는 과거분사로 분사구문을 시작한다.

7 It appears [that most freshwater life is secondarily
　가주어　　　　　└→진주어
adapted, / (having passed from ocean to land and
　　　　　　　　　분사구문
then back again to fresh water)].

대부분의 민물 생명체는 해양에서 육지로, 그 다음 다시 민물로 이동하며, 2차적으로 적응한 것처럼 보인다.

�𝗢 that절의 주어인 most freshwater life를 의미상 주어로 하는 분사구문으로, 해양에서 육지로 이동하는 것은 2차적으로 적응하는 것보다 먼저 일어난 일이므로 완료형 분사구문인 「having+p.p.」를 쓴다.

[1-2]

❶ Interestingly, experts do not suffer as much as beginners / (when performing complex tasks or combining multiple tasks).
_{접속사 when+분사구}

▶ 「as much as ~」 구조가 쓰여 '~만큼 많이'라는 의미를 나타낸다.

❸ Each of these highly practiced skills then
_S
demands relatively few cognitive resources, /
_V　　　　　_O
(effectively lowering the total cognitive load <that
_{분사구문}
experts experience>).

▶ 주어부를 이루는 Each of these highly practiced skills에서 주어의 핵은 대명사 Each이고 이는 단수 취급하므로 단수형 동사 demands가 온다.

▶ 〈 〉는 선행사 the total cognitive load를 수식하는 관계절이다.

❻ Beginners, / on the other hand, / have not
_S　　　　　　　　　　　　　　_V
achieved the same degree of fluency and
_O
automaticity / in each of the component
skills, / and thus (struggling to combine skills
_{분사구문}
<that experts combine with relative ease and
efficiency>).

▶ [ ]는 선행사 skills를 수식하는 관계절이다.

❶ 흥미롭게도, 전문가들은 복잡한 과제를 수행하거나 많은 과제를 결합할 때 초보자만큼 어려움을 겪지 않는다.

❷ 전문가는 제한된 영역 내에서 광범위한 연습을 하기 때문에, 그들의 영역에서의 핵심 구성 기술은 고도로 숙련되고 더 자동화되어 있는 경향이 있다.

❸ 그래서 고도로 숙련된 이러한 각각의 기술은 비교적 적은 인지 자원을 필요로 하여, 전문가가 경험하는 총 인지 부하를 효과적으로 낮춘다.

❹ 따라서 전문가는 비교적 쉽게 복잡한 과제를 수행하고 많은 과제를 결합할 수 있다.

❺ 이것은 그들이 반드시 초보자보다 더 많은 인지적 자원을 가지고 있기 때문인 것은 아니며, 오히려 핵심 기술을 수행하면서 달성한 높은 수준의 능숙함 때문에 그들은 자신들이 가지고 있는 것으로 더 많은 것을 할 수 있다.

❻ 반면에, 초보자는 각각의 구성 기술에서 동일한 수준의 능숙함과 자동성을 달성하지 못했으며, 따라서 그들은 전문가가 비교적 쉽고 효율적으로 결합하는 기술을 결합하려고 애쓴다.

정답 풀이 •

1 정답 • ④
→ 전문가는 제한된 영역 내에서 광범위한 연습을 하기 때문에 핵심

구성 기술이 고도로 숙련되고 더 자동화되어 있어 인지 부하를 효과적으로 낮출 수 있는 반면, 초보자는 동일한 수준의 능숙함과 자동성을 달성하지 못하여 어려움을 겪게 된다는 내용의 글이므로, 빈칸에 들어갈 말로 가장 적절한 것은 ④ '핵심 기술을 수행하면서 달성한 높은 수준의 능숙함'이다.
① 과제를 효과적으로 완수하기 위해 시간을 관리하는 능력
② 지속적으로 개선해 온 고급 인지 능력
③ 효과적인 팀워크 및 협업에 있어 고도로 발달된 기술
⑤ 즉시 접근할 수 있는 방대한 양의 물질적 자원

2 정답 • (A) lowering (B) have not
→ (A) 주절인 Each of ~ cognitive resources는 완전한 절이므로, 동사 lowers가 접속사 없이 연결되기 위해서는 분사구문을 만들어야 한다. 따라서 lowers는 lowering으로 고쳐야 한다.
(B) 주어는 Beginners이고, 이에 상응하는 문장의 술어 동사가 없으므로, 분사구 형태인 having not은 동사구 형태인 have not으로 고쳐야 한다.

[3-4]

❺ With all efforts focused on the survival of the
_{with}　　　_{명사구}　　　　　　　　　_{분사구}
patient, / team members must determine / [how
　　　　　　_S　　　　　　_V　　　　_{O₁}
fast the driver should go] / and [whether or not
to use the siren].
_{O₂}

▶ how가 이끄는 명사절과 whether가 이끄는 명사구가 and로 연결되어 있는 형태이다.

❻ They also need to determine / [what the patient
needs most urgently] / and [which emergency
medical technician is best able to provide it].

▶ what과 which가 이끄는 명사절 두 개가 and로 연결되어 있으며 determine의 목적어 역할을 한다.

❼ In both the basketball and EMS examples, /
[when team members have a shared mental
_{부사절}
model], / they are able to predict / [what
their teammates are going to do in different
situations], / [which leads to more effective team
_{관계절(앞 절의 내용을 부연 설명)}
performance].

▶ 첫 번째 [ ]는 명사절로 predict의 목적어 역할을 한다.

❶ 많은 성공적인 농구 팀들은 다양한 경기 상황에서 공격이 어떻게 운영될 것인지에 대한 공유된 이해를 가지고 있다.

❷ 공유된 정신 모델을 가진 팀은 상대가 슛을 놓쳐 팀 선수 중 한 명이 리바운드를 잡았을 때 언제 "속공을 실행해야 하는지" 또는 "속도를 늦춰야 하는지" 알 수 있다.

❸ 또 다른 예로, 응급 의료 서비스(EMS) 팀은 그들이 직면한 상황에 대한

공유된 정신 모델을 사용하는 것으로부터 이점을 얻는다.

❹ 응급 의료 서비스 팀원들이 빠른 결정을 내려야 하는 상황을 생각해 보라.

❺ 모든 노력이 환자의 생존에 집중된 채로, 팀원들은 운전자가 얼마나 빨리 가야 하는지, 그리고 사이렌을 사용할지 여부를 결정해야 한다.

❻ 또한 환자에게 가장 긴급하게 필요한 것이 무엇인지, 어떤 응급 의료 전문가가 이를 가장 잘 제공할 수 있는지도 판단해야 한다.

❼ 농구와 응급 의료 서비스 사례 모두에서, 팀원들이 공유된 정신 모델을 가지고 있으면, 다양한 상황에서 팀원이 어떻게 행동할지 예측할 수 있는데, 이는 보다 효과적인 팀 성과로 이어질 수 있다.

정답 풀이 •

3 정답 • ⑤

→ 농구 팀과 응급 의료 서비스 팀의 사례를 들어, 팀원들이 공유된 정신 모델을 가지고 있으면 경기 전략의 이해나 빠른 결정을 내리는 데 있어서 이점을 얻을 수 있어 효과적인 팀 성과로 이어질 수 있다는 내용의 글이므로, 글의 제목으로 가장 적절한 것은 ⑤ '공유된 이해의 힘: 그것이 어떻게 팀 성과를 높이는가'이다.
① 긍정적인 사고의 마법으로 장애물 극복하라
② 과잉 사고가 문제가 될 때와 가능한 대처 방법
③ 응급 의료 서비스: 빠른 의사결정을 위한 가이드
④ 유연한 조직 구조는 적시에 의사 결정을 내리도록 촉진한다

4 정답 • With all efforts focused on the survival of the patient

→ '~가 …한 채로'라는 의미의 「with+명사구+분사구」 구조에서, 명사구에는 '모든 노력'에 해당하는 all efforts가 들어가야 하고, 분사구에는 '환자의 생존에 집중된다'라는 의미의 어구가 들어가야 하므로 focus on the survival of the patient를 활용한다. 이때 동사 focus는 수동의 의미를 나타내야 하므로 과거분사 focused로 바꾼다.

CHAPTER 11 비교구문

UNIT 57 비교구문의 이해 I　　　p.116

1 Friday sees more smiles / than any other day of the workweek.

금요일은 일하는 주의 다른 어떤 날보다도 더 많은 미소를 만들어낸다.

2 Though not as old as the bridges of Rome, / it was
　　　　　　　접속사+비교구문
absolutely a work of art.

그것은 로마의 다리만큼 오래되지는 않았지만, 그야말로 예술 작품이었다.

◉ Though 뒤에는 it was가 생략된 것으로 볼 수 있다.

3 [If you're less concerned about {how you deliver
　　　　　　　　　　　　　　　　↳ 전치사 about의 목적절
information} / than with {how you receive it}], / you'll
　　　　　　　　　　↳ 전치사 with의 목적절
fail at the task.

만약 당신이 정보를 받는 방법보다 정보를 전달하는 방법에 대하여 덜 신경을 쓴다면 당신은 궁극적으로 과업에 실패할 것이다.

◉ [　]는 조건을 나타내는 부사절이다.

4 There is no experience more valuable / than learning from failures / (to achieve greater success in the future).

미래에 더 큰 성공을 거두기 위해 실패를 통해 배우는 것보다 더 가치 있는 경험은 없다.

◉ (　)는 목적의 의미를 나타내는 to부정사의 부사적 용법이다.

5 정답 • ×, affordable

The new smartphone (featuring advanced technology
　　　　　　　　　　　　　　　　　　　　　　S
and a stylish design) / is not so affordable as the
　　　　　　　　　　　V
older model.

최신 기술과 세련된 디자인을 특징으로 하는 이 새로운 스마트폰은 이전 모델만큼 저렴하지 않다.

→ '~만큼 …하지 않다'라는 의미의 표현은 「not so+원급+as ~」이므로, 비교급 형용사 more affordable은 원급 affordable로 고쳐야 한다.

UNIT 58 비교구문의 이해 II　　　p.117

1 There is no passion (to be found / in settling for life <that is less / than the one you are capable of
　　　　　　　　　　　　　　　= the life
living>).

당신이 살아갈 수 있는 삶보다 부족한 삶에 안주하는 데서 열정을 찾을 수는 없다.

◉ to be found 이하는 앞의 명사 passion을 수식하는 to부정사구이다.

◉ you are capable of living은 선행사 the one을 수식하는 관계절이다.

2 Students don't rely on libraries / as much as they did /
　　　　　　　　　　　　　　　　　　　= relied on libraries
[before the internet became widely available].

학생들은 인터넷이 널리 이용할 수 있게 되기 전에 그랬던 것만큼 도서관에 의존하지 않는다.

◉ [　]는 시간을 나타내는 부사절이다.

3 A printing press could copy information thousands of times faster, / (allowing knowledge to spread far more quickly).

인쇄기는 정보를 수천 배 더 빠르게 복사할 수 있었고, 이를 통해 지식이 훨씬 더 빠르게 퍼질 수 있었다.

4 Their presentation was by far the most detailed and informative one (given during the entire conference event).

그들의 발표는 전체 컨퍼런스 행사에서 발표되었던 것 중 단연코 가장 상세하고 유익한 것이었다.

5 정답 • ×, does

The pianist captures the essence of the melody / as beautifully as her mentor does in each performance.

그 피아니스트는 매 공연마다 자신의 스승이 하는 것만큼이나 아름답게 선율의 본질을 포착한다.

➡ 피아니스트의 연주를 표현하면서 일반동사 captures를 썼으므로 비교 대상을 나타내는 as 뒤에도 역시 일반동사가 필요하다. 따라서 is는 does로 고쳐야 한다.

UNIT 59 원급 주요 표현　　　　　p.118

1 Historians must distinguish / as sharply as possible / the facts from myths / (when studying ancient civilizations).
　　　　　　　　　　　　　　　　　접속사+분사구

역사가들은 고대 문명을 연구할 때 사실을 신화로부터 최대한 명확하게 구분해야 한다.

◉ distinguish A from B는 'B로부터 A를 구분하다'라는 의미이다.

2 The elderly did not so much lose their minds / as lose their place / (when deprived of meaningful roles).
　　　　　　　　　　　　　　　　　　접속사+분사구

노인들은 의미 있는 역할을 박탈당했을 때 그들의 정신을 잃었다기보다는 그들의 지위를 잃었다.

3 The data storage capacity of this server is three times as large / as that of the older model.

이 서버의 데이터 저장 용량은 이전 모델의 그것보다 3배 더 크다.

◉ that은 the data storage capacity를 의미한다.

4 In the gym, / members of the taekwondo club were trying to kick / as high as they could.

체육관에서 태권도 클럽 회원들은 최대한 높이 발을 차려고 노력하고 있었다.

5 정답 • precise

(Making a flower with the cream following the instructions), / Richard tried to be / as precise as he could.

지침에 따라 크림으로 꽃을 만들면서, Richard는 가능한 한 정확해지려고 노력했다.

➡ 「as ~ as one can」 구문에서 be 뒤에 올 수 있는 주격보어가 필요하므로 형용사 precise가 어법상 알맞다.

UNIT 60 비교급 주요 표현　　　　　p.119

1 They were charged three times more / than the usual fare / due to the heavy traffic.

그들은 교통 체증으로 인해 평소 요금보다 세 배나 더 많은 요금을 부과받았다.

2 The more confidently you give instructions, / the higher the chance of a positive class response.

여러분이 설명을 자신감 있게 할수록, 긍정적인 수업 반응이 나올 확률이 더 높아진다.

3 The gap (between technological advancements and ethical regulations) / is widening more and more / with each new innovation.
　　　　　　　　　　　　　　S　　　　　　　　　V

새로운 혁신이 등장할 때마다 기술 발전과 윤리적 규제 사이의 격차는 점점 더 벌어지고 있다.

4 The restrictive ingredient lists may make / green products inferior / to mainstream products on core performance dimensions.
　　　　S　　　　　　　V　　　O　　　OC

제한적인 성분 목록으로 인해 친환경 제품은 핵심 성능 측면에서 주류 제품보다 열등해질 수도 있다.

UNIT 61 최상급 주요 표현　　　　　p.120

1 The Republic of Korea and Singapore will rank / the first and the second highest, respectively, / in life expectancy in the five countries.

대한민국과 싱가포르는 5개국 중 기대수명에서 각각 1위와 2위를 차지할 것이다.

2 He created the most innovative design [that has ever been developed / in the field of sustainable architecture].
S　　V　　　　　O

그는 지속 가능한 건축 분야에서 지금까지 개발된 것 중 가장 혁신적인 디자인을 만들었다.

3 The team created the most detailed human gene map [that scientists have ever developed / in the field of genetics].
S　　V　　　　O

그 팀은 유전학 분야에서 지금까지 과학자들이 개발한 것 중 가장 상세한 인간 유전자 지도를 만들었다.

4 정답 • is

One of the best strategies for learning languages is / reading books or articles in the target language daily.
S　　V　　SC

언어 학습을 위한 가장 좋은 전략 중 하나는 매일 목표 언어로 된 책이나 기사를 읽는 것이다.

→ 「one of the+최상급+복수명사」가 주어로 쓰였고 맥락상 핵심 주어는 One이므로 단수형 동사 is가 어법상 알맞다.

 CHAPTER TEST　　p.121

A

1 정답 • that

In Denmark, / the percentage of the respondents [who often actively avoided news in 2019] / was higher than that in 2017.
S　　V

덴마크에서는 2019년에 뉴스를 보통 적극적으로 피하는 응답자의 비율이 2017년의 그것보다 높았습니다.

→ 2017년과 2019년의 비율(percentage)을 서로 비교하고 있으므로 단수를 나타내는 대명사 that이 알맞다.

2 정답 • high

The graduation rate was twice as high / as that of the previous class / due to the improved teaching methods.
= the graduation rate

개선된 수업 방식으로 인해 졸업률이 이전 반의 그것보다 두 배였다.

→ be동사인 was 뒤의 주격보어 자리이므로 형용사 high가 알맞다.

3 정답 • No

No one has climbed Mount Everest more times / than Kami Rita Sherpa, / [who set the world record].
└→ 관계절(Kami Rita Sherpa를 부연 설명)

에베레스트 산을 세계 신기록을 세운 Kami Rita Sherpa보다 더 많이 등반한 사람은 없다.

→ 내용상 최상급을 표현해야 하고, 「부정어+비교급+than」으로 최상급을 표현할 수 있으므로 부정어인 No가 알맞다.

4 정답 • to

Group performance in problem solving is superior / to even the individual work of the most expert group members.

문제 해결에 있어서 그룹의 성과는 가장 전문적인 그룹 구성원의 개인 작업보다도 우월하다.

→ superior는 전치사 to와 함께 쓰여 '~보다 우월한'이라는 의미를 나타내므로 to가 알맞다.

5 정답 • more

Reading becomes a more complicated kind of interpretation / than it was [when children's attention was focused on the printed text].

독서는 아이의 관심이 인쇄된 텍스트에 집중되었을 때 그랬던 것보다 더 복잡한 종류의 해석이 된다.

→ than과 함께 쓰여 비교의 의미를 나타내고 있으므로 비교급을 나타내는 more가 알맞다.

6 정답 • far

Food safety standards are currently far stricter than before / [as they now require detailed inspection protocols].

식품 안전 기준은 이제 세부적인 검사 프로토콜을 요구하기 때문에 현재 이전보다 훨씬 더 엄격해졌다.

→ 비교급을 강조할 수 있는 부사는 far, much, a lot, even, still이므로 부사 far가 알맞다.

B

1 정답 • more vibrant → vibrant

No other city is so vibrant as New York / when it comes to cultural diversity and artistic expression.

문화적 다양성과 예술적 표현에 있어 뉴욕만큼 활기찬 도시는 없다.

→ 'A는 B만큼 ~하지 않다'라는 표현은 「A not as[so]+원급+as B」이므로 비교급 표현 more vibrant는 원급 vibrant로 고쳐야 한다.

2 정답 • loud and loud → louder and louder

The crowd grew louder and louder / with each goal scored by the home team / during the match.

경기 중 홈팀이 골을 넣을 때마다 관중들의 함성은 점점 더 커졌다.

→ '점점 더 ~한'이라는 표현은 「비교급+and+비교급」이므로 원급을 이용한 loud and loud는 비교급 표현 louder and louder로 고쳐야 한다.

3 정답 • fewer → fewest

The 15-24 age group showed the highest volunteer rate / but the second fewest average annual hours.
<small>S · · · · · · · V · · · · · · · · · · · · · O₁ · · · · · · · O₂</small>

15~24세 연령대 그룹의 자원봉사 참여율은 가장 높았지만, 연평균 참여 시간은 두 번째로 적었다.

→ '... 번째로 가장 ~한'이라는 표현은 「the+서수+최상급」이므로 비교급 fewer는 최상급 fewest로 고쳐야 한다.

4 정답 • leaders → leader

Nelson Mandela inspired more movements for freedom / than any other leader in the 20th century.

Nelson Mandela는 20세기 그 어떤 지도자보다 더 많은 자유를 위한 운동에 영감을 불어넣은 인물입니다.

→ '가장 ~하다'라는 표현은 「비교급+than any other+단수 명사」이므로 복수 명사 leaders는 단수 명사 leader로 고쳐야 한다.

5 정답 • fast → fastest

This is the fastest vaccine development [that scientists have ever achieved / in response to a global pandemic].

이는 전 세계적인 팬데믹에 대응하여 지금껏 과학자들이 달성한 것 중에서 가장 빠른 백신 개발이다.

→ 「the+최상급+명사+that+주어+have ever p.p.」는 '지금까지 (주어가) ...한 것 중에서 가장 ~한 명사'라는 의미이므로 최상급을 나타내는 fastest가 알맞다.

6 정답 • are → is

One of the mistakes [we often make {when confronting a risk situation}] / is our tendency (to focus on the end result).
<small>S · V · · · · · SC</small>

위험에 직면했을 때 우리가 흔히 저지르는 실수 중 하나는 최종 결과에 집중하는 우리의 경향이다.

→ 「one of the+최상급+복수 명사」가 주어로 쓰였고 맥락상 핵심 주어는 One이므로 복수형 동사 are는 단수형 동사 is로 고쳐야 한다.

---

1 A vacuum-cleaning agent [that learns to foresee {where and when additional dirt will appear}] / will do better than one that does not.
<small>S · V</small>

추가적인 먼지가 어디에서 그리고 언제 나타날지 예측하는 방법을 학습하는 진공 청소 에이전트는 그렇게 하지 않는 것보다 더 잘할 것이다.

2 The economic benefits of ecosystem services by tropical forests / are over three times greater per hectare / than the market benefits.
<small>S · V</small>

열대림이 제공하는 생태계 서비스의 경제적 혜택은 시장 혜택보다 헥타르당 3배 이상 크다.

3 India is the second most populous country in the world, / with a population rapidly approaching that of China.

인도는 세계에서 두 번째로 인구가 가장 많은 국가로, 인구가 중국 인구에 빠르게 근접하고 있다.

4 The early cotton masters wanted to keep their machinery running as long as possible / and forced their employees to work very long hours.
<small>S · · · · · · · · · · · · · V₁ · · · · · · O₁ · · · · · · · · · · · V₂ · · · · · · · O₂ · · · · · · · · · · OC₂</small>

초기의 목화 농장주들은 자신들의 기계를 가능한 한 오래 가동하기를 원했고, 자신들의 일꾼들에게 매우 긴 시간 동안 일하도록 강요했다.

5 The more effectively the parents communicate their loving authority, / the better able he is to move away from them / toward a life of his own.

부모가 자신의 사랑의 권위를 더 효과적으로 전달할수록, 아이는 부모로부터 벗어나 자신만의 삶을 향해 더 잘 나아갈 수 있다.

6 Working conditions in factories were once far more dangerous / than would be considered acceptable today in modern industries.

한때 공장의 작업 환경은 오늘날 현대 산업에서 용인될 수 있다고 여겨질 것보다 훨씬 더 위험했다.

7 (To meet economic and social needs in the next decades), / the world needs more than twice as much grain as at present.
<small>S · · · · · · · V</small>

향후 수십 년 동안 경제적, 사회적 수요를 충족하기 위해 세계는 현재보다 두 배 이상 많은 곡물이 필요하다.

D

[1-2]

❷ The consensus seems to hold / [that moths are not so much attracted to lights / as they are trapped by them].

  ◐ [　　]는 hold의 목적어 역할을 하는 명사절이다.

❻ A hypothesis (called the Mach band theory) /
$\underset{S}{}$
$\underset{V}{\text{suggests}}$ / [that moths see a dark area around a light source / $\underset{O}{\boxed{\text{and}}}$ head for it (to escape the light)].

❸ Another theory suggests [that moths perceive the light (coming from a source) / as a diffuse halo with a dark spot in the center].

  ◐ that이 이끄는 절에는 perceive A as B(A를 B로 인식하다)가 쓰였고, (　　)는 the light를 수식하는 분사구이다.

❶ 나방이 왜 빛에 끌리는지에 관한 많은 논의가 있어 왔다.

❷ 나방이 빛에 끌리는 것이라기보다는 오히려 그들이 빛에 의해 갇힌다는 것이 합의인 것처럼 보인다.

❺ 빛은 감각 과부하를 일으켜 곤충이 방향을 잃게 하고 그것이 제자리를 맴돌게 한다.

❻ 마하 밴드 이론이라는 가설에 따르면, 나방은 광원 주변의 어두운 영역을 보고 빛을 피하고자 그쪽으로 향한다.

❸ 또 다른 이론은 나방이 광원에서 나오는 빛을 중앙에 어두운 점이 있는, 널리 퍼진 광륜(光輪)으로 인식한다는 것을 보여 준다.

❹ 나방은 빛을 피하려고 애쓰면서, 상상 속의 '입구'를 향해 날아가 광원에 더 가까이 다가가게 된다.

❼ 빛에 가까워지면서 나방의 기준점이 바뀌고 나방은 입구에 도달하기 위해 어쩔 도리 없이 빛 주위를 맴돈다.

❽ 누구나 현관 불빛을 맴도는 나방에 익숙하다.

❾ 나방의 비행은 아무런 목적이 없는 것처럼 보이지만, 그들은 빛의 끌어당김에서 벗어나려고 애쓰고 있는 것으로 여겨진다.

정답 풀이 •

1 정답 • ②

→ 나방에 왜 빛에 끌리는지에 관한 논의를 소개하면서 나방이 빛에 끌리는 것이 아니라 빛에 의해 갇힌다고 말하는 주어진 글에 이어, 이에 대한 부연 설명을 제공하면서 나방이 빛에 의해 혼란스럽고 감각이 과부하되어 제자리를 맴돌게 되고 광원 주변의 어두운 영역을 향하게 된다는 (B)가 이어지고, 이후 또 다른 이론을 제시하면서 나방이 빛을 중앙에 어두운 점이 있는, 중앙에 널리 퍼진 광륜(光輪)으로 인식하여 빛을 피하려고 애쓰면서 상상 속의 '입구'를 향해 날아가 광원에 가까이 다가가게 된다고 설명하는 (A)가 이어진다. 이후 그 입구를 다시 언급하면서, 나방이 그 입구에 도달

하기 위해 빛 주위를 맴돌게 된다고 말하는 (C)가 이어지는 것이 자연스럽다. 따라서 주어진 글 다음에 이어질 글의 순서로 가장 적절한 것은 ②이다.

2 정답 • not so much attracted to lights as they are trapped

→ 'A라기보다는 오히려 B'라는 의미의 「not so much A as B」를 사용하기 위해 필요한 much를 더하고, A에는 attracted to lights를 쓰고 B에는 they are trapped를 쓴다.

[3-4]

❸ The reality is, / [most people are going to search for the home on their mobile phone, / then move to the desktop / (to explore the details as thoroughly as possible)].

❻ The phone is a great companion, // $\boxed{\text{but}}$ the larger and the more important the purchase is, / the more research you'll want to do.

❽ It's possible / $\underset{\text{가주어}}{}$ $\underline{\text{that these challenges may}}_{\text{진주어}}$ discourage you / from doing your research.

  ◐ 「discourage A from v-ing」는 'A가 ~하는 것에 방해가 되다'라는 의미이다.

❶ 특히 고액 구매의 경우 결제를 결정하기 전에 고려해야 할 모바일 구매의 측면들이 있다.

❷ 여러분이 집을 사고 싶은데 부동산 앱에서 마음에 드는 집을 찾았다고 상상해 보라.

❸ 현실적으로 대부분의 사람들은 휴대전화에서 집을 검색한 다음 데스크톱으로 이동하여 가능한 한 꼼꼼하게 세부 사항을 살펴볼 것이다.

❹ 화면이 크면 사진에서 이 집을 제외하게 만들 수 있는 사소한 부분을 더 잘 볼 수 있을 것이다.

❺ 똑같은 개념을 더 큰 규모의 구매에도 얼마든지 적용할 수 있다.

❻ (휴대)전화는 훌륭한 동반자이지만, 크고 중요한 구매일수록 여러분은 더 많은 조사를 하고 싶을 것이다. 더 많은 조사를 하려면 검색을 위해 더 많이 타이핑하고 정보를 이해하기 위해 더 많이 읽어야 할 것이다.

❼ 그러한 작은 화면에서는 전자는 엄지손가락에 무리를 주고 반면 후자는 눈에 무리를 줄 수 있다.

❽ 이러한 시험이 여러분이 조사를 하는 데 방해가 될 수 있다.

정답 풀이 •

3 정답 • ④

→ ④번 뒤에서 엄지손가락에 무리를 주는 '전자'와 눈에 무리를 주는 '후자'는 주어진 문장에서의 검색을 위해 더 많이 타이핑하는 행위와 정보를 이해하기 위해 더 많이 읽는 행위를 각각 가리키므로, 주어진 문장이 ④에 들어가는 것이 가장 적절하다.

4 정답 • (A) thoroughly (B) the larger and the more important

→ (A) '가능한 한 ~'라는 의미의 「as ~ as possible」이 쓰인 문장으로, 동사 explore를 수식하는 부사가 오는 자리이므로 형용사 thorough는 부사 thoroughly로 고쳐야 한다.

(B) '~할수록 더 …하다'라는 의미의 「the+비교급, the+비교급」이 쓰인 문장이므로, 원급 large and important는 the larger and the more important로 고쳐야 한다.

CHAPTER 12 특수구문

UNIT 62 동격구문
p.126

1 The "pro" in protopian stems / from the notions of process and progress.
└── 동격 ──┘

프로토피아적이라는 말에서 '프로'는 과정과 진보라는 개념에서 비롯된다.

2 The need for a reliable calendar was / the motivation for learning about astronomy, **the study of stars and planets**.
└── 동격 ──┘

믿을 수 있는 달력에 대한 필요성은 별과 행성에 대한 연구인 천문학에 대해 배울 동기였다.

3 Neuroscience, or **the scientific study of the nervous**
　　　　S 　　└── 동격 ──┘
system, helps / us understand brain functions.
　　　　V 　　O 　　　OC

신경과학, 즉 신경계에 대한 과학적 연구는 우리가 뇌 기능을 이해하는 데 도움이 된다.

4 정답 • that

A common error in current Darwinian thinking is / the assumption [that "selfish genes" are the prime mover
　　　　　　　└── 동격 ──┘
in evolution].

현재 다윈주의적 사고의 일반적인 오류는 '이기적 유전자'가 진화의 원동력이라는 가정이다.

→ that이 이끄는 절이 완전한 절이고 the assumption의 내용을 설명하면서 동격을 이룬다. 따라서 동격절을 이끌 수 있는 접속사 that이 어법상 알맞다.

UNIT 63 도치구문 I
p.127

1 So great was **her determination to succeed** / that
　　SC　　 V　└─────── S ───────┘
no obstacle could stand in her way.

성공에 대한 그녀의 결의가 워낙 강했기 때문에 어떤 장애물도 그녀를 가로막을 수 없었다.

2 Only within the rules of the game of basketball or
　　└─────── Only+부사구
baseball / do the activities of jump shooting and
　　　　　조동사　└────────── S
fielding ground balls make sense.
─────────────┘　　 ⓥ

농구나 야구 경기의 규칙 내에서라야 점프슛과 땅볼 수비 활동이 의미를 가진다.

3 Beneath the city streets / existed a complex
　　└── 장소(방향) 부사구 ──┘　　 V　　 S
system of tunnels (used during the war for secret
transportation).

도시 거리 아래에는 전쟁 중 비밀 운송에 사용되었던 복잡한 터널 시스템이 존재했다.

▶ ( )는 a complex system of tunnels를 수식하는 분사구이다.

4 Down the street / came **the parade** // and down
　└ 장소(방향) 부사구 ┘ V₁ 　└─ S₁ ─┘ 　└ 장소(방향) 부사구
other streets from all directions / came **the people** (to
　　　　　　　　　　　　　　　　　V₂ 　└── S₂ ──┘
watch it).

그 거리를 따라 퍼레이드가 왔고 다른 거리를 따라 사방에서 사람들이 그것을 보기 위해 왔다.

5 정답 • ×, will the outdoor event be

Only if the weather improves significantly / will the
└───────── Only+부사절 ──────────┘ 조동사 S
outdoor event be held as originally planned.
────────┘　 ⓥ

날씨가 크게 나아져야만 야외 행사가 원래 계획대로 열릴 것이다.

→ Only로 시작하는 부사절이 문두에 있으므로 조동사 will과 주어 the outdoor event가 도치되어야 한다. 따라서 the outdoor event will be는 will the outdoor event be로 고쳐야 한다.

UNIT 64 도치구문 II
p.128

1 Not only can **regular exercise** improve your health, //
　└─ 부정어구 ─┘ 조동사　└── S ──┘　 ⓥ
but it can also boost your mood.

규칙적인 운동은 여러분의 건강을 개선할 수 있을 뿐 아니라 기분도 향상할 수 있다.

○ 「not only A but also B」는 'A뿐 아니라 B이기도 하다'라는 의미이다.

2 Rarely had **they** encountered a problem as complex /
<u>부정어구</u> <u>조동사</u> <u>S</u> <u>p.p.</u>
as the one (presented during the meeting).

그들은 회의 중에 제시된 문제만큼 복잡한 문제에 맞닥뜨린 적이 거의
없었다.

3 Never before and never since has **the quality of**
<u>부정어구</u> <u>조동사</u> <u>S</u>
monumentality been achieved / as fully as it was in
<u>been p.p.</u>
Egypt.

그 기념비성의 특질은 이집트에서 달성되었던 것만큼 완전하게는 그 이
전이나 그 이후로도 결코 성취된 적이 없다.

4 No sooner had **he** completed his masterpiece, / Julie
<u>부정어구</u> <u>조동사</u> <u>S</u> <u>p.p.</u>
stepped into the cafe.

그가 자신의 걸작을 완성하자마자, Julie가 카페로 들어왔다.

5 정답 • O

Hardly could I keep my eyes open / after a long day
<u>부정어구</u> <u>조동사</u> <u>S</u> <u>ⓥ</u>
of work and endless meetings.

업무와 끝없는 회의의 긴 하루 후 나는 눈을 뜨고 있기가 힘들었다.

➡ 부정어구인 Hardly가 문두에 위치하였으므로 조동사 could와 주어
I가 도치된 could I는 어법상 알맞다.

UNIT 65 강조구문
p.129

1 Safety concerns became too serious, // and that

was the very reason [why they canceled the event].

안전 문제가 너무 심각해졌고, 행사를 취소하게 된 것은 바로 그 이유
때문이다.

2 Access to education does foster economic growth

/ [as educated people are more likely to create jobs

and innovate].

교육을 받은 사람들이 일자리를 창출하고 혁신할 가능성이 높기 때문에
교육에 대한 접근성은 경제 성장을 정말로 촉진한다.
◑ [　]는 이유를 나타내는 부사절이다.

3 Ideas are worked out / as logical implications of

other accepted ideas, // and it is in this way / that

cultural innovations are possible.

아이디어는 다른 받아들여진 아이디어의 논리적 함의로서 도출되며, 문
화적 혁신이 가능한 것은 바로 이러한 방식을 통해서이다.

4 Like many people, / Michael didn't need hours of

uninterrupted time, // but he did need some!

많은 사람들과 마찬가지로, Michael은 방해받지 않는 여러 시간을 필요
로 하지는 않았지만, 어느 정도는 정말로 필요했다!
◑ some은 some uninterrupted time을 의미한다.

5 It is this sense of people coming together to achieve

a common objective / that defines a "team".

'팀'을 정의하는 것은 공동의 목표를 달성하기 위해 사람들이 함께 모이
는 것이라는 바로 이 생각이다.
◑ people은 동명사 coming의 의미상 주어이다
◑ to achieve a common objective는 목적을 나타내는 부사적 용
법의 to부정사구이다.

UNIT 66 병렬구조
p.130

1 Ineffective coaches either believe [they have
<u>S₂</u> <u>S</u> <u>V₁</u> <u>↳O₁</u>
unlimited time] // or they underestimate [how much
<u>S₂</u> <u>V₂</u> <u>↳O₂</u>
time they really do have].

비효율적인 코치는 시간이 무한하다고 믿거나 실제로 시간이 얼마나 있
는지를 과소평가한다.
◑ do는 동사 have를 강조한다.

2 [As far as lovers of art are concerned], / they do not

look at the movies for imitations of nature but for

art.

예술 애호가들에 한해서는, 그들은 영화를 실물의 모방이 아닌 예술로
바라본다.
▶ 「as far as ~ be concerned」는 '~에 한해서, ~에 관해서라면'이
라는 의미이다.

3 It appears [that respecting the rules not only
<u>S'</u>
preserves sport / but also makes room for the
<u>V'₁</u> <u>O'₁</u> <u>V'₂</u> <u>O'₂</u>
creation of excellence].

규칙을 존중하는 것은 스포츠를 보존할 뿐만 아니라 우수성을 창조할
수 있는 여지를 만들어 주는 것 같다.

4 정답 • ✕, trigger

Poor nutrition and lack of exercise / can lead to

serious health problems, / [which increase obesity
<u>V'₁</u> <u>O'₁</u>
and trigger heart disease].
<u>V'₂</u> <u>O'₂</u>

영양 부족과 운동 부족은 심각한 건강 문제를 일으킬 수 있는데, 이는
비만을 증가시키고 심장 질환을 유발한다.

→ which 뒤에 이어지는 절에서 동사 increase와 trigger가 등위접속사 and로 연결되었으므로 그 둘은 병렬구조를 이루어야 한다. 따라서 triggering은 trigger로 고쳐야 한다.

 **CHAPTER TEST** p.131

 A

1 정답 • that

The possibility also exists [that an unfamiliar object may be useful], // so a closer inspection may be worthwhile.
　　　　　　　　　　　동격

낯선 물건이 유용할 수도 있는 가능성 역시 존재하므로, 자세히 살펴볼 가치가 있을 수도 있다.

→ that이 이끄는 절의 내용이 The possibility를 설명하면서 완전한 절이므로 동격절을 이끄는 접속사 that이 알맞다.

2 정답 • stands a modern gallery

Next to the large auditorium [that was built in the 19th century] / stands a modern gallery.
　　　　　　　　　장소 부사구　　　　　　　　V　　　S

19세기에 지어진 대강당 옆에는 현대식 갤러리가 서 있다.

→ 장소를 나타내는 부사구인 Next to ~ the 19th century가 문두에 왔으므로 주어와 동사가 도치된 stands a modern gallery가 알맞다.

3 정답 • were

Visible from the top of the hill were the distant city lights, / (twinkling brightly against the dark night sky).
　SC　　　　　　　　　　　V　　　S

먼 도시의 불빛이 언덕 꼭대기에서 보였고, 어두운 밤하늘에 밝게 반짝이고 있었다.

→ 주격보어인 Visible ~ the hill이 문두에 위치하여 주어와 동사가 도치된 문장으로, 주어인 the distant city lights는 복수형이므로 복수형 동사 were가 알맞다.

4 정답 • is

The president as well as the government officials / is responsible for ensuring the success of the new policy.
　　　　　　　　　　　　　　S
V

정부 관료들뿐 아니라 대통령은 새로운 정책의 성공을 보장할 책임이 있다.

→ 「B as well as A」 구문은 'A뿐만 아니라 B도'라는 의미로, 주어로 쓰였을 때 핵심어는 B이다. 따라서 단수형인 The president가 주어의 핵심어이므로, 단수형 동사 is가 알맞다.

5 정답 • requires

Exercising leadership not only requires you to challenge the organizational status quo / but also
　　S　　　　　　　　　　　　V　　O1　OC1

requires you to challenge your internal status quo.
V2　　O2　　　　　　　OC2

리더십의 발휘는 여러분이 조직의 현재 상태에 도전하도록 요구할 뿐만 아니라 여러분의 내적인 현재 상태에도 도전하도록 요구한다.

→ 「not only ~ but also ...(~뿐만 아니라 ...도)」 구문이 쓰였고, not only 뒤에 동사 requires가 쓰였으므로 but also 뒤에도 같은 형태의 동사가 와야 한다. 따라서 3인칭 단수형 동사 requires가 알맞다.

6 정답 • or

Marine biology, or the study of ocean ecosystems and marine organisms, / plays a crucial role in environmental conservation.
　　S　　　　　　　　동격　　　　　　　　　　V

해양 생태계와 해양 생물에 대한 연구인 해양 생물학은 환경 보존에 중요한 역할을 한다.

→ Marine biology와 the study of ocean ecosystems and marine organisms는 내용상 동격을 이루고 있으므로, 동격을 나타낼 수 있는 접속사 or가 알맞다.

 B

1 정답 • what → that

It is only with the heart / that one can see rightly; // what is essential is invisible to the eye.
　　　　　　　　　　　　　　　　　S　　　　　V

사람이 바르게 볼 수 있는 것은 오직 마음으로만이고, 본질적인 것은 눈에 보이지 않는다.

→ '...하는 것은 바로 ~이다'라는 의미의 강조 구문은 「It is ~ that ....」이므로, 첫 번째 문장에 있는 what은 that으로 고쳐야 한다.

2 정답 • to make → make

Big discoveries are covered in the press, / show up on the university's home page, / help get grants, /
　S　　　　　　V1　　　　　　　　　　　V2　　　　　　　V3

and make the case for promotions.
　　V4

큰 발견은 언론에 보도되고, 대학 홈페이지에 게재되며, 지원금을 받고, 홍보 사례를 만든다.

→ 주어는 Big discoveries이고, 그 뒤에 동사 show, help, make가 and를 통해 병렬구조를 이루고 있다. 따라서 to make는 make로 고쳐야 한다.

3 정답 • travel → traveling

Our family discussed various options, // and neither traveling by car nor flying seemed suitable for the tight schedule.
　S1　　　　　V1　　　　　　　　　　　　　　　　　S2　　　　　　　　V2

우리 가족은 여러 가지 옵션을 놓고 논의했는데, 빡빡한 일정에 자동차로 여행하기나 비행기 타기는 모두 적합하지 않은 것 같았다.

→ 「neither A nor B」의 상관접속사 표현이 and 뒤에서 문장의 주어 역할을 하고 있는데, 문장의 주어 역할을 할 수 있는 것은 동명사구이고 nor 뒤에도 flying이 왔으므로, 동사원형 travel은 동명사 traveling으로 고쳐야 한다.

4 정답 • makes → make

Physicians use advanced medical technology / but make every effort (to maintain the human connection in patient care).
  S   V1   V2

의사는 첨단 의료 기술을 사용하지만 환자 치료에서 인간적인 관계를 유지하기 위해 모든 노력을 기울인다.
→ 주어는 Physicians이고, 동사 use와 make가 등위접속사 but을 통해 병렬구조를 이루어야 하므로 3인칭 단수형 동사 makes는 복수형 동사 make로 고쳐야 한다.

5 정답 • warned → warn

The scientists did warn about the dangers of deforestation a few decades ago, // yet little action has been taken (to prevent it).

과학자들은 수십 년 전에 삼림 벌채의 위험성에 대해 경고했지만, 이를 막기 위한 조치는 거의 취해지지 않았다.
→ 동사를 강조하기 위해서는 do동사를 쓰고 그 뒤에 동사원형을 쓰므로, 과거형 동사 warned는 동사원형 warn으로 고쳐야 한다.

6 정답 • a → the

The moral questions of taxation are / at the very heart of the creation of tax laws.

조세의 도덕적 문제는 세법 제정의 바로 그 핵심에 있다.
→ 명사를 강조하는 '바로 그〜'라는 의미의 표현은 the very이므로, 부정관사 a는 정관사 the로 고쳐야 한다.

C

1 No longer did one have to ride the trolly to the theater / (to watch a movie); // similar entertainment was available from television.
  부정어구 조동사 S1 ⓥ
                            S2
  V2

사람들은 더 이상 영화를 보기 위해 전차를 타고 극장까지 갈 필요가 없었고, 유사한 오락물이 텔레비전을 통해 이용 가능했다.

2 At the heart of this process / is the tension (between the professions' pursuit of autonomy and the public's demand for accountability).
  장소 부사구   V   S

이 과정의 핵심에는 전문직의 자율성 추구와 일반 사회의 (전문직의) 책

임에 대한 요구 간의 긴장 상태가 있다.

3 The idea of political power as a coercive force, / [while it may be a Western fixation], / is not a universal one.
  S   동격   V

서양의 고정관념일 수도 있지만, 정치권력이 강제적인 힘이라는 생각은 보편적인 것이 아니다.

4 [Although the prices do not change in the supermarket from hour to hour], / they do change over time (to reflect the demand for the goods).
                                        S   V

슈퍼마켓에서 가격은 시시각각 변하지는 않지만, 상품에 대한 수요를 반영하여 시간이 지남에 따라 정말로 변한다.

5 Little did the healthcare workers anticipate / the scale of the pandemic [that would overwhelm hospitals worldwide].
     부정어구 조동사   S   ⓥ

의료 종사자들은 전 세계 병원을 압도할 유행병의 규모를 거의 예상하지 못했다.

6 We are born ready to cooperate with others, // but only when we are in human society do we understand this / as moral behaviour.
  S1   V1
                 only+부사절   조동사 S2
  ⓥ

우리는 다른 사람과 협력할 준비가 되어 태어났지만, 인간 사회에 속해 있을 때에만 우리는 이를 도덕적 행동으로 이해한다.

7 It was the increased reliance on fossil fuels / that accelerated global warming and environmental damage.

지구 온난화와 환경 파괴를 가속화시킨 것은 바로 화석 연료에 대한 높아진 의존도였다.

D

[1-2]

❶ There was nothing modern / about the idea of men making women's clothes // — we saw them doing it for centuries in the past.
                                    동격

   「see+O+OC(v-ing)」 구조가 쓰여 '〜가 ...하고 있는 것을 보다'라는 의미를 나타낸다.

❹ Beginning in the late nineteenth century, / with

the hugely successful rise of the artistic male couturier, / it was the designer / who became celebrated, // and the client became elevated by his inspired attention.

it was ~ who 강조구문

❻ Instead of the old rule [that dressmaking is a craft], / a modern connection (between dress-design and art) was invented [that had not been there before].

동격

○ 두 번째 [ ]는 a modern connection between dress-design and art를 수식하는 관계절이다.

❶ 남자가 여자 옷을 만든다는 생각에는 현대적인 것이 전혀 없는데, 우리는 과거 여러 세기 동안 그들이 그것을 하는 것을 보았다.

❷ 하지만 옛 시절에는 항상 고객 위주였고 그녀의 재단사는 무명의 장인이었는데, 아마도 재능이 있었을 테지만 없었을지도 모른다.

❸ 그녀는 여느 후원자처럼 자기 자신의 생각이 있었고, 유행하는 옷의 본이 없었으며, 재단사는 아마도 다른 사람들이 입고 있는 것에 관한 도움이 되는 제안을 가지고 그저 그녀의 생각에 따랐다.

❹ 예술적인 남성 고급 여성복 디자이너의 매우 성공적인 부상과 함께 19세기 후반에 시작하여, 유명해진 것은 바로 디자이너였고, 고객은 그의 영감 어린 관심에 의해 치켜세워졌다.

❺ 남성 예술가와 여성을 위한 그들의 창작물에 대한 찬탄의 분위기 속에서, 의상 디자이너는 처음으로 같은 종류의 창작자로서 번영했다.

❻ 의상 제작은 공예에 불과하다는 옛 규칙 대신에, 예전에는 없던 의상 디자인과 예술 사이의 현대적 연결이 만들어졌다.

정답 풀이 •

1 정답 • ②

➡ 남자가 여자 옷을 만드는 분야에 있어서 예술적인 남성 고급 여성복 디자이너가 성공적으로 부상하면서 디자이너들이 유명해지고 창작자로 번영하게 되었으며, 의상 제작이 공예가 아니라 예술로 인정받기 시작했다는 내용의 글이므로, 글의 제목으로 가장 적절한 것은 ② '여성 패션계에서 남성 디자이너의 부상: 재단사에서 예술가로'이다.
① 글로벌 패션 트렌드의 미래를 만들어가는 톱 여성 디자이너들
③ 컨셉에서 쿠튀르까지: 디자이너가 패션 창작물에 생명을 불어넣는 방법
④ 디자이너가 드레스 디자인 걸작에서 혁신과 전통을 결합하는 방법
⑤ 지속 가능한 패션의 성장: 친환경 운동을 선도하는 디자이너들

2 정답 • (A) it (B) which

➡ (A) 맥락상 '…한 것은 바로 ~이다'라는 의미의 강조구문이 쓰인 문장으로, 「it is ~ that…」 구문을 써야 하므로 that은 it으로 고쳐야 한다.
(B) dressmaking is a craft는 the old rule과 동격을 이루면서 그것의 내용을 설명하는 완전한 절이므로, 관계사 which는 동격절을 이끄는 접속사 that으로 고쳐야 한다.

[3-4]

❷ One effective technique is / to associate new information with something familiar, / [which creates mental connections {that are easier to recall}].

S V SC

○ [ ]는 to associate ~ something familiar를 부연 설명하는 관계절이고, 그 안의 { }는 mental connections를 수식하는 관계절이다.

❺ You can either focus on reducing distractions / or find ways to manage stress, / [both of which improve retention].

S 조동사 V1
V2

↳ 관계절(focus ~ stress를 부연 설명)

❻ Regular physical activity like walking or dancing / promotes brain health, / [which strengthens memory over time].

S
V O

↳ 관계절(Regular physical activity like walking and dancing을 부연 설명)

❶ 몇 가지 유용한 전략을 활용하면 기억력 향상은 더 쉬워질 수 있다.

❷ 한 가지 효과적인 기법은 새로운 정보를 익숙한 것과 연관시키는 것인데, 그것은 기억하기 더 쉬운 정신적 연결을 만든다.

❸ 머리글자나 시각적 이미지와 같은 연상 기호 장치도 이러한 연결을 강화하는 데 도움을 줄 수 있다.

❹ 손글씨는 타이핑에 비해 인지 과정을 더 많이 사용하므로 기억력을 향상한다.

❺ 방해 요소를 줄이는 데 집중하거나 스트레스를 관리하는 방법을 찾을 수도 있는데, 둘 다 기억력을 개선할 수 있다.

❻ 걷기나 춤과 같은 규칙적인 신체 활동은 뇌 건강을 증진하여, 시간이 지남에 따라 기억력을 강화한다.

❼ 악기 연주와 같은 새로운 기술을 배우는 것도 뇌의 여러 부위를 사용함으로써 같은 효과를 가져온다.

❽ 반복이 중요한데, 그것은 정보를 단기 기억에서 장기 저장으로 옮기는 데 도움이 되기 때문이다.

❾ 마지막으로, 충분한 수면은 필수적인데, 그것은 기억을 공고히 하기 때문이다.

❿ 이러한 전략을 조합하면 일상생활에서 사물을 기억하는 여러분의 능력을 크게 향상할 수 있다.

정답 풀이 •

3 정답 • ②

➡ 연상 기호 장치, 손글씨, 스트레스 관리, 신체 활동 등 여러 전략을 소개하면서 이러한 전략이 사물을 기억하는 능력을 크게 향상할 수 있다고 하였으므로, 빈칸에 들어갈 말로 가장 적절한 것은 ② '기억력 향상'이다.
① 창의적이 되는 것
③ 언어 학습
④ 새로운 기술 습득
⑤ 좋은 성적 얻기

4 정답 • focus on reducing distractions or find ways to manage stress

→ 'A이거나 B'라는 의미의 'either A or B' 구문을 사용해야 하므로 필요한 단어인 or를 더한다. 조동사 can 뒤에는 동사원형이 와야 하므로 either 뒤에는 focus on, or 뒤에는 find를 쓴 후 각각의 목적어를 쓴다. '줄이다'라는 의미의 동사 reduce가 전치사 on 뒤에 와야 하므로 동명사 reducing으로 바꾸고, reducing의 목적어인 distractions를 그 뒤에 쓴다. find 뒤에는 목적어인 ways to manage stress를 쓴다.